Horst Scarbath

Träume vom guten Lehrer

D1671764

Horst Scarbath

Träume vom guten Lehrer

**Sozialisationsprobleme und dialogisch-förderndes
Verstehen in Erziehung und Unterricht**

Reihe Bildung und Erziehung

Herausgegeben von Jörg Petersen und
Gerd-Bodo Reinert

Verlag Ludwig Auer Donauwörth

Publikation der Katholischen Akademie Hamburg

2. Auflage. 2000
© by Auer Verlag GmbH, Donauwörth
Alle Rechte vorbehalten
Gesamtherstellung: Ludwig Auer GmbH, Donauwörth
ISBN 3-403-02104-1

INHALT

ZU DIESEM BUCH

"Träume vom guten Lehrer" vergegenwärtigt dieses Buch in unterschiedlicher Gestalt: in den Formen der autobiographischen Erzählung, des Essays, der öffentlichen Rede und der wissenschaftlichen Abhandlung. Träume verarbeiten und verwandeln Erfahrung, und sie sind Suchbewegungen - so möchte ich alle diese Texte verstanden wissen.

Das Erwachsenwerden ist heute in neuartiger Weise schwierig geworden. In den Modernisierungsschüben der Gegenwart beschleunigt sich der gesellschaftliche Wandlungsprozeß zunehmend; mit ihm beschleunigen sich die Veränderungen der alltäglichen Lebenswelt und der Lernumwelten von Kindern und Jugendlichen.

Exemplarisch seien genannt: die Entwicklungen im Bereich der elektronischen Medien und Datensysteme, aber auch die zum Teil krisenhaften Veränderungen im familialen Bereich mit der Erprobung neuer Lebensformen und zugleich der Zunahme des Anteils Alleinerziehender. Tiefgreifende Wandlungen und Orientierungsschwierigkeiten, dementsprechend aber auch neue Lern- und Entwicklungsaufgaben im Bereich der Werte und Normen kündigen sich an. Wir sprechen von fortschreitenden Prozessen der Vereinzelung und der Identitätsfragmentierung. Diese Veränderungen sind nicht kulturpessimistisch zu beklagen, sondern als Herausforderung zu begreifen und - in grenzbewußtem Realismus - so weit wie möglich pädagogisch-konstruktiv zu beantworten.

Die Sozialisationsbedingungen am Ausgang der Moderne stellen auch die Schule vor neue Aufgaben. Lehrerinnen und Lehrer aller Schulstufen und Schulformen berichten, daß sie zunehmend nicht nur mit Verhaltensschwierigkeiten, sondern - oft dahinter verborgen - auch mit psychosozialer Not und mit Orientierungs- und Sinnfragen junger Menschen konfrontiert sind. In den neuen Ländern der Bundesrepublik Deutschland und bei unseren östlichen Nachbarn überlagern sich solche allgemeinen Problemlagen mit den Unsicherheiten und Krisen, die sich im Gefolge des gesellschaftlichen, ökonomischen und normativen Umbruchs ergeben.

Anfragen junger Menschen werden oft nicht direkt und verbal, sondern in symbolischen Haltungen und Handlungen signalisiert. Diese weisen oft eine polare Struktur auf, bewegen sich hin und her zwischen "Überangepaßtheit" und "Schwierigsein". Mißverständnisse liegen nahe. Dabei wächst der Lehrerin und dem Lehrer zunehmend die Aufgabe zu, als Beraterin und Berater in schulischen wie in alltäglichen, persönlichen Fragen ansprechbar zu werden und den Zusammenhang beider Sphären im Blick zu behalten.

Daher ist die im engeren Sinn *erzieherische* Kompetenz von Lehrerin und Lehrer in neuartiger Weise gefragt. Die derzeit - in unterschiedlichen Begründungszusammenhängen - geforderte "Wiedergewinnung des Erzieherischen" in der Schule setzt voraus, daß sich Lehrerinnen und Lehrer unabhängig von ihrer Schwerpunktqualifikation (für einzelne Fächer, Schultypen oder Schulstufen) insgesamt nicht nur als Unterrichtende verstehen, daß sie vielmehr ihrem professionellen Selbstkonzept jene Aspekte pädagogischen Sehens, Denkens und Handelns integrieren, die hier mit der Leitidee dialogisch-fördernden Verstehens angesprochen sind.

Wenn ich so das Erzieherische im beruflichen Profil des Lehrers betone und zu vergegenwärtigen suche, so meine ich daher keineswegs eine Rückkehr zu einem Erziehungskonzept der Durchsetzung vorgegebener, der Schule als eindeutig angesonnener Normen oder zu verdeckt oder offen autoritären Methoden (Ruf nach "mehr Disziplin"). Eine derartige Hinwendung zu vormodernen und vordemokratischen Erziehungsauffassungen, wie sie derzeit gelegentlich wieder recht unverhüllt gefordert wird, nützt nichts und verletzt die Würde des jungen Menschen (vgl. Maria MONTESSORI).

Denn hilfreich ist in der bezeichneten Lage der Gegenwart nur eine pädagogische Haltung, die den jungen Menschen, auch schon im Vor- und Grundschulalter, als Person ernst nimmt und dessen Selbstwerden fördern möchte. Dem entspricht eine Konzeption der pädagogischen Rolle, die von der Lehrerin und vom Lehrer erwartet, daß sie sich selbst als Personen mit ihren spezifischen Kompetenzen und Erfahrungen einbringen, ebenso (in bekömmlicher Dosis) mit den Forderungen und Erwartungen, für die sie einstehen, daß sie aber zugleich gewahr werden, daß sie auch ihrerseits von den jungen Leuten lernen können und daß sie von den psychosozialen Problemlagen und Lebensthematiken, die die Schülerinnen und Schüler einbringen oder verschlüsselt signalisieren, selbst persönlich mitbetroffen sind.

Lehrerhandeln wird so zum kommunikativen Handeln, in dem Normen präsent sind und zugleich situationsgerecht modifiziert werden und in dem es um Verständnis und Unterstützung geht. Bewußt spreche ich daher auch immer wieder, die Rede des Kinderpsychologen Donald W. WINNICOTT von der "hinreichend guten Mutter" frei auf unser Thema übertragend, von der "hinreichend guten" Lehrerin und vom "hinreichend guten" Lehrer. (Vgl. z.B. D.W. WINNICOTT: Reifungsprozesse und fördernde Umwelt, München 1974.) Perfektionismus wäre auch hier von Übel; es geht mir darum, ein wenig mehr zu pädagogischer Nachdenklichkeit anzuregen und zu kleinen Schritten pädagogisch-praktischen Verstehens auch noch des scheinbar "abweichenden" oder "abstrusen" Schülerverhaltens zu ermutigen. In einem Forschungsprojekt, von dem im zweiten Kapitel die Rede sein wird, haben wir das die "Einübung in den zweiten Blick" genannt.

Die Beiträge dieses Buches nehmen somit eine doppelte Blickrichtung: Sie suchen zum einen modellhaft zu vergegenwärtigen, was es in meiner Sicht bedeutet, auf heutige Kinder und Jugendliche und deren Sozialisationsproblematik verstehend (und nicht stigmatisierend oder ausgrenzend) zu reagieren. Sie nehmen zum andern die Lehrerpersönlichkeit in den Blick und fragen, wie sich dialogisch-förderndes Verstehen in Erziehung und Unterricht theoretisch begründen und praktisch ermöglichen läßt.

Mein Konzept einer personorientierten, dialogischen Pädagogik im Kontext einer sich demokratisierenden Gesellschaft, zu dem ich hier Bausteine vorlege, verdankt - dies wird der Leserin und dem Leser nicht entgehen - wesentliche Impulse zwei einander ergänzenden Denk- und Erfahrungslinien: Zum einen den pädagogisch-anthropologischen und bildungsphilosophischen Konzepten Johann Heinrich PESTALOZZIs, Wilhelm von HUMBOLDTs und Martin BUBERs, wie sie mir erstmals durch Hans SCHEUERLs Vermittlung begegneten. Zum andern, und nicht minder, der Psychoanalyse Sigmund FREUDs, wie sie mir erstmals Günther BITTNER erschlossen hat, und BITTNERs eigenen Ideen zu einer psychoanalytisch-pädagogischen "Menschenkunde". Beiden Kollegen, *Prof. Dr. Hans Scheuerl* (Hamburg) und *Prof. Dr. Günther Bittner* (Würzburg), sehe ich mich gerade mit den hier vorgelegten Texten in verwandter Bemühung besonders dankbar verbunden.

Auch wo dies im Anhang nicht ausdrücklich vermerkt ist, gehen leitende Ideen zu diesem Buch auf Diskussionsbeiträge und Referate im Rahmen einer langjährigen Zusammenarbeit mit der Katholischen Akademie Hamburg als einem offenen Forum des interdisziplinären, praxisbezogenen Diskurses zurück, wo ich anläßlich von Tagungen, Symposien und Diskussionsrunden entsprechende Grundgedanken darlegen und in der öffentlichen Debatte prüfen konnte.

Dem Direktor der Katholischen Akademie Hamburg, Herrn *Dr. Günter Gorschenek*, danke ich dafür, daß er diesen Band in die Reihe der Publikationen der Akademie aufgenommen hat. Zugleich danke ich ihm und seinen Mitarbeiterinnen und Mitarbeitern für eine kontinuierliche problembezogene Kooperation, wie sie in ihrer wechselseitigen Offenheit zwischen einem universitären, weltanschaulich neutralen Lehrstuhl der Erziehungswissenschaft und einer Einrichtung der Erwachsenenbildung in kirchlicher Trägerschaft wohl im deutschen Sprachraum einmalig ist.

Anregung und Ermutigung, gerade auch zu den eher essayistischen und autobiographischen Bearbeitungen des Themas, verdanke ich dem Redaktionsteam der Zeitschrift "Pädagogik" und hier besonders *Dr. Johannes Bastian* (Hamburg); in anderen Arbeitszusammenhängen *Prof. Dr. Gerd-Bodo Reinert von Carlsburg* (Heidelberg). Ihm und *Prof. Dr. Jörg Petersen* (Hamburg) als den Initiatoren und Herausgebern der Reihe, danke ich sehr für die Chance dieser Veröffentlichung sowie für ihr Wohlwollen und ihre Geduld.

Allen, die mich beim Grübeln über den in diesem Buch angesprochenen Fragen, bei der Vorbereitung der zugrunde liegenden Vorträge und Aufsätze und bei der Niederschrift des Manuskripts mitmenschlich ertragen und dialogisch gefördert haben, danke ich ganz besonders. Allen voran: meiner Frau, Diplom-Sozialwirtin *Ingrid Scarbath*. In die aktuelle Fassung der Texte ist - perspektivisch korrigierend und ergänzend - mehr aus unseren Gesprächen eingeflossen, als uns beiden bewußt ist.

Mein Sohn *Felix Nikol Scarbath* hat mich in die Geheimnisse der elektronischen Textverarbeitung eingeführt und die Entstehung des Manuskripts mit entscheidenden fachkundigen Hilfen vor dem jeweils drohenden Absturz bewahrt.

Allen Leserinnen und Lesern wünsche ich Nachdenklichkeit und Ermutigung bei der Lektüre, bei den leichter zugänglichen Texten auch ein wenig Vergnügen. Da, wo ich "theoretischer" daherkomme, erbitte ich Geduld, hartnäckiges Mehrmal-Lesen - und Nachsicht.

Ich widme dieses Buch allen lebendigen Wesen, die mir - im buchstäblichen wie im übertragenen Sinn - "hinreichend gute" Lehrerinnen und Lehrer waren und sind.

Hamburg und Nürnberg, im Herbst 1991

Horst Scarbath

GELEITWORT

Das vorliegende Buch von Horst Scarbath ist einer doppelten, sich
wechselseitig ergänzenden Blickrichtung gewidmet: Der Verfasser fragt
nach einem tieferen Verständnis der aktuellen Sozialisationsprobleme von
Kindern und Jugendlichen und den damit einhergehenden Verhaltens-
auffälligkeiten; er fragt zugleich nach den angemessenen pädagogischen
Antworten jenseits von Autoritarismus und Laissez-faire und entwirft
Begründungen und praxisbezogene Ideen zu einem dialogisch-fördernden
Verstehen. Im Zentrum steht dabei die Frage nach der Person von Lehrerin
und Lehrer und nach deren zugleich menschlicher wie erzieherischer (nicht
nur didaktischer) Qualifikation.

Dies sind Fragestellungen von eminenter sozialethischer und gesellschafts-
politischer Bedeutung. Wie auch Scarbath betont, sind die aktuellen
Sozialisationsschwierigkeiten junger Menschen und die Orientierungsschwierigkeiten von Lehrerinnen und Lehrern vor dem Hintergrund des sich
beschleunigenden Wertewandels und zunehmend schwieriger werdender
Identitätsbildung zu deuten. Zugleich steht zur Debatte, ob es gelingt, ein
anthropologisch hinreichend reichhaltiges, den Herausforderungen der
Gegenwart genügendes Verständnis des jungen Menschen wie auch der
Lehrerpersönlichkeit und der pädagogischen Interaktion zu entwickeln.

Die Katholische Akademie Hamburg versteht sich seit ihrer Gründung als
offenes Forum des "Weltgesprächs" (Karl RAHNER); sie pflegt daher
kontinuierlich den interdisziplinären und praxisbezogenen Austausch auch
zu aktuellen Fragen der Anthropologie und Gesellschaftspolitik. In diesem
Zusammenhang hat sich eine langjährige, fruchtbare Zusammenarbeit mit
dem Fachbereich Erziehungswissenschaft der Universität Hamburg und
hier besonders mit Herrn Professor Scarbath ergeben.

Themen gemeinsam organisierter Veranstaltungsreihen, Foren und Symposien waren unter anderem "Brennpunkte pädagogischer Anthropologie",
"Pioniere psychoanalytisch orientierter Pädagogik", "Belastetes Erwachsenwerden - Jugenderziehung und Jugendpolitik am Ausgang der Moderne"
und mehrere Veranstaltungen zum Themenkreis des pädagogischen
Verstehens sowie zur sozialisatorischen Bedeutung der modernen Massenmedien.

Die Veranstaltungen der Katholischen Akademie zu diesen Themen dienten und dienen dabei sowohl dem öffentlichen Diskurs wie auch speziell - in Kooperation mit der Universität - der Lehrerbildung und Lehrerfortbildung. Es ist mir daher eine Freude, Horst Scarbaths "Träume vom guten Lehrer", die in Einzelbeiträgen und darüber hinaus in wesentlichen Grundideen auf jene Kooperation zurückgehen, in die Reihe der Publikationen der Katholischen Akademie Hamburg aufzunehmen.

Zugleich danke ich den Herausgebern der Reihe "Erziehung und Unterricht", Herrn Prof. Dr. Gerd-Bodo von Carlsburg und Herrn Prof. Dr. Jörg Petersen, sowie dem Verlag Ludwig Auer für die Verwirklichung dieses aktuell wichtigen und praktisch förderlichen Publikationsprojekts.

Hamburg, im Herbst 1991

Dr. Günter Gorschenek
Direktor der Katholischen Akademie Hamburg

1. MEIN TRAUM VOM GUTEN LEHRER

So zu träumen und zu schreiben, wie ich es hier versuche, heißt aus der Rolle zu fallen, wenn strengere wissenschaftliche Analyse erwartet wird. Ich wage es trotzdem: Tagträume und Phantasien, so hat uns Ernst BLOCH gelehrt, können den Vor-Schein besseren Lebens zeigen. Damit sie nicht zu idyllischer Träumerei verkommen, müssen sie auf die Widrigkeiten des Alltags kritisch und handlungsorientierend bezogen werden. Allemal sind ja unsere Träume von der guten Lehrerin oder vom guten Lehrer nicht nur genährt von förderlichen Begegnungen und Erfahrungen (vgl. Kapitel 10). Sie sind auch geboren aus dem lebensgeschichtlichen und aktuellen Leiden an Borniertheit und Versagen - nicht zuletzt auch unserem eigenen.

In diesem Sinne Erfahrungen, Assoziationen und Wünsche zu pflegen und es im Einzelfall zu wagen, diese zu "Haltungsbildern" (MIETH 1984) eines guten Lehrers oder einer guten Lehrerin zu verdichten - das heißt, gegen die "déformation professionelle" des Lehrerberufs (RITSCHER 1983) anzuarbeiten. Wenn ich im folgenden von "dem Lehrer" spreche, dann meist im Sinn der allgemeinen, geschlechtsübergreifenden Berufsbezeichnung. Dies soll auch deswegen bewußt bleiben, weil mein Traum Elemente des Männlichen wie des Weiblichen enthält.

Günther BITTNER hat in einem Aufsatz über die Frage "Was ist human?" (1986) Ideen zur Bestimmung gelingenden, in einem qualifizierten Sinn menschlichen Lebens entwickelt. Auf dem Hintergrund der von ihm erarbeiteten tiefenpsychologisch-pädagogischen Menschenkunde (vgl. BITTNER 1984) entwirft er prozessuale Kriterien: Menschlichkeit, so BITTNER, gelingt unter anderem, wenn ich in den Spuren anderer gehe und wenn ich die Balance zu halten vermag. Dieser Hinweis, der mich während meiner Träume vom "guten Lehrer" erreicht hat, hilft mir, diese ein wenig zu ordnen und zu verdeutlichen, was mir das Wesentliche daran ist. Denn auch mir geht es weder um behavioristische Verhaltensregeln noch um starre Tugend- oder Kompetenzkataloge für den Lehrer, sondern um Suchbewegungen.

Wenn wir danach fragen, was in einem nicht bloß technischen, sondern humanen Sinn den "guten Lehrer" ausmacht, begeben wir uns auf die Fährte der Menschen vor uns, versuchen in den Spuren zu lesen, die ihre Erfahrungen als Erzieher und als Erzogene hinterlassen haben. Es ist daher kein Zufall, wenn in meinem Traum eine Figur Erich KÄSTNERS oder der Stanser PESTALOZZI auftauchen ... Und die Gefährdungen des Menschlichen sind dabei immer mitzusehen: In den sozialen Berufen, so scheint es mir, liegen die Abgründe besonders nah am Weg. Wer die Aufgabe nicht ernst genug nimmt, gerät leicht ins Stolpern - aber Schwindel befällt den, der immer nur in den Abgrund starrt...

Wenn es zutrifft, daß Humanität nur in immer erneuten Balance-Akten gelingt, dann läßt sich auch "gutes" Lehrer-Sein daran erkennen, daß solche Lehrerinnen und Lehrer zwischen je entgegengesetzten psychosozialen Tendenzen und Anforderungen die Balance zu halten vermögen. Meine Träume und Assoziationen jedenfalls, so habe ich entdeckt, umspielen solche Balance-Akte:

1. Balance zwischen Erwachsensein und Kindsein

"Ein Pauker hat die verdammte Pflicht und Schuldigkeit, sich wandlungsfähig zu erhalten. Sonst könnten die Schüler ja früh im Bette liegen bleiben und den Unterricht auf Grammophonplatten abschnurren lassen. Nein, nein, wir brauchen Menschen als Lehrer und keine zweibeinigen Konservenbüchsen! Wir brauchen Lehrer, die sich entwickeln können, wenn sie uns entwickeln wollen."

Die Lehrerschelte, die Erich KÄSTNER (1965, S.62) hier dem Schüler Fritsche in den Mund legt, entzündet sich an Oberstudiendirektor Dr. Grünkern, Prototyp des in freundlicher Routine erstarrten Pädagogen, der "jedes Jahr ... regelmäßig ein und denselben Witz" zum Besten gibt (S.61). Die Forderung leuchtet ein: Wenn Lehrer Entwicklungs- und Lernfortschritte bei jungen Menschen anregen und unterstützen wollen, müssen sie auch zu erkennen geben, daß ihnen Lernbereitschaft und geistig-seelisches Wachstum auch für ihre eigene Person wichtig sind. "Es bleibt immer noch alles zu entdecken" - diese Einsicht Paul VALÉRYs scheint vielen Lehrerinnen und Lehrern abhanden gekommen. Und auch die Bereitschaft, Irrtümer und Fehlentscheidungen zuzugeben und aus ihnen zu lernen, steht in so starker Spannung zum traditionell verankerten Berufsbild des "Bescheidwissers" und "Beibringers", daß sie bei Pädagogen langsamer wächst als erforderlich.

So weit so gut - oder doch nicht? "Sich wandlungsfähig halten" kann ja auch heißen, sich jeder Veränderung blind anzupassen, Anforderungen von Mitwelt und Gesellschaft keine eigene Substanz mehr entgegenzusetzen. Dann entsteht jener "spurtschnelle, stromlinienförmige" Lehrertyp, von dem Jürgen HENNINGSEN einmal sprach. Pädagogisch sensible Mentoren in der zweiten Phase der Lehrerbildung - von denen es mehr gibt als gemeinhin angenommen - klagen häufig darüber, daß Referendare oder Junglehrer in ihrem Habitus und ihrem pädagogischen Verhalten immer mausgrau-uniformer würden.

Entwicklungsfähigkeit von Pädagoginnen und Pädagogen muß offenbar dialektischer gedacht werden. So meint es auch, wie wir noch sehen werden, Erich KÄSTNER in seinem Beispiel. Der Lehrer, von dem ich träume, ist trotz aller Vorläufigkeit seines Entwicklungsstandes, trotz aller Offenheit für die Zukunft in einem bestimmten Sinn *erwachsen* geworden: Er hat das experimentierende Ernstspiel seiner Jugend mit mitmenschlichen Bindungen, religiösen und politischen Haltungen, beruflichen Wünschen und wissenschaftlichen Positionen hinter sich gelassen und - wie fragmentarisch auch immer - Identität gewonnen. Er vermag daher den Schülern mit seiner Person und mit dem, wofür er einsteht, "Widerhalt" und somit Sicherheit zu geben; auf dieser Basis kann er auch Fragen, die für ihn ungeklärt sind, als solche offenlegen. Aber er hat es weder nötig, die Schüler indoktrinierend auf seine Meinung und Welthaltung einzuschwören, noch sie als Co-Therapeuten für die eigene Unsicherheit zu mißbrauchen. Gerade bei jungen Lehrerinnen und Lehrern liegen nach meiner Erfahrung beide Gefahren - aus Angst geboren - besonders nahe.

Erwachsensein und Sich-Entwickeln des Lehrers heißt aber auch, die Erfahrungen der Kindheit und die kindliche und jugendliche Welthaltung in einem produktiven Sinn "aufzuheben" - also nicht nur abzuarbeiten, sondern auch sich zu bewahren. Neugierverhalten, Spontaneität und Spielfreude beispielsweise muß jeder Erwachsene - wie auch immer aus seiner Kindheit verwandelt - weiterpflegen, wenn er nicht "verkalken" soll. Erst recht der Lehrer. Denn ohne die Resonanz des lebensgeschichtlich wie aktuell "Kindlichen" im Erwachsenen dürfte pädagogisches Verstehen nicht möglich sein. Dies gilt aber auch für die dunklen Seiten der Kindheit, die wir so leicht verdrängen: die Erfahrungen der Hilflosigkeit und Ohnmacht gegenüber Menschen und Aufgaben, der Einsamkeit in einer bedrohlich fremden Gruppe ... Nicht nur Verstehensleistungen, sondern auch der gesamte unterrichtliche und erzieherische Alltag leben davon, daß der Lehrer auch *Kind* geblieben ist.

Auf dem Weg vor uns sehe ich Don Giovanni BOSCO, der auf den Turiner Hinterhöfen mit Arbeiterkindern Ball spielt, und Hans ZULLIGER, wie er nach der Schule mit den Kindern spazierengeht und in der Therapiestunde "herumblödelt"...

2. Balance zwischen Norm und Situation

Zurück zu Erich KÄSTNERs "Fliegendem Klassenzimmer": Die mit der Klasse verfeindeten Realschüler haben einen der Gymnasiasten gefangengenommen und die Diktathefte, die er "Herrn Professor Kreuzkamm zur Korrektur" bringen sollte, vor den Augen des Gefesselten verbrannt. Die Kameraden des Opfers stehlen sich heimlich aus dem Internat, um den Jungen zu befreien; auf dem Nachhauseweg werden sie von einem Primaner bei ihrem "Hauslehrer" verpetzt. Zwischen dem Tutor Dr. Bökh, genannt Justus, und der Gruppe entwickelt sich folgende Szene:
"Doktor Bökh erhob sich und trat dicht vor die Angeklagten. 'Wie heißt der einschlägige Artikel der Hausordnung, Uli?' - 'Den Schülern des Internats ist es verboten, das Schulgebäude außer während der Ausgehzeiten zu verlassen', antwortete der Kleine ängstlich. - 'Gibt es irgendwelche Ausnahmefälle?' fragte Bökh. 'Matthias!' - 'Jawohl, Herr Doktor', berichtete Matz. 'Wenn ein Mitglied des Lehrkörpers das Verlassen der Schule anordnet oder gestattet.' - 'Welcher der Herren hat euch in die Stadt beurlaubt?' fragte der Hauslehrer. 'Keiner', entgegnete Johnny. - ... - 'Warum habt ihr mich, die zuständige Instanz, nicht um Erlaubnis gefragt?' - 'Sie hätten, der Hausordnung wegen, die Erlaubnis verweigert', sagte Martin. 'Und dann hätten wir trotzdem in die Stadt rennen müssen! Das wäre noch viel unangenehmer gewesen!' - 'Wie? Ihr hättet meinem strikten Verbot zuwidergehandelt?' fragte der Justus. 'Jawohl!' antworteten alle fünf. - 'Leider', fügte Uli kleinlaut hinzu." (KÄSTNER 1965, S. 51f.)
Der Denunziant, der "schöne Theodor", der sich mit empörten Kommentaren wichtig tun möchte, wird von Bökh bereits hier zurechtgewiesen - ohne daß der "Justus" schon die Vorgeschichte und somit die mögliche Legitimation des Normbruchs kennt, die er erst im weiteren Gesprächsverlauf erkundet. Bökh ist offenbar nicht bereit, blind zu sanktionieren; er fragt, hört - und delegiert einen Teil der Lösung an die Gruppe, die vorschlägt, die verbrannten Zensurlisten selbst zu rekonstruieren und das nicht zensierte Diktat nachzuschreiben.
"'Ich weiß nicht, ob sich Professor Kreuzkamm damit zufriedengeben wird', sagte Justus. 'Alle Zensuren werdet ihr wohl auch nicht auswendig wissen. Trotzdem muß ich euch mitteilen, daß ich euer Verhalten billige. Ihr habt euch einfach tadellos benommen, ihr Bengels.' ... 'Gesetzwidrig bleibt es immerhin', sagte Bökh, 'daß ihr die Schule unerlaubt verlassen habt. Setzt euch aufs Sofa! Ihr seid müde. Wir wollen überlegen, was sich tun läßt.'" (S.54)

Zum Mißvergnügen des "schönen Theodor" erfindet Bökh eine pädagogische Reaktionsform, die in ihrer Dialektik von Strafe und Belohnung, von
grundsätzlicher Anerkennung der Norm und situativem Respekt vor dem
Normbruch dem Normenverständnis beider, des Lehrers und der Gruppe,
entspricht:
"'Na schön. Ihr sollt die heißersehnte Strafe kriegen. Ich entziehe euch
hiermit den ersten Ausgehnachmittag nach den Ferien. Damit ist der
Hausordnung Genüge getan. Oder?' Bökh blickte den Primaner fragend an.
- 'Selbstverständlich, Herr Doktor', beeilte sich der schöne Theodor zu
erklären. - 'Und an diesem der Strafe gewidmeten Nachmittag seid ihr fünf
hier oben im Turm meine Gäste. Da machen wir einen Kaffeeklatsch. Das
steht zwar nicht in der Hausordnung. Aber ich glaube nicht, daß dagegen
etwas einzuwenden ist. Oder?' Wieder blickte er den Primaner an. -
'Keineswegs, Herr Doktor', flötete der schöne Theodor. Am liebsten wäre
er zersprungen. - 'Nehmt ihr die Strafe an?' fragte Bökh. - Die Jungen
nickten fröhlich und stießen einander die Ellbogen in die Rippen. -
'Großartig', rief Matthias. 'Gibt's Kuchen?'" (KÄSTNER 1965, S.55)
Als Erscheinungsjahr des "Fliegenden Klassenzimmers" steht in meiner
Ausgabe das Jahr 1933. In diesem zeitgeschichtlichen Kontext liest sich die
Szene als wirkungsloser Protest gegen eine Über-Ich-Kultur, deren
destruktive Tendenzen schon damals erkennbar waren, als spätes Doku-
ment einer reformerischen und dialogischen Pädagogik, der alsbald ein
Ende bereitet wurde. Aber zugleich geht von ihr - über den deutlichen
historischen Abstand hinweg - inspirierende Kraft aus:
Bökh wie auch die Schüler kommen überein, daß die Norm der Schulordnung
in Kraft bleibt, aber für diesen Fall durch Kriterien höherer Ordnung
relativiert werden muß. Die kommunikative, ansatzweise diskursive Lösung gelingt, weil "Justus" eine situations- und schülergerechte Balance
glückt - aber auch, weil die Schüler von vornherein anerkennen, daß der
Lehrer auch für die generelle Norm einsteht. Nicht zufällig leitet die Szene
über zu einer biographischen Erzählung des Lehrers, die die menschliche
(nicht allein pädagogische) Verbundenheit vertieft ...
Als Alptraum kommt mir demgegenüber der Lehrer vor Augen, der als
Pausenaufsicht betont wegsieht, als ein Mitschüler dabei ist, einen am
Boden liegenden Jungen mit Stiefeln zu treten. Solche Vermeidungshaltung,
gelegentlich intellektuell entschuldigt mit naiven "non-intervention"-Kon-
zepten, mag aus Hilflosigkeit geboren sein, ist aber nicht hinzunehmen.
Ebenso problematisch ist aber die zwanghafte Identifikation von Lehrern
mit ihren eigenen und - dann oft identisch damit: - mit von der Obrigkeit

verordneten Normen. Befreiend wirkt da die emsländische Klarheit des früheren niedersächsischen Kultusministers Werner REMMERS (1986): "Ich halte *die* Lehrer für die besseren Lehrer, die sich nicht genau an die Richtlinien halten."

3. Balance von männlichen und weiblichen, mütterlichen und väterlichen Elementen

Die Rede von "dem" guten Lehrer bringt mir - gegen die Sprache - weibliche und männliche Pädagogen vor Augen: Lehrersein (wie Schülersein) ist immer geschlechtsspezifisch bestimmt. Und in meinem Traum mischen sich Elemente dessen, was traditionell als männlich gilt, mit solchen, die dem weiblichen Charakter beziehungsweise der weiblichen Rolle zugeschrieben werden. Nicht in der konturlosen, letztlich geschlechtsneutralen Mischung der "Mappis" - das wäre langweilig.

Ich träume davon, daß es uns Männern noch deutlicher ermöglicht würde, Elemente des "Mütterlichen" in uns zu akzeptieren und pädagogisch zu realisieren, also (nach dem traditionellen Polaritätsprofil, das immer schon überzogen-fragwürdig war) Haltungen des Pflegens und Behütens, der Einfühlung und des Verständnisses und einer nicht rationalistisch verkürzten, sondern auch emotional getragenen Kommunikation. Ich träume davon, daß es Frauen im Pädagogenberuf leichter hätten, Momente des "Väterlichen" und "Männlichen" zu entwickeln und praktisch zur Geltung zu bringen, etwa auch im Umgang mit männlichen Kollegen und Vorgesetzten und hinsichtlich der administrativen und politischen Aspekte unseres Berufs.

Die "gute" Lehrerin und der "gute" Lehrer hat für sich eine je persönliche Balance gefunden zwischen den Polen des Männlichen und Weiblichen. Sie und er haben genug Ich-Stärke entwickeln können, diese im sozialen Kontext durchzuhalten. Sie oder er bekommen - so träume ich - die Chance, ihr persönliches Profil im Umgang mit je unterschiedlichen Altersgruppen und Aspekten ihrer Rolle zu erproben, jenseits noch verbreiteter Festlegung der Frauen auf schulische Unterklassen und/oder sprachlich-soziale Lerninhalte, der Männer auf schulische Oberklassen und Leitungsaufgaben sowie auf mathematisch-naturwissenschaftliche Lerninhalte.

Ich denke, daß jemand dann *ein guter, das heißt: junge Menschen förderlich herausfordernder und ergänzender Lehrer* sein kann, wenn er oder sie in solch entscheidenden Fragen der persönlichen Existenz und der beruflichen

Rolle wie der Geschlechtsrollenidentität *eigenes, je unverwechselbares Profil* hat entwickeln können. Entsprechendes gilt auch für vergleichbar "persönlichkeitsnahe" Fragen wie die der politischen und weltanschaulich-religiösen Identität. In der gegenwärtigen geschichtlich-gesellschaftlichen Situation ist es gleichwohl - leider - angezeigt zu betonen, daß die Verwirklichung dieses Traums angehenden Lehrerinnen nach wie vor schwerer gemacht wird als ihren männlichen Kollegen.

Aber auch hier gibt es Spuren, in denen wir gehen können: Vor uns sehe ich Johann Heinrich PESTALOZZI, der den Waisenkindern in Stans Mutter und Lehrer zugleich ist - sicher zunächst aus der Not der Stunde heraus: "Außer einer Haushälterin allein, ohne Gehülfen, weder für den Unterricht der Kinder, noch für ihre häusliche Besorgung, trat ich unter sie ..." (1799/ 1954, S.102). Aber auch unabhängig davon werden in PESTALOZZIs Person und pädagogischem Handeln Züge des Weiblichen deutlich, und zu Recht ist auf den Einfluß von Frauen auf seine Pädagogik hingewiesen worden. Nach ihm kommt mir Maria MONTESSORI vor Augen, die das gegen massive Widerstände erkämpfte Medizinstudium (ein altes Männer-privileg) dann in den Dienst der Behinderten und der Armen stellt. Der Frauenrechtlerin und begeisternden öffentlichen Rednerin MONTESSORI verdanken wir zugleich einige der sensibelsten Beobachtungen und Fall-studien zum Verständnis des Kindes und seines Entwicklungsprozesses.

4. Weitere Balance-Akte: Einladung zum Weiterträumen

Die Reihe möglicher Träume vom Balancieren im Lehrerberuf ist prinzi-piell unabschließbar. Ohne daß ich in diesem Rahmen ausführlicher weitererzählen kann, möchte ich wenigstens einige solcher anderen Traum-Themen ansprechen, die mir - wie die bereits genannten - besonders wichtig sind:

Ein guter Lehrer sollte *Freude* haben *am Umgang mit Kindern und jungen Leuten*, aber ebenso an den *sachlichen Inhalten und Aufgaben* seines Fachs. Die eher "paidotrope", kindzugewandte, und die eher "logotrope", sachzugewandte Haltung - um die alte CASELMANNsche Typologie aufzugreifen - sind in Reinform ein Popanz. Auch die eher sozialpädagogische Interaktion gelingt vielfach dann besonders gut, wenn Erzieher und junger Mensch, Lehrer und Schüler, an einer gemeinsam interessierenden Aufgabe arbeiten - die Erfahrungen mit Projektunterricht lehren das sehr eindring-lich. Auf der anderen Seite nutzt die beste Fachkompetenz und Methodik dem Lehrer nichts, wenn der Schüler nicht erfährt, daß sein Lehrer an seinen Lernschwierigkeiten und Lernfortschritten - und darüber hinaus an seiner Person - wirklich Anteil nimmt.

Dabei gilt es zu balancieren zwischen *Nähe und Distanz*: Mit Recht ist in einer Zeit verbreiteter Job-Mentalität gefordert worden (so auch von mir), daß sich der Lehrer als Person in eine dialogische Beziehung zum jungen Menschen einbringen soll. Hier geht es wesentlich auch um die Bereitschaft zum pädagogischen Verstehen (vgl. Kapitel 2 und 7), um die Fähigkeit zum "zweiten Blick" hinter die Fassaden dargestellten Verhaltens. "Daß mein Herz an meinen Kindern hange, daß ihr Glück mein Glück, ihre Freude meine Freude sei ...", darum geht es PESTALOZZI in Stans (1799/1954, S.103). Und KÄSTNERs Lehrer Bökh ist nur deswegen in der Lage, einem in materielle Not geratenen Schüler zu helfen. Aber wir sehen heute auch die Kehrseite: die Gefahr kolonisierender Bemächtigung. Bindungspädagogik allein genügt nicht; sie muß ausbalanciert werden mit der Anerkennung der Anderheit und Fremdheit des Anderen und mit dem Gespür für Situationen, in denen ich nicht interventionsberechtigt bin. Diese spezifische Fähigkeit der Balance nennt die Tradition *Takt*.

Nähe und Distanz gilt es aber auch auszubalancieren *hinsichtlich der eigenen Berufsrolle und der eigenen Person*: Wer würde sich nicht Lehrer erträumen, die ihre berufliche Aufgabe wirklich ernst nehmen, ihren Unterricht je neu, interessant und verständlich gestalten, sich für beratende Gespräche und für Freizeitaktivitäten mit den Schülern Zeit nehmen, an ihrer eigenen Weiterbildung arbeiten ... In der Tat: es finden sich solche Menschen in der pädagogischen Berufspraxis, mehr als die beliebte öffentliche Lehrerschelte wahrhaben will. Aber wer kennt nicht auch Lehrer (und besonders Lehrerinnen), die an ihrer Übergewissenhaftigkeit zugrunde zu gehen drohen, in ihrem Engagement das Opfer der Faulheit benachbarter Kollegen sind, schließlich über Gefühle des Ausgebranntseins klagen und sich nur noch nörgelnd zu äußern vermögen? Offenbar geht es auch hier um die rechte Balance; zur Psychohygiene des Lehrerberufs gehört es, daß Lehrerinnen und Lehrer einen nicht-pädagogischen Lebens- und Interessenkreis finden, der ihnen hilfreiche Distanz zu den manchmal überfordernden Erfahrungen des Berufs schafft. Im Arztberuf hat das - besonders in der Pflege der Künste - eine lange Tradition. Schließlich gilt Entsprechendes nicht nur für die Berufsrolle, sondern auch für die eigene Person des Lehrers: Meine Lebensgeschichte und auch das Dunkle, Abgründige, Fragmentarische meiner Existenz darf ich nicht abspalten (vgl. auch BITTNER 1984). Aber auch davon, mich selbst zu ernst zu nehmen, darf ich mich von meinen

Mitmenschen befreien lassen, indem ich lerne, über mich selbst zu schmunzeln oder herzhaft zu lachen. Deshalb träume ich ganz besonders vom Lehrer, der *Humor* hat.

Ich möchte einladen, solche Träume von der guten Lehrerin, vom guten Lehrer weiterzuspinnen und als Ferment in die alltägliche Praxis von Unterricht, pädagogischem Studium und Lehrerfortbildung weiterzutragen. Fritz OSER hat in einem schönen Essay über "das utopische Fundament der Pädagogik" daran erinnert, daß Bildungsprozesse und pädagogische Reformen vom Prinzip der "inneren Unruhe" leben: "Gegensätzlichkeiten in sich vereinend, koordinative Arbeit leistend, neue Zustände stets vorwegnehmend, erhält die Realität der inneren Unruhe jenes Potential für Realisierungen, das über das hinausgeht, das wir selbst glauben leisten zu können. ... Stets ist ein Überschuß an Möglichem, stets wird aus jedem Zustand Neues erforderlich. Nur wer die innere Unruhe praktiziert, kann Realität und damit sich selbst verändern ..." (OSER 1985, S.27)

Literatur

BASTIAN, Johannes (Hrsg.): Vor der Klasse stehen. Lehrerautorität und Schülerbeteiligung. Hamburg 1987

BITTNER, Günther: Das Sterben denken um des Lebens willen. Ein Lehrstück tiefenpsychologisch-pädagogischer Menschenkunde. Würzburg 1984

BITTNER, Günther: Was ist human? In: Neue Sammlung 26 (1986), H.3, S.408-422

DIETERICH, Rainer/ELBING, Eberhard/PAEGITSCH, Ingrid/RITSCHER, Hans: Psychologie der Lehrerpersönlichkeit. München 1983

KÄSTNER, Erich: Das fliegende Klassenzimmer. In: Gesammelte Schriften Band 7, Zürich u.a. 1965, S.7-119

MIETH, Dietmar: Die neuen Tugenden. Ein ethischer Entwurf. Düsseldorf 1984

MONTESSORI, Maria: Kinder sind anders. Stuttgart 10. A. 1978

OSER, Fritz: Das utopische Fundament der Pädagogik, oder die Realität der inneren Unruhe. (Berichte zur Erziehungswissenschaft Nr. 48) Fribourg/Schweiz 1985

PESTALOZZI, Johann Heinrich: Brief an einen Freund über seinen Aufenthalt in Stans ("Stanser Brief") (1799). In: Ausgewählte Schriften, hrsg. v. Wilhelm FLITNER. Düsseldorf und München 1954

REMMERS, Werner: Statement in der Sendung "Zwischen Rückzug und Provokation. Jugendkultur heute" von Jana Halamicková, NDR III Hörfunk, 7.9.1986

REINERT, Gerd-Bodo / DIETERICH, Rainer (Hrsg.): Theorie und Wirklichkeit. Studien zum Lehrerhandeln zwischen Unterrichtstheorie und Alltagsroutine. Frankfurt am Main, Bern und New York 1987

RITSCHER, Hans: Die Rollenfunktionen des Lehrers. In: DIETERICH u.a. 1983

2. ZUR PSYCHOANALYSE DER LEHRER-ROLLE IM GESELLSCHAFTLICHEN KONTEXT

zugleich eine kleine Einführung in psychoanalytische Pädagogik

Dresdner Vorlesung

Vorbemerkung

Zunächst möchte ich zu erschließen suchen, was *das Spezifische psychoanalytisch-pädagogischen Sehens und Denkens* ausmacht. Sodann gehe ich - nach einem Exkurs zur Entwicklungsgeschichte psychoanalytischer Pädagogik - in exemplarischer Absicht auf drei thematische Schwerpunkte ein:
(1) das Problem der *Widersprüchlichkeiten und Ambivalenzen in der Lehrerrolle*;
(2) das Problem der *"autoritären Persönlichkeit"* (nicht nur aus aktuellem Anlaß);
(3) um dann konstruktiv zu werden: das Problem des *pädagogischen Verstehens* (auch anhand eines Fallbeispiels aus eigenen Forschungen).
Denken Sie aber bitte nicht, hier sei jemand gekommen, der Ihnen der psychoanalytisch-pädagogischen "Weisheit letzten Schluß" anbietet! Ich verstehe meinen Beitrag, meinem grundsätzlichen Verständnis von Wissenschaft entsprechend, als einen Dialog-Impuls, und ich möchte gleich zu Beginn warnen vor den vielen Ober-Gurus, die sich jetzt auf den Weg zu Ihnen machen, um Ihnen mit dem Anspruch letzter und unbezweifelter Gewißheit den angeblich neuesten psychologischen oder pädagogischen Ansatz zu verkaufen.

1. Psychoanalytisch-pädagogisches Sehen und Denken

Die Psychoanalyse ist weder eine Ersatzreligion noch ein wissenschaftliches Dogma. Man sollte sie vielmehr so handhaben, wie ihr Begründer Sigmund FREUD es empfiehlt: Es geht darum, "mit dem Lügenköder nach dem Wahrheitskarpfen zu angeln" (vgl. BITTNER 1974). Das heißt: Es ist dies ein Erkenntnisverfahren und ein Wissen mit *heuristischem* Charakter. Hier geht es um die Einladung zum Fragen, zum Erproben spezifischer

Erfahrungs- (auch: Selbsterfahrungs-) Qualitäten und zum denkenden Probehandeln, damit aber auch zur je neuen Korrektur.

Wir sprechen davon, daß FREUD in seiner spezifischen historischen Lage vielfach einem "naturwissenschaftlichen Selbstmißverständnis" erlegen sei. Das heißt, daß er die kritisch-hermeneutische Qualität von Psychoanalyse zwar gesehen, aber nicht durchweg in den Mittelpunkt gestellt hat, und daß auch seine Bild- und Sprachwelt (etwa in der problematischen Rede von psychischen "Mechanismen") jener Qualität nicht durchweg entspricht. Ich selbst jedenfalls verstehe Psychoanalyse und psychoanalytisch orientierte Pädagogik als interpretativ verfahrende Sozial- bzw. Humanwissenschaft, somit im Sinne kritischer Hermeneutik.

"Psychoanalyse der Lehrerrolle" - das könnte ja nun mißverständlich sein in dem Sinn, daß es hier primär um Therapie ginge beziehungsweise - wie wir das heute nennen würden: - um eine unzulässige "Therapeutisierung" und "Klientifizierung". Einem psychoanalytisch orientierten Zugang steht oft das Vorurteil entgegen, hier würde primär das Krankhafte, das Mißlingende verhandelt, und es würden die gravierenden Problemfälle in den Mittelpunkt gestellt. Sicher dankt die Psychoanalyse (wie auch die psychoanalytische Pädagogik) wesentliche Erkenntnisgewinne dieser Ausgangslage. Und auch bei meinem Thema geht es direkt oder indirekt immer auch um Aspekte einer Sozialpathologie.

Gleichwohl möchte ich dazu einladen, die Psychoanalyse - ganz im Sinne ihres Begründers - zunächst einmal als eine *allgemeine Psychologie* wahrzunehmen und mit pädagogischem Interesse zu befragen.

"Psychoanalyse" meint ja mehrerlei. Wie entsprechend auch bei "Pädagogik", bezeichnet der Begriff mehrere Ebenen - eine Praxis, eine Praxislehre (bzw. die praxisbezogene Verständigung der im Feld Handelnden) und schließlich eine Wissenschaft.

Psychoanalyse ist Praxis in unterschiedlichen Zusammenhängen - nicht nur der Therapie, sondern z.B. auch der Beratung. Mit der Pädagogik sind psychoanalytisch-praktische Arbeitsansätze bereits bei den frühen Pionieren psychoanalytischer Pädagogik wie AICHHORN oder REDL eine eigentümliche Verbindung eingegangen, und zwar sowohl im Kontext von Schulpädagogik wie auch z.B. von Heimerziehung (vgl. SCARBATH/ FATKE 1992).

Psychoanalyse ist sodann aber auch Praxislehre für die Ausbildung der Praktiker, und sie hat in diesem Zusammenhang spezifische Arbeitsformen und Institutionen hervorgebracht. Einige solcher praxisbezogenen Konzepte haben auch Eingang in Lehrerbildung und Lehrerfortbildung gefunden,

etwa die BALINT-Gruppen-Arbeit, die mit der spezifischen Spiegelung der emotional-affektiven Probleme des primären pädagogischen Feldes auf der sekundären Ebene der Fortbildungsgruppe arbeitet.
Schließlich ist Psychoanalyse eine der Sozial- bzw. Humanwissenschaften. Wenngleich sie - wie betont - eine spezifische Ausformung einer Allgemeinen Psychologie (und ihrer Teildisziplinen wie Entwicklungspsychologie oder Pädagogische Psychologie) darstellt, ist ihre Einordnung in den "normalen" universitären Forschungs- und Lehrbetrieb der Psychologie und näherhin auch der Pädagogischen Psychologie nach wie vor strittig. Einem szientistisch-naturwissenschaftlichen Wissenschaftsverständnis, aber auch z.b. der primär "kognitivistischen" (auf Prozesse menschlichen Wahrnehmens und Urteilens bezogenen) Psychologie stellt Psychoanalyse eine unablässige Herausforderung dar ...
Übrigens zeichnet sich in der westdeutschen Erziehungswissenschaft, auch in Hamburg, eine zunehmende Offenheit für pädagogisch-psychoanalytische Sichtweisen ab. Das hermeneutische oder kritisch-theoretische Selbstverständnis vieler Fachvertreterinnen und Fachvertreter, gerade auch wieder in der jüngeren Generation, erweist sich hierfür als günstig.

"Psychoanalyse der Lehrerrolle" könnte angesichts der skizzierten Differenzierung heißen:
(1) Eine mit den Mitteln interpretativer Empirie und mit dem spezifischen psychoanalytischen Arbeitsansatz (z.b. Reflexion der emotionalen Anteile des Forschenden im forschenden Umgang) erarbeitete *Analyse und theoretische Klärung* der Lehrerrolle. Das hat unter den "Pionieren" insbesondere Siegfried BERNFELD in ersten Anläufen unternommen. Aus der Arbeit der sechziger Jahre ist nach wie vor Peter FÜRSTENAUs Aufsatz zur Psychoanalyse der Schule als Institution aktuell. Unter den neueren Beiträgen möchte ich die von Kurt SINGER und Horst BRÜCK hervorheben.
(2) Ein konstruktiver Neuentwurf, dessen praktische Erprobung und ausbildungsdidaktische Vermittlung - also praxisbezogene bzw. praktische Schritte zu einer psychoanalytisch-pädagogisch reflektierten *Modifikation von Lehrerrolle und Lehrerhandeln.* Das hatte - bei aller relativen "Gesellschaftsblindheit" - unter den Pionieren psychoanalytischer Pädagogik besonders der Schweizer Lehrer Hans ZULLIGER am eindrucksvollsten realisiert, indem er zum Kopfschütteln seiner Mitbürger mit den Kindern "herumblödelte" oder sie zu nachmittäglichen "Spaziergang-Therapien" mitnahm. Zu erinnern ist aber beispielsweise auch an die gemeinwesenbezogene, die Selbststeuerungskräfte der Betroffenen stärkende Sozialarbeit

des Gießener Psychoanalytikers Horst-Eberhard RICHTER und seines Teams.

Gleichwohl: Analyse wie konstruktive Modifikation der Rolle von Lehrerin und Lehrer im gesellschaftlichen Kontext stecken bei uns noch in den Anfängen, und es soll nicht verschwiegen werden, daß sich ihr "naturgemäß" Widerstände entgegenstellen - sowohl gesellschaftliche und institutionelle wie auch solche in der Person der Lehrerinnen und Lehrer selbst.

Es geht mir hier und heute zunächst nur einmal darum, auf die spezifischen Chancen aufmerksam zu machen, die in einer psychoanalytisch-pädagogischen Reflexion der Lehrerrolle beschlossen liegen. Solche Reflexion bezieht sich einerseits auf gesellschaftliche Bedingungen, andererseits zugleich auf die eigene Person - die Bestimmung meiner professionellen Identität als Lehramtsstudentin und Lehramtsstudent, als Lehrerin und Lehrer, auch: als Hochschullehrerin und Hochschullehrer, und zwar besonders hinsichtlich der lebensgeschichtlich vermittelten, emotional-affektiven Momente des Lehrer-Werdens und Lehrer-Seins.

Eine solche Sensibilisierung, eine solche Einübung in eine besonders persönlichkeitsnahe Weise des pädagogischen Sehens und Denkens in einer Vorlesung oder einem Aufsatz zu versuchen, ist eigentlich ein paradoxes Unterfangen, ja fast unmöglich. Angemessener wäre es, diesen Zugang in kleinen Gruppen zu erproben, etwa anhand von Fallgeschichten - entweder solchen der eigenen erfahrenen Praxis oder solchen, die in der Literatur dokumentiert sind. Wie gesagt: Ich kann hier nur Appetit machen und zur weiteren Erkundung einladen.

Das Wesentliche an einem psychoanalytisch inspirierten Sehen und Denken in der Pädagogik wäre in meiner Sicht:
(1) Die Betonung der *unbewußten Anteile des menschlichen Erlebens und Verhaltens*, besonders natürlich der Triebdynamik und der Triebschicksale, und die Aufmerksamkeit für *psychodynamische Prozesse* wie Gefühlsübertragung, Verdrängung und anderes mehr;
(2) dabei zugleich - und dies wird für das Folgende wesentlich sein - das Gespür für die möglichen *Ambivalenzen*, also die Gefühls-Mehrdeutigkeiten und Widersprüche in den menschlichen Strebungen und Affekten; also *zugleich* zu lieben und zu hassen, Kinder zu mögen und gleichzeitig nicht ausstehen zu können. Die Aufmerksamkeit für die - oft unbewußten - gegensätzlichen Anteile und das Bemühen, diese "andere Seite" aufarbeiten zu helfen, ist typisch für psychoanalytische Zugänge.

(3) Wesentlich ist ferner die Betonung der *lebensgeschichtlichen Zusammenhänge* aktueller Dispositionen und Verhaltensweisen, insbesondere auch der Versuch, aktuelle Konflikte *auch* aus der Lebensgeschichte der jeweiligen Beteiligten - also der Schüler wie der Lehrer oder der Eltern - zu verstehen. Erlauben Sie mir hierzu einen Hinweis: Mit Ausnahme grundlegender Erfahrungen der frühen Kindheit (besonders hinsichtlich eines "Urvertrauens" zu Welt und Mitmenschen) sehen wir heute die Kindheitserfahrungen nicht mehr als so ausschließlich prägend und irreversibel an, wie dies noch in der Frühzeit der Psychoanalyse der Fall war. Eine populärwissenschaftliche Rezeption der Psychoanalyse bestand ja in der Variation des alten Spruchs "Was Hänschen nicht lernt, lernt Hans nimmermehr", nämlich: Was Hänschen in problematischer Weise gelernt habe, sei ihm nicht mehr auszutreiben, und was er versäumt habe, sei (auch emotional) nicht mehr nachzuholen. Dies sehen wir heute differenzierter (wenngleich die sozialpädagogische Praxis lehrt, wie schwierig und zeitraubend es sein kann, frühe Defizite und Erfahrungen nachzuholen bzw. nachgehend aufzuarbeiten).

Die lebensgeschichtliche Fragerichtung ist gleichwohl zentral geblieben, und sie stellt auch einen der Zugänge dar, mit denen sich die Psychoanalyse an der Sozialisationstheorie beteiligt.

(4) Die *jeweils therapeutisch oder pädagogisch Handelnden sind immer mit in den Fall "verwickelt"*; sie können sich nicht als neutral-distanzierte Forscher oder Manipulatoren heraushalten. Dies wird im Zusammenhang der Verstehensproblematik noch deutlicher werden. Die Einsicht in die lebensgeschichtliche Vermitteltheit aktueller Konfliktlagen führt dazu, auch die kognitive und emotionale Reaktion von Pädagoginnen und Pädagogen auf Schülerverhalten als lebensgeschichtlich mitbedingt zu begreifen und das Schülerverhalten nicht isoliert zu sehen, sondern im Kontext einer *Beziehungsdynamik* zu interpretieren, in die sowohl die Lerngruppe wie auch - ganz wesentlich - die Lehrperson verstrickt ist. Welche lebensgeschichtlichen Erfahrungen eines Lehrers oder einer Lehrerin, welche Momente einer sozialisatorischen Leidensgeschichte werden - zumeist unbewußt - wachgerufen, wenn sie sich mit dem Ungehorsam oder der Faulheit eines Schülers auseinandersetzen müssen? Welche eigenen, oft verschütteten Unsicherheiten und Zweifel fangen bei uns an zu rumoren, wenn junge Menschen die Werte und Normen nicht akzeptieren, als deren Vermittler wir auftreten? Oft signalisiert nur die (un)pädagogische Überreaktion, daß hier ein wunder Punkt in uns selbst getroffen wurde.

Psychoanalytisch orientiertes Denken lehrt, daß es nicht genügt, Disziplinkonflikte und Verhaltensschwierigkeiten im pädagogischen Feld bloß technisch bearbeiten zu wollen (etwa mit Mitteln der Bekräftigung erwünschten Schülerverhaltens). Um ein persönliches Beispiel zu nennen: Wenn ich merke, daß ich mit aggressivem Verhalten von Kindern schlecht umgehen kann, hilft es allen Beteiligten, wenn ich Momenten der Aggressionsgehemmtheit in meiner eigenen Lerngeschichte auf die Spur komme und versuche, ein differenzierteres Verhältnis zu Impulsen der Selbstbehauptung oder der Wut zu gewinnen. Psychoanalytische Pädagogik kann so - in bescheidenen kleinen Schritten - zu einer *substantielleren*, tragfähigeren Problemlösung verhelfen, an der ich selbst mit den mir Anvertrauten wachse ...

(5) Hervorzuheben ist ferner die *kritische* Qualität der Psychoanalyse. Psychoanalyse ist Konfliktpsychologie. Sie betont den konflikthaften, widersprüchlichen Charakter psychosozialer Prozesse und insbesondere auch des Sozialisationsprozesses. Sie ist auf dieser Grundlage *interessiert an Aufklärung und Mündigkeit*. Zwar werden wir in psychoanalytischer Sicht auch einiger unbewußter Barrieren (kollektiver wie individueller) bewußt, die sich dem entgegenstellen, und wir lernen mit weiteren unerkannten Barrieren des Unbewußten realistisch rechnen. Aber grundsätzlich eignet der Psychoanalyse ein gesellschafts- und herrschaftskritischer Impetus. Geschichtlich gesehen, ist er allerdings nicht in allen ihren Erscheinungsformen deutlich genug zur Geltung gekommen; dies gilt auch für einzelne Ansätze psychoanalytisch orientierter Pädagogik.

Aber Sigmund FREUD war eben nicht nur *Individual*psychologe, sondern auch einer der Begründer der modernen *Sozial*psychologie. Seit ihren Anfängen eignet der Psychoanalyse der Impuls zur *Entfremdungskritik*. Das hat in der Bundesrepublik einzelne ihrer Richtungen in besondere Nachbarschaft zur Kritischen Theorie der "Frankfurter Schule" gebracht. Diese Nachbarschaft ist ja auch lokalgeschichtlich belegt, nämlich in der frühen Zusammenarbeit der beiden Frankfurter Institute für Sozialforschung und für Psychoanalyse und in den - im wesentlichen auf Erich FROMM zurückgehenden - psychoanalytischen Beiträgen zur Kritik der "autoritären Persönlichkeit".

(6) *Methodologisch* ist an der Psychoanalyse hervorzuheben, daß sie den traditionellen paradigmatischen Mustern schwer zu subsumieren ist. Sie entspricht nicht dem szientistischen, empirisch-analytischen Zugriffstyp, wie er in der naturwissenschaftlichen Forschung und der an sie anschließenden technologischen Naturbeherrschung dominiert. Sie ist vielmehr eine *Hermeneutik*, eine auf menschliche Praxis bezogene Kunst der Ausle-

gung, eine *Verstehenslehre* (vgl. BITTNER 1985). Sie ist aber darin zugleich *empirisch*: Sie hat zu tun mit Texten und symbolischen Zusammenhängen, die Menschen in sozialen Kontexten hervorbringen. "Symbolische Zusammenhänge", das meint beispielsweise das Agieren eines Kindes in einer Tagtraumphantasie (ein Fallbeispiel, auf das ich näher eingehen werde). Auch das ist ein "Text": Das gezeigte Verhalten, auch in seinen mitschwingenden emotionalen Klängen, wird wie ein Text interpretiert, der zu mir gesprochen ist - und zwar nach den klassischen Regeln der Hermeneutik, wonach sich z.B. Teil und Ganzes wechselseitig erhellen. (Ein simples Beispiel: Wenn ich sage "Schloß" und sonst nichts, wissen Sie nicht, ob ich Schloß Moritzburg meine oder das Türschloß dort am Hörsaalausgang. Sie benötigen einen "Kontext".)

So geht es beispielsweise in der Praxis darum, herauszufinden, welchen "Sinn" die Aggression eines Schülers gegen mich hat, der mir wütend gegen das Schienbein tritt oder mich mit Orangenschalen bewirft. (Ich wähle diese Beispiele, um Ihnen keine Illusionen zu machen: So etwas kommt im Schulalltag bei uns vor ...) Meint der Schüler mit seiner Aggression überhaupt *mich* (oder vielleicht z.B. seinen Vater, meine Kollegin usw.), *was* will er mir damit sagen, will er mir ein bestimmtes Problem symbolisch verschlüsselt signalisieren? Sucht er vielleicht mit Hilfe des abweichenden Verhaltens Kontakt mit mir, damit er mit mir in Beziehung gelangt, ich ihm Zeit opfere, ein Gespräch führe? Will er vor der Klasse Mut und Stärke demonstrieren oder schlicht Langeweile vertreiben und eine "starke" Erfahrung erproben? Um solche Fragen zu aktivieren, benötige ich Kontexte und die eingangs zitierte Weise, mit dem Lügenköder nach dem Wahrheitskarpfen zu angeln. Mit empirisch-analytischen Mitteln, durch Kontextisolierung und Befragung nach Wenn-Dann-Zusammenhängen komme ich hier nicht weiter - oder ich lerne, mich in der fatalen Gewißheit der *einen* "richtigen" Antwort zu beruhigen. Pädagogische Situationen sind aber immer multifaktoriell bedingt und mehrschichtig; es gilt, *immer mehr als nur e i n e Interpretation zu erproben.* Auch dies macht den Reiz wie die spezifische Schwierigkeit psychoanalytisch-pädagogischen Sehens und Denkens aus.

Wir können die Psychoanalyse von da her kennzeichnen als eine *interpretativ verfahrende Erfahrungswissenschaft.* Im Wechselgespräch mit der Erziehungswissenschaft und in den disziplinüberschreitenden Bemühungen psychoanalytisch orientierter Pädagogik begegnet uns eine spezifische Entwicklungslehre, Beziehungslehre und Verstehenslehre (vgl. BITTNER/ ERTLE 1985, bes. dort BITTNER S.170), darüber hinaus aber auch eine spezifische Sozialisationstheorie mit gesellschaftstheoretischem Hintergrund (vgl. TILLMANN 1990).

Zusammenfassend sei neben der kritisch-aufklärenden Funktion von Psychoanalyse deren *praktisch-hilfreiche* Qualität betont, auch außerhalb therapeutischer Settings. Die Selbstkritik hinsichtlich naheliegender Allmachtsphantasien und die ständige kritische Erinnerung an meine Grenzen ist diesem Denken eigen. Dennoch: Psychoanalytisch-pädagogisches Sehen und Denken will die Betroffenen (und das sind Schülerinnen und Schüler, Lehrerinnen und Lehrer, Mütter und Väter gleichermaßen!) befähigen, mit ihrem Selbstwerden, ihren mitmenschlichen Beziehungen und ihrer gesellschaftlichen Lage ein wenig besser "klar zu kommen". Bei dem Paderborner Psychoanalytiker und Theologen DREWERMANN finde ich den schönen Satz, Psychoanalyse wolle dazu beitragen, "daß das Leben nicht vor lauter Rechtlichkeit und Redlichkeit immer kälter, freudloser und unlebendiger werde" (DREWERMANN 1985, S.281).

"Darf die Pädagogik Freud-los sein?" lautete denn auch die hintergründige Frage, die unsere wissenschaftliche Arbeitsgemeinschaft "Pädagogik und Psychoanalyse" als ihren spezifischen Beitrag zu einem Kongreß der Deutschen Gesellschaft für Erziehungswissenschaft (1988) einbrachte.

2. Exkurs: Entwicklungsgeschichte psychoanalytisch orientierter Pädagogik

Nun schließt eine psychoanalytisch orientierte Pädagogik, zumal dann, wenn sie den Lehrer und sein Handeln in der Schule in den Blick nimmt, *nicht* unmittelbar an Sigmund FREUD selbst an. FREUD selbst war zwar ein "Klassiker *für* die Pädagogik" (vgl. BITTNER in SCHEUERL 1991), aber kein "Klassiker *der* Pädagogik". Er verstand sich als Arzt und Kulturanalytiker, nicht als Pädagoge. Über Kinder liegen von ihm nur ganz wenige Texte vor, etwa, als berühmte Ausnahme, die Studie über den "kleinen Hans" (die aber auch nicht auf direktem therapeutischem Umgang mit dem fünfjährigen Jungen beruht, vielmehr mit den Berichten des Vaters arbeitet).

Psychoanalytisch orientierte Pädagogik schließt aber *auch nicht* an - das ist mir wichtig zu betonen - an die "Kinderanalyse", wie sie von FREUDs Tochter Anna FREUD begründet worden ist, jedenfalls nicht bruchlos. Es gibt nur wenige Pioniere, bei denen die Grenzen verfließen, so etwa WINNICOTT oder BETTELHEIM.

Psychoanalytisch orientierte Pädagogik folgt heute den Spuren einer Gruppe von Menschen, die in der bisherigen DDR vielfach erst wiederentdeckt werden müssen. Einer von ihnen war eine Zeitlang Wahl-Dresdner: Der Brite Alexander S. NEILL (1883-1973) kam 1921 nach Sachsen, um mit anderen Reformpädagogen die Internationale Schule Hellerau zu gründen, an der er bis 1924 arbeitete. Anschließend ging NEILL wieder nach England, wo er die Summerhill School gründete und leitete; der Bericht über seine unkonventionelle Praxis, in der deutschen Taschenbuchausgabe hochstilisiert als "Theorie und Praxis der antiautoritären Erziehung", hat der Erziehungsdebatte und der Erziehungsreform nach 1968 wichtige Impulse vermittelt.

NEILL gehört zu einer größeren Gruppe reformorientierter Pädagoginnen und Pädagogen, die zugleich psychoanalytisch ausgebildet oder orientiert waren. Bei allen Unterschieden ihrer Auffassung von Psychoanalyse wie auch ihrer Praxiskonzeptionen lassen sie sich als "Pioniere psychoanalytisch orientierter Pädagogik" kennzeichnen (vgl. SCARBATH/FATKE 1992). Ihnen allen war gemeinsam, daß sie psychoanalytisches Sehen und Denken in eigenständiger, oft auch sehr eigenwilliger Weise für die Reform von Schule und Sozialpädagogik, aber auch für die Beratung und Fortbildung von Eltern und Erziehern fruchtbar machten.

Ich nenne exemplarisch: Siegfried BERNFELD (der am deutlichsten marxistisch orientierte psychoanalytische Pädagoge; er schrieb den bislang bissigsten "Verriß" der Erziehungswissenschaft); Hans ZULLIGER (Landschullehrer und Therapeut in der Schweiz); August AICHHORN (österreichischer Sozialpädagoge und Pionier der Devianzpädagogik); Fritz REDL (der in Wien die Erziehungsberatung mit aufbaute und in den USA in Einrichtungen mit schwer aggressiven Kindern und Jugendlichen arbeitete); Bruno BETTELHEIM (ebenfalls in die USA emigrierter Kinderpsychologe und Sozialpädagoge).

Auch die anderen, von der FREUDschen Psychoanalyse "abgespaltenen" Schulrichtungen haben pädagogische Initiativen und Modelle hervorgebracht; an erster Stelle ist hier die Individualpsychologie zu nennen. Ihr Begründer Alfred ADLER kann - neben den Psychoanalytikern Fritz REDL und Oskar PFISTER (Pastor in Zürich; "Erfinder" des Beratungslehrers) - als Vater der Erziehungsberatung gelten.

Nicht vergessen darf ich Erich FROMM. Er fällt insofern aus der Reihe, als er primär Sozialpsychologe und Essayist war und keinen Versuch pädagogischer Praxis initiiert hat. Aber seine Beiträge zur Analyse der autoritären Persönlichkeit, zur Entfremdungsanalyse und zur "Anatomie der menschlichen Destruktivität" enthalten wichtige Momente der Sozialisations- und Erziehungskritik.

An die schlimmen Traditionsbrüche nach der Pionierzeit muß erinnert werden: Der Nationalsozialismus verfemte die Psychoanalyse als "jüdische Wissenschaft"; zahlreiche Fachleute mußten nach 1933 (in Österreich 1938) emigrieren oder erlitten Verfolgung und Tod. Schmerzlich ist es aber auch, daß die sich als sozialistisch verstehenden Systeme die Psychoanalyse weithin ablehnten, jedenfalls in den Epochen nach LENINs Tod. Dabei hatte die frühsowjetische Pädagogik wichtige psychoanalytisch-pädagogische Ansätze hervorgebracht. Ich nenne besonders Wera SCHMIDT, deren Vorschulpädagogik bei uns Ende der sechziger Jahre wiederentdeckt wurde und in der Debatte über Kinderläden eine Rolle spielte. Die Verurteilung der "Pädologie" und angeblich "bürgerlicher" Reformpädagogik während des Stalinismus, zudem von Mißverständnissen genährt, führte auch dazu, daß erst heute, nach 57 Jahren, auf dem Gebiet der bisherigen DDR wieder die Chance besteht, psychoanalytisch-pädagogisches Denken eingehender und ohne das Verdikt der "Abweichung" zu erproben.

Aber auch in Westdeutschland waren Kontinuitätsbruch und Vertreibung lange spürbar. Erst in den sechziger Jahren begannen sich pädagogische Theorie und Praxis wieder der Psychoanalyse anzunähern; die entsprechenden Arbeitsansätze blieben aber in einer Minderheitsposition - bis heute. In der Mitte der sechziger Jahre entstanden am Tübinger Lehrstuhl von Andreas FLITNER die Dissertationen von Günther BITTNER (jetzt Universität Würzburg) zur Kritik der "Leitbilder" und von Willy REHM (jetzt Pädagogische Hochschule Weingarten) über die "psychoanalytische Erziehungslehre"; beide Autoren erschlossen in einer wichtigen Edition wieder Arbeiten aus der "Zeitschrift für Psychoanalytische Pädagogik".

Auch ich selbst hatte in meiner Dissertation zur Sexualpädagogik psychoanalytische Ideen zur Erziehungskritik und zur Ich-Stärkung aufgenommen, wie sie seinerzeit Alexander MITSCHERLICH vorgetragen hatte. Ich erinnere mich noch des deutlichen Unbehagens älterer Kollegen - nicht meines sehr aufgeschlossenen "Doktorvaters" Hans SCHEUERL - ob solchen "Stilbruchs" in einer geisteswissenschaftlichen Arbeit. Derartiges Unbehagen ist in unserer Zunft auch heute noch nicht völlig geschwunden - wären wir in Schwaben, würde ich sagen, der Psychoanalyse hafte auch heute noch ein "bsond'res Gschmäckle" an ...

Das Interesse der sechziger Jahre, so vermute ich (dank eines Hinweises meines Dresdner Kollegen SCHILLE), war wesentlich auch durch eine Erschütterung der normativen Orientierungen der westdeutschen Nachkriegszeit bedingt, wie sie dann auch in der "68er Bewegung" manifest wurden (vgl. Kapitel 9). In dieser Lage fanden pädagogisch akzentuierte Beiträge von Psychoanalytikern breite Resonanz - so die Tobias BROCHERs, der in Ulm eine Elternschule aufgebaut hatte und dann am wiedergegründeten Sigmund-Freud-Institut in Frankfurt am Main lehrte, Alexander und Margarete Mitscherlich (zunächst in Heidelberg, dann ebenfalls in Frankfurt) oder Horst-Eberhard RICHTER (in Gießen). Diese Linie führt bis in die Gegenwart, beispielsweise zu Wolfgang SCHMIDBAUER, der als Therapeut die besondere psychosoziale Gefährdung der Angehörigen sozialer Berufe in den Blick genommen hat und - mit anderen - besonders auf die Phänomene des inneren "Ausbrennens" (burning out) von Lehrerin und Lehrer hinweist, zu den schulpädagogischen Bemühungen des Frankfurter Arbeitskreises für Psychoanalytische Pädagogik (Aloys LEBER u.a.), zu Kurt SINGERs Plädoyers für eine Humanisierung der Schule oder zu Horst BRÜCKs Beiträgen zum Verständnis der Lehrerangst und zur Reform der Lehrerbildung.

Auf der anderen Seite darf auch nicht verschwiegen werden, daß manche der Kinder- und Jugendtherapeuten, die öffentlich hervortreten, der Gefahr erlegen sind, das in ihrer Praxis sich zeigende Bild von Störungen zu einem verzerrten Bild angeblich "verwahrloster Jugend" zu verallgemeinern. Insbesondere Christa MEVES hatte und hat damit - im Zusammenhang eines ausgeprägt konservativen Bezugsrahmens - breite Resonanz gefunden. Ich halte derartige Publikationen, die jetzt auch auf dem Büchermarkt der neuen Bundesländer erscheinen, dann für sehr problematisch, wenn sie bloß Ressentiments verstärken und damit niemand wirklich helfen.

Eine seriöse psychoanalytisch orientierte Pädagogik, die sich dem interdisziplinären Diskurs stellt, wird heute beispielsweise betrieben im Würzburger Arbeitszusammenhang von Günther BITTNER und von dessen jetzt in Augsburg lehrendem Schüler Gerd E. SCHÄFER, in verschiedenen Arbeitskreisen in Baden-Württemberg (mit sonderpädagogischen Akzenten z.B. bei ERTLE oder NEIDHARDT), in dem bereits erwähnten, stark gesellschaftskritisch orientierten Frankfurter Arbeitskreis für Psychoanalytische Pädagogik (LEBER, TRESCHER u.a.) und an vielen anderen Orten, so auch in Wien (DATLER u.a.) oder Fribourg/Schweiz bzw. demnächst Zürich (FATKE). Auch bei uns in Hamburg bemühen wir uns - mit unterschiedlicher paradigmatischer Orientierung - um eine Wiederbelebung und Weiterführung entsprechender Ansätze (so GUDJONS, MAROTZKI, PAZZINI, TYMISTER, WORM und ich selbst).

Um für den überregionalen Austausch ein Forum zu finden und die psychoanalytisch orientierte Pädagogik auch in unserer Fachorganisation als eine der wesentlichen Arbeitsrichtungen zu verankern, habe ich vor wenigen Jahren zusammen mit anderen Kolleginnen und Kollegen die *Wissenschaftliche Arbeitsgemeinschaft Pädagogik und Psychoanalyse* in der *Deutschen Gesellschaft für Erziehungswissenschaft* ins Leben gerufen. Diese Arbeitsgemeinschaft, die sich von Anfang an auch des lebhaften Interesses von Kolleginnen und Kollegen aus Österreich und der Schweiz erfreuen konnte, steht jetzt auch interessierten Kolleginnen und Kollegen aus der früheren DDR offen.

3. Drei Exempla: Widersprüche der Lehrerrolle - autoritäre Persönlichkeit - pädagogisches Verstehen

3.1 Widersprüche der Lehrerrolle

Meinen Hinweis auf Widersprüchlichkeiten, auf Ambivalenzen der Lehrerrolle möchte ich zunächst konkretisieren am Widerspruch von *Fördern und Auslesen*. Er war und ist nicht allein ein Thema psychoanalytischer Pädagogik, wurde und wird vielmehr seit längerem auch in der Erziehungssoziologie und Schultheorie verhandelt. Ich soll ja als Lehrer jedes einzelne Kind und die gesamte Lerngruppe in ihren Motivationen und Fähigkeiten möglichst allseitig fördern, und im Berufsbild des Lehrerberufs steht dieses unterstützende, helfende Motiv meist im Mittelpunkt. Zugleich aber - und dies wird häufig verdrängt - erwarten Gesellschaft und schulisches System von mir auch das Auslesen. Entgegen allen menschenfreundlichen Deklamationen und auch gegen alle pädagogische Vernunft sollen Lehrerin und Lehrer auch - verzeihen Sie das harte Wort - "Ausschuß" produzieren. Ich muß Sie nicht daran erinnern, wo das in Ihrem Schulsystem bislang eine Rolle gespielt hat (ich denke beispielsweise an die Art und Weise, wie der Zugang zur hochschulvorbereitenden Schulstufe "verengt" wurde).

Bei uns wird der Auslesedruck im traditionellen dreigliedrigen Schulsystem ebenfalls an den jeweiligen Übergängen besonders deutlich. Er existiert aber, bei aller reformerischen Milderung (zeitliche Streckung der Auslese, Reversibilität) auch noch in Orientierungsstufen und Gesamtschulsystemen - sowohl in der Erwartung, Schüler auf Kurse unterschiedlichen "Niveaus" zu verteilen, wie im Beurteilungssystem nach Ziffernnoten (das jetzt jedenfalls in Hamburg in den ersten Grundschuljahren abgeschafft ist). Auch die Magie der "Gaußschen Kurve" angeblicher Normalverteilung der

Noten (mit Gipfel d.h. Häufigkeitsdichte bei der "3" in der sechsstufigen Skala) scheint unausrottbar; noch zu oft wird die Qualität eines Lehrers (auch eines Hochschullehrers!) zu unrecht danach beurteilt, ob er mit seinem Notendurchschnitt nicht zu sehr "nach oben" rutscht. Auf der Strecke bleibt da die Anerkennung eines guten, viele Schüler wirksam fördernden Unterrichts ...

Auch seitens der Eltern wird bei uns häufig solcher Auslesedruck verstärkt, oft verbunden mit besonderem Förderungsanspruch für das eigene Kind. Zur Illustration eine selbsterlebte Szene: Ich war zufällig zugegen, als eine Mutter mit ihrer kleinen Tochter zur Anmeldung für das erste Grundschuljahr erschien. An der betreffenden Schule war es Brauch, daß der Schulleiter das betreffende Kind und seine Eltern persönlich in seinem Arbeitszimmer empfing. Auch jetzt bemühte er sich väterlich-nett, das Vertrauen der etwas verschüchterten Kleinen zu gewinnen. Aber deren Mutter unterbrach dieses Nett-Sein und fragte fordernd-schnippisch: "Und was gedenken Sie für die Frühförderung meiner Tochter in Englisch zu tun?" Der arme Mann, ein erfahrener, reformpädagogisch orientierter Lehrer, war völlig sprachlos. Ich entgegnete der Mutter "Na, hoffentlich gar nichts!" - denn ein derartiger Sonderwunsch zur besseren Profilierung des eigenen Kindes war weder vorgesehen noch im gegebenen Fall pädagogisch sinnvoll.

Während solche Widersprüchlichkeiten auch in allgemeinen Analysen der Lehrerrolle gesehen werden, hat auf weitere insbesondere eine psychoanalytisch orientierte Pädagogik hingewiesen. Einige solcher Hinweise finden sich bereits in Peter FÜRSTENAUs berühmtem Aufsatz "Zur Psychoanalyse der Schule als Institution", der besonders auch das Problem der emotionalen Distanz verhandelt, auf das ich zurückkommen werde.

Zunächst ist aus psychoanalytisch-pädagogischer Sicht hinzuweisen auf Widersprüchlichkeiten, die sich ergeben aus der erwarteten *besonderen Identifikation von Lehrerin und Lehrer mit den Werten und Normen ihrer Gesellschaft*.

Von der Lehrerin und vom Lehrer wird ja in ganz besonderer Weise erwartet, daß sie als Modellperson die jeweils gültigen bzw. amtlich oder von der näheren Umwelt als gültig definierten Werte und Normen repräsentieren - das 19. Jahrhundert hätte gesagt: sie "darleben", also nicht nur davon sprechen, sondern sie mit der eigenen Existenz beispielhaft offenbar machen. Realistisch gesehen, steckt hierin eine gefährliche Überforderung. Gleichzeitig werden Lehrerin und Lehrer aber durch diesen Anspruch dazu gebracht, *den* Anteil ihrer Persönlichkeit zu verdrängen, der mit *Unsicher-*

heit hinsichtlich jener Werte und Normen zu tun hat, mit Zweifeln, aber auch mit der eigenen lebendigen lebensgeschichtlichen Weiterentwicklung durch Krisen hindurch. Nach der Einsicht der Psychoanalyse rumort aber das, was bloß verdrängt und nicht wirklich verarbeitet ist, um so nachhaltiger weiter - oft in verwandelter Gestalt.

Es kommt ein weiterer Konflikt hinzu: der zwischen *Emotionalität und Rationalität*, zwischen *Nähe und Distanz*, zwischen mehr kleinraumbezogenen, emotional getönten Werten (wie sie für Familie und Kleingruppe spezifisch sind) und den universellen Wertorientierungen - solchen allgemeiner Menschlichkeit, aber auch solchen von Systemrationalität in einer komplexen Gesellschaft, in der es um das Funktionieren von Systemen geht (vgl. auch HABERMAS' Unterscheidung von System und Lebenswelt). Schule stellt hier eine Art Schleuse dar: Wir sollen ja den Kindern helfen, allmählich einen Übergang von primären Bezügen hin zu universellen Normen und zur größeren gesellschaftlichen Realität, auch zur abstrakten Wahrnehmung von Systemen zu vollziehen - ohne sie jedoch in ihren mitmenschlichen Bezügen veröden zu lassen. Die psychosoziale Lage von Lehrerin und Lehrer wird dadurch aber notwendig prekär; es wird von ihnen Widersprüchliches erwartet:

Er oder sie soll Freund sein, Berater, ein Mensch mit Empathie und Wärme, bei dem man persönlichen Rat suchen kann. Er oder sie soll "Pädagoge" sein mit all dem, was da emotional mitschwingt. Lehrerin und Lehrer sind immer auch die zweiten Mütter und Väter oder die größeren Brüder und Schwestern; die Psychoanalyse weist darauf hin, daß wir viel dem "erben", was in den Familien der Kinder geschehen ist - in der "Übertragung" erfahrungshaltiger Gefühle auf uns. Die Lage wird noch dadurch komplizierter, daß heute - bei Ihnen wie bei uns - die Zahl der Alleinerziehenden zunimmt. Der Lehrer wird dann von den Kindern oft als eine Art Ersatz für den fehlenden Elternteil (zumeist den Vater) beansprucht. Und insgesamt gewinnt die Aufgabe individueller, nicht nur schul-, sondern lebensbezogener Beratung deutlich mehr Anteil im Aufgabenspektrum von Lehrerin und Lehrer.

Gleichzeitig sollen aber, so wird vielfach gefordert, Lehrerin und Lehrer emotionale Distanz zu den Kindern halten (ganz zu schweigen von den aus dem Sexualtabu erwachsenen Berührungstabus); es wird von ihr und ihm erwartet, sich nicht in zu große persönliche Vertrautheit zu begeben, die Bevorzugung einzelner Kinder zu meiden und alle gleichmäßig "distanziert-und-nah" zu behandeln. Auch dies ist im Grunde eine Überforderung: alle gleich mögen zu sollen. Wer schafft das schon? Mit FÜRSTENAU könnte man von der spezifischen Gefährdung sprechen, die in der *"gebrem-sten Emotionalität"* des Lehrers beschlossen liegt.

Die Gefahr besteht nun, daß Lehrerinnen und Lehrer, sowieso leicht überforderbar durch die komplizierter, offener und anspruchsvoller gewordene Schulsituation (gerade auch in Ihrer gegenwärtigen Lage) *problematische Verarbeitungsformen* im Sinne einer falschen Vereindeutigung der beschriebenen Widersprüche entwickeln. Bei uns macht sich das zum Beispiel so bemerkbar, daß Lehrer sich nur mit *einem* Aspekt ihrer Berufsrolle identifizieren: Sie sind dann Fachbeamte für den Deutschunterricht, oder sie sagen: "Ich will den Kindern Russisch beibringen; ob sie dabei Seelenschmerzen haben, ist mir egal. Darum kann ich mich auch gar nicht kümmern; dafür sind die Psychologen zuständig." Hier begegnet uns eine fatale Abspaltung - eine Halbierung dessen, was PESTALOZZI und HERBART als "erziehenden Unterricht" zusammensehen wollten.

Oder Lehrer ziehen sich zurück in die Haltung des *Laissez-faire* - gewähren lassen, den Konflikt meiden, nicht intervenieren. Ein konkretes, selbstbeobachtetes Beispiel: Zwei Schüler kloppen sich auf dem Schulhof. Der eine ist körperlich dem anderen wesentlich überlegen, wirft ihn zu Boden und tritt mit schweren Stiefeln auf ihn ein. Ein Lehrer hat Pausenaufsicht: Er wendet sich ab und ißt sein Pausenbrot weiter. Auch hier begegnet uns eine problematische Verkürzung und Vereindeutigung des pädagogischen Aufgabenbewußtseins. Sie enthält zugleich eine depressive Tönung: Womöglich hat dieser Lehrer hinsichtlich der normativ-ethischen Aspekte seiner Aufgabe resigniert.

In derartigen Situationen kann es aber nicht nur zu problematischer Vereindeutigung kommen, sondern auch zur Wiederbelebung früher lebensgeschichtlicher Konflikte in der Person der Lehrerin und des Lehrers. Spezifische Empfindlichkeiten und Überreaktionen, wohl aber auch - von Verdrängung bestimmte - Blindheiten sind so zu verstehen. In psychoanalytischer Sicht stellt insbesondere abweichendes Schülerverhalten immer auch eine "Versuchungssituation" für die Lehrerin und den Lehrer dar, weil es deren unverarbeitetes lebensgeschichtliches Konfliktpotential - die verdrängten eigenen Alternativen des Fühlens, Denkens und Handelns - reaktiviert.

3.2 Die "autoritäre Persönlichkeit"

Das analytische Konstrukt der autoritären Persönlichkeit wurde erstmals im Kreis des Frankfurter Instituts für Sozialforschung (ADORNO, HORK-HEIMER, FROMM u.a.) entwickelt, und zwar in wesentlichen seiner

Momente in der Emigration und in analytischer Auseinandersetzung mit dem Faschismus. Die neuere psychoanalytische Sozialpsychologie hat die Frage nach der Genese und den geschichtlich-gesellschaftlichen Wandlungen der autoritären Persönlichkeit weiterbearbeitet; exemplarisch verweise ich auf Alexander MITSCHERLICHs Buch "Auf dem Weg zur vaterlosen Gesellschaft".

Daß autoritäre Persönlichkeiten, auch autoritäre Lehrerpersönlichkeiten, nicht nur in bürgerlich-kapitalistischen Gesellschaften gedeihen, konnten Sie alle erfahren. Offenbar gab und gibt es da analoge - und analog problematische - Sozialisationsmomente: Es geht allemal darum, daß unter bestimmten gesellschaftlichen und pädagogischen Bedingungen die psychische Instanz des "Ich" unzureichend ausgebildet wird. Mit der Chiffre des "Ich" bezeichnen wir die kritisch prüfende Instanz, die zwischen den Triebansprüchen, den im Über-Ich verinnerlichten sozialen Normen und der situativen Realität vermittelt.

Wir haben das früher, als der Straßenverkehr noch nicht so mörderisch war, immer am Ampelbeispiel verdeutlicht. Gäste aus dem Ausland werfen uns Deutschen ja oft vor: "Ihr bleibt ja auch dann bei Rot am Fußgängerübergang stehen, wenn weit und breit kein Fahrzeug zu sehen ist. Wir gehen da rüber, nachdem wir die Lage geklärt haben." Ich-Stärke, das will ich mit diesem Hinweis verdeutlichen, erlaubt es mir, zumindest auch - und ohne panische Gewissensangst - zu *prüfen*, ob es denn sinnvoll sein könnte, auch einmal ein Verbot zu durchbrechen.

Hierzu ein kleines Beispiel aus Ihrem Alltag - aber gerade solche unscheinbaren Alltagsszenarios sind es, die zum "heimlichen Lehrplan" der autoritären Persönlichkeit gehören: Noch vor einem Jahr (1988) war es in einem Restaurant der bisherigen DDR unmöglich, von einem Nachbartisch einen Stuhl und ein Gedeck wegzunehmen, um am Tisch der eigenen Gruppe einen zusätzlichen Platz zu schaffen. Und noch vorhin habe ich in der Mensa Ihrer Hochschule das Schild entdeckt, das verbietet, die Tische zusammenzurücken. Das ist Über-Ich-Kultur ... Zu meiner Freude konnte ich aber vorhin am Elbufer eine Kindergartengruppe dabei beobachten, wie sie zwar nicht gerade in "geordnetem Chaos", aber in locker-fröhlicher Ordnung zum Heimweg aufbrach. Da nimmt eine kommunikative Ich-Kultur den Anfang. Ich möchte Ihnen sehr empfehlen, auf derartige Sozialisationsimpulse des Alltags, auch des schulischen Alltags, zu achten.

Die ich-schwache Persönlichkeit neigt nun aber dazu, sich personalen wie kollektiven Autoritäten blind zu unterwerfen und das dabei entstehende aggressiv-destruktive Potential an Schwächeren, in der Hierarchie

Niedrigergestellten oder an Außenseitern und Fremdgruppen abzureagieren. Der Volksmund spricht von der "Radfahrermentalität": nach oben buckeln, nach unten treten ...

Ich möchte meine Gastrolle nicht mißbrauchen. Aber ich kann den Hinweis nicht unterdrücken, daß im Umbruch von Gesellschaft und Schule, wie wir ihn jetzt in der bisherigen DDR erleben, die Gefahr naheliegt, die blinde Identifikation mit alten Gewißheiten nur durch die ebenso blinde Identifikation mit neuen normativen Inhalten auszutauschen, also im Grundmuster einer Über-Ich-Kultur zu verbleiben, statt pädagogisch und gesellschaftspolitisch Ich-Stärke wachsen zu lassen.

(Und 1991 füge ich hinzu: Psychoanalytische Sozialpsychologie kann auch beitragen zum Verständnis aktueller Tendenzen von Neofaschismus und Ausländerhaß. Die besonders in den neuen Bundesländern zu beklagende Anfälligkeit vieler junger Menschen für solche Tendenzen und Gruppen läßt sich *auch* begreifen als Symptom autoritärer Persönlichkeitsstrukturen, wie sie in einer starren Über-Ich-Kultur entstanden sind - und als hilfloser Versuch der Selbststabilisierung.)

Wesentlich für die Psychoanalyse der Lehrerrolle im gesellschaftlichen Kontext ist nun aber folgende Frage: Zieht möglicherweise der Lehrerberuf solche Personen an, die Prädispositionen zum Autoritären mit sich bringen? Es könnte sein, daß die in der Lehrerrolle beschlossene Erwartung an besondere Identifikation mit den Werten und Normen des jeweiligen gesellschaftlichen Systems hier eine besondere Versuchung darstellt. Nicht minder gilt dies für die Verheißung, eigene psychosoziale Unsicherheiten dadurch zu stabilisieren, daß man *anderen* etwas beibringt und Ihnen "Gewißheit" verschafft ...

Soziologisch gesehen, lassen sich Dispositionen für das autoritäre Syndrom besonders im Kleinbürgertum lokalisieren. Für dessen ausgeprägte Über-Ich-Orientierung stehen auch die Überbetonung der sogenannten Sekundärtugenden wie Ordnung, Fleiß, Pünktlichkeit und Sauberkeit. Wenn wir dann noch bedenken, daß sich im Zusammenhang des fortschreitenden Industrialisierungsprozesses kleinbürgerliche Wert- und Normorientierungen auch auf die Arbeiterschaft hin generalisiert haben; ferner, daß Lehrerinnen und Lehrer - besonders der unteren Schulstufen - häufig aus kleinbürgerlichen Milieus stammen, dann fügt sich das zu einem Bild besonderer Affinität der Lehrerrolle zum Autoritarismus. Statt diese noch gesamtgesellschaftlich zu verstärken, gälte es ihr durch Aufklärung und Ermutigung zu ich-nahem Handeln entgegenzuarbeiten.

3.3 Pädagogisches Verstehen

Mit meinem dritten exemplarischen Hinweis will ich nun aber konstruktiv werden: Es geht um die Chancen eines psychoanalytisch orientierten pädagogischen Verstehens.

Vor einigen Jahren konnte ich mit meinen damaligen Mitarbeitern Hans-Joachim PLEWIG und Thomas WEGNER ein Forschungsprojekt zur Entstehung abweichenden Verhaltens durchführen. Es ging dabei darum, herauszufinden, wie von Abweichung (Devianz) und entsprechenden Sanktionen bedrohte Kinder mit dieser Lage subjektiv umgehen und wo Ansatzpunkte für ein ich-unterstützendes pädagogisches Verstehen zu entdecken wären. Aus dieser Arbeit folgendes Beispiel (vgl. SCARBATH 1981, S.178f.):

S., ein zum Zeitpunkt des Interviews zwölfjähriger Junge, "baut viel Scheiß" (S. über sich selbst, auf die Frage nach seinen Hobbys). Er lebt bei seiner Mutter. Der Vater verbüßt eine mehrmonatige Gefängnisstrafe. Die Ehe der Eltern scheint gefährdet. Auf die Frage des Interviewers danach, was er einmal werden möchte, entwickelt der Junge folgende Phantasie: "Äh... Will ja später Erfinder werden." - "Erfinder?" - "Ja." - "Was willst'n erfinden?" - "'n Fahrrad. Also davon brauchen die Autofahrer aber gar nichts zu wissen, nä. ... So'n Fahrrad, nä, drückt man auf so'n Knopf, is automatisch so'n Magnetfeld eingeschaltet, nä, und das, und dann, wird, ä, is der Wagen so aus Spaß das ferngesteuerte Ziel, nä. Und irgendein Wagen, is egal, den man sich aussucht, un das Magnet geht *hundert* Meter weit. ... und dann wird das Fahrrad so mit, so mitgezogen so praktisch. Dann braucht man nicht zu treten, nur noch zu lenken, und wenn der Wagen dann um ne Kurve fahren muß, ne, und der Radfahrer, nä, der sagt zum Beispiel jetzt 'Nee, den Weg *muß* ich ja nicht, und drückt aufn andern Knopf, dann is das Magnetfeld wieder abgeschaltet ... ... Wenn's ne scharfe Kurve gibt - hab ich auch schon ausgerechnet - wenn's um ne scharfe Kurve geht von 180 Grad, ... dann wird das automatisch auch mit dem Magnet eingeschaltet. ... Is es aber so'ne leichte Kurve von 20, 30 Grad oder so, denn macht er das noch selber."

Was macht man damit - als Forscher oder in der pädagogischen Praxis? Wenn ein Schüler beispielsweise während des Unterrichts eine entsprechende Zeichnung auf sein Blatt gekritzelt hat - war er unaufmerksam, war er "nicht bei der Sache"? Es ist zum Beispiel schon ein Unterschied, ob ich dann (z.B. auch nach der Stunde) ein Gespräch anfange mit hervorlockenden Impulsen, um zu erfahren, was das für das Kind bedeutet (und möglicherweise auch für mich), oder ob ich gleich negativ reagiere und mit Sanktionen daherkomme. Ein wesentlicher Ertrag unseres Projekts war es, zu lernen, wie voreilig es sein kann, "abweichendes" Verhalten gleich als "abweichend" zu definieren.

Denn auch S. ist - oberflächlich gesehen - "abgewichen". Denn er sollte sich ja realitätsbezogen zu der Frage seiner Zukunftsperspektive und seines Berufswunsches äußern. Ihm brannte aber etwas anderes auf den Nägeln, und wir wurden dessen erst mit Verspätung und in einem größeren Verstehenshorizont gewahr: Der Vater war im Gefängnis, die Ehe der Eltern drohte zu scheitern, und der einzige erwachsene Freund, der Interviewer, wollte bald eine Tätigkeit in einer anderen Stadt aufnehmen.

Für S. war somit die Frage akut: Wie schaffe ich es, selber "die Kurve zu kratzen"? Und man kann, wenn man *diesen* Kontext mitsieht, die Erfinderphantasie auch ganz anders sehen denn als problematisches Ausweichen vor der Realität:

Uns begegnet hier eine hochgekonnte, sehr differenzierte Weise einer symbolischen Selbstthematisierung, in der der Junge eine Perspektive seiner Lebensbewältigung entwirft: Erstens habe ich grundsätzlich die Kompetenz, mir etwas "Apparatives", also ein metastufliches Mittel zu entwerfen, mit dem ich meine Lage und die je neuen Risiken bewältigen kann. Zweitens fahren die anderen nicht einfach davon, und ich bleibe ohnmächtig zurück und strample mich vergebens ab. Vielmehr habe ich es selbst in der Hand, wann ich mich an fremde Kraft ankopple und wann ich es allein schaffe. Ich bin der Herr des Verfahrens, auch wenn ich noch den "Magneten" brauche. Drittens schließlich: Wenn es denn kritisch wird, wenn die Kurve zu schwierig wird, dann habe ich immer noch die "Reservesicherheit" automatischen Ankoppelns, und danach schaffe ich es wieder selbst ...

S. wollte damit nicht nur sich selber, sondern auch seinem Gesprächspartner etwas sagen; es geht in dieser Phantasie auch um die Beziehung zu ihm und um die Frage, wie er mit dessen "fremder Kraft", dem stabilisierenden "Hilfs-Ich" in der unmittelbaren Zukunft umgehen möchte.

Mit psychoanalytisch-pädagogisch geschulter Aufmerksamkeit, hinreichender Geduld, Nachdenklichkeit und auch wechselseitiger Beratung im Kollegium lassen sich derartige scheinbar abstrusen Selbstthematisierungen von Kindern verstehend aufnehmen - Verstehen hier gemeint im Sinne einer Probehandlung (denn erst die weitere Interaktion wird erweisen, ob die Deutung halbwegs zutrifft).

Pädagogisches Verstehen dieser Art zielt darauf, im Umgang mit jungen Menschen Anknüpfungspunkte für eine ich-stärkende Pädagogik zu entdecken. Daß solche Keime des Ich (besser vielleicht: des Selbst) oft da zu erkennen sind, wo wir sie im pädagogischen Eifer gerade *nicht* vermuten, lehrt das Beispiel.

Solche Entdeckungen gelingen aber nur, wenn ich *in mir selber* Resonanz auf die kindlichen Signale geben, meine eigenen Ängste, Hoffnungen und Phantasien mitschwingen lassen kann. Dies schließt die Bereitschaft zum gütigen Humor ein, auch im Umgang mit mir selbst ... Psychoanalytisch-pädagogisches Verstehen bedeutet daher eine wesentliche *Bereicherung und Ergänzung* der Lehrerrolle und des Lehrerhandelns.

4. Ausblick: Gesellschaftliche Bedingungen

Damit dies alles gelingt, sind eine Reihe gesellschaftlicher Rahmenbedingungen unerläßlich. Ich will sie abschließend in einem Ausblick wenigstens vor Augen stellen.

(1) Wichtig erscheint mir eine *relative Autonomie* sowohl der einzelnen Lehrerpersönlichkeit wie auch der einzelnen Schule - etwa hinsichtlich der Ausbildung unterschiedlicher Stile des pädagogischen Handelns, unterschiedlicher Varianten der Unterrichtsgestaltung und der Problembearbeitung. Dies gilt auch für die praktische Umsetzung pädagogisch-psychoanalytischen Sehens und Denkens: Nichts wäre verfehlter als dessen dogmatische Umsetzung. Auch hielte ich es für paradox, Psychoanalyse in der Lehrerbildung und Lehrerfortbildung zur Pflicht zu machen - das wäre kontraproduktiv. Sinnvoll ist aber die dialogische Einladung, sich auf diese neue Perspektive einzulassen und sich kollegial über die ersten Gehversuche zu beraten (und in Supervision beraten zu lassen).

(2) Wichtig ist aber ebenso eine gesellschaftliche Umwelt, die Lehrerin und Lehrer angemessen bewertet - also weder *überbewertet* als Garanten und Erfüllungsgehilfen der fortschrittlichen Zukunft (wie bislang in der früheren DDR) noch *unterbewertet* in jener Mischung aus Neid und Haß, die bislang (in den alten Ländern) teils untergründig, teils manifest die Einstellung der bundesdeutschen Öffentlichkeit zur Lehrerrolle kennzeichnet.

(3) Wichtig ist schließlich insgesamt ein soziales Klima und eine Gesellschaftsstruktur, in denen demokratische Haltungen gedeihen können und nicht nur geduldet, sondern ermutigt werden. Grundlegender als die Erfahrungen in der Schule sind jene im Alltag; hier wie dort kommt es darauf an, daß uns allen *eine Kultur zunehmender Ich-Stärke* erfahrbar und lebbar wird.

Literatur

ADORNO, Theodor W. / FRENKEL-BRUNSWIK, Else / LEVINSON, Daniel J. / SANFORD, R. Nevitt: The Authoritarian Personality. New York 1950

AICHHORN, August: Verwahrloste Jugend. Bern/Stuttgart/Wien 9.A.1977

BERNFELD, Siegfried: Sisyphos oder die Grenzen der Erziehung <1925>. Frankfurt am Main 1973

BETTELHEIM, Bruno: Liebe allein genügt nicht. Stuttgart 2.A.1971

BITTNER, Günther: Für und wider die Leitbilder. Heidelberg 2.A.1968

BITTNER, Günther: Der Lügenköder und der Wahrheitskarpfen. In: Ders., Das andere Ich. Rekonstruktionen zu Freud. München 1974, S.127-148

BITTNER, Günther: Sigmund Freud. In: Hans SCHEUERL (Hrsg.), Klassiker der Pädagogik. Band II, München 1989 (2.A.1991), S.46-71

BITTNER, Günther: Der psychoanalytische Begründungszusammenhang in der Erziehungswissenschaft. In: BITTNER/ERTLE 1985, S.31-46

BITTNER, Günther: Pädagogik und Psychoanalyse. In: Hermann RÖHRS und Hans SCHEUERL (Hrsg.): Richtungsstreit in der Erziehungswissenschaft und pädagogische Verständigung. (= Festschrift für Wilhelm Flitner zur Vollendung seines 100. Geburtstages.) Frankfurt am Main, Bern, New York, Paris 1989, S. 215-227

BITTNER, Günther / REHM, WILLY (Hrsg.): Psychoanalyse und Erziehung. Bern/Stuttgart 1964

BITTNER, Günther / ERTLE, Christoph (Hrsg.): Pädagogik und Psychoanalyse. Würzburg 1985

BRENNER, Charles: Grundzüge der Psychoanalyse. Frankfurt am Main 1967 (und Neuauflagen)

BRÜCK, Horst: Die Angst des Lehrers vor seinen Schülern. Reinbek 1978

BRÜCK, Horst: Seminar der Gefühle. Reinbek 1986

DREWERMANN, Eugen: Tiefenpsychologie und Exegese. Band II, Olten und Freiburg/Brsg. 1985

FATKE, Reinhard: "Krümel vom Tisch der Reichen"? Über das Verhältnis von Pädagogik und Psychoanalyse aus pädagogischer Sicht. In: BITTNER/ERTLE 1985, S.47-60

FATKE, Reinhard: Psychoanalytische Beiträge zu einer Schultheorie. In: Die Deutsche Schule 1986 H.1, S.4-15

FREUD, Anna: Psychoanalyse für Pädagogen. <1935> Bern, Stuttgart und Wien 1971

FREUD, Sigmund: Studienausgabe. Hrsg. v. A. MITSCHERLICH, A. RICHARDS und J.STRACHEY. 10 Bände, Frankfurt am Main 1969ff.

FROMM, Erich: Sozialpsychologischer Teil. In: Institut für Sozialforschung (Hrsg.), Studien über Autorität und Familie. Paris 1936

FÜCHTNER, Hans: Einführung in die Psychoanalytische Pädagogik. Frankfurt am Main/New York 1979

FÜRSTENAU, Peter: Zur Psychoanalyse der Schule als Institution. In: Das Argument 6 (1964), S.65-78; wieder abgedruckt u.a. in: Peter FÜRSTENAU (Hrsg.), Der psychoanalytische Beitrag zur Erziehungswissenschaft. Darmstadt 1964

Jahrbuch für psychoanalytische Pädagogik. Hrsg. v. Hans-Georg TRESCHER und Christian BÜTTNER im Auftrag des Frankfurter Arbeitskreises für psychoanalytische Pädagogik. Mainz (Grünewald), Bd. 1 (1989) ff.

LAPLANCHE, J. / PONTALIS, J.-B.: Das Vokabular der Psychoanalyse. Frankfurt am Main 1972

LEBER, Aloys / TRESCHER, Hans-Georg / WEISS-ZIMMER, E.: Krisen im Kindergarten. Psychoanalytische Beratung in pädagogischen Institutionen. Frankfurt am Main 1989

LORENZER, Alfred: Die Wahrheit der psychoanalytischen Erkenntnis. Frankfurt am Main 1974

MITSCHERLICH, Alexander: Auf dem Weg zur vaterlosen Gesellschaft. München 2.A.1967

MUCK, Mario: Psychoanalyse und Schule. Stuttgart 1980

NEILL, Alexander S.: Erziehung in Summerhill. München 1965 (Titel der TB-Ausgabe: Theorie und Praxis der antiautoritären Erziehung, Reinbek 1969)

NEIDHARDT, Wolfgang: Kinder, Lehrer und Konflikte. Vom psychoanalytischen Verstehen zum pädagogischen Handeln. München 1977

RATTNER, Josef: Klassiker der Tiefenpsychologie. München 1990

REDL, Fritz / WINEMAN, D.: Kinder, die hassen <1951>. München 1979 (und TB Serie Piper)

REHM, Willy: Die psychoanalytische Erziehungslehre. München 2.A.1971

RICHTER, Horst Eberhard: Eltern, Kind und Neurose. Stuttgart 1963

RICHTER, Horst Eberhard: Die Gruppe. ... Psychoanalyse in Kooperation mit Gruppeninitiativen. Reinbek 1972

SCARBATH, Horst: Geschlechtserziehung - Motive, Aufgaben und Wege. Heidelberg 2.A.1969

SCARBATH, Horst: Wiederentdeckung des kindlichen Ich - Hinweise und Fragen aus pädagogischer Sicht. In: Günther BITTNER (Hrsg.): Selbstwerden des Kindes, Fellbach 1981, S.174-180

SCARBATH, Horst: Was ist pädagogisches Verstehen? Verstehen als Element pädagogischer Handlungskompetenz. In diesem Band (Kapitel 7)

SCARBATH, Horst: Zwischen Weitsicht und Verbohrtheit. Ambivalenzen im Spannungsfeld von "68er Bewegung" und Erziehungswissenschaft - ein durchaus subjektives Selbstinterview. In diesem Band (Kapitel 9)

SCARBATH, Horst / FATKE, Reinhard (Hrsg.): Pioniere psychoanalytisch orientierter Pädagogik. Frankfurt am Main, Bern, New York und Paris 1992

SCHMIDBAUER, Wolfgang: Die hilflosen Helfer. Reinbek 1977

SINGER, Kurt: Maßstäbe für eine humane Schule. Frankfurt am Main 1981

SINGER, Kurt: Gehorsamsbereitschaft des Lehrers - Hindernis für eine humane Schule? In: F. Ch. SAUTER (Hrsg.): Psychotherapie der Schule. München 1983, S.19-45

SINGER, Kurt: Resignieren - oder Lebenswünsche aktivieren? In: Ernst MEYER (Hrsg.): Burnout und Streß. Praxismodelle zur Bewältigung. Hohengehren 1991, S. 45-59

TILLMANN, Klaus-Jürgen: Sozialisationstheorien. Reinbek 2.A.1990

TRESCHER, Hans-Georg: Theorie und Praxis der psychoanalytischen Pädagogik. Frankfurt am Main und New York 1985

TRESCHER, Hans-Georg: Erziehungswissenschaft und Psychoanalyse. In: Neue Praxis 18 (1988) H.6, S.455-464

WAGNER-WINTERHAGER, Luise: Psychoanalytische Pädagogik in ihren Anfängen. In: Neue Praxis 18 (1988) H.2, S.111-119

Westermanns Pädagogische Beiträge, 38.Jg.1986 H.11: Themenheft "Freud in der Schule. Psychoanalyse und pädagogische Praxis"

3. BELASTETES ERWACHSENWERDEN
Sozialisationsschwierigkeiten am Ausgang der Moderne

1. Jenseits von Dramatisierung und Verharmlosung

Unser Weg zum Verständnis junger Menschen ist mit Mißverständnissen gepflastert, denen wir nicht immer entgehen können. Aber es hilft schon viel, vorauszuahnen und selbstkritisch nachzufragen, wo wir selbst jeweils an solchen Mißverständnissen beteiligt sein könnten. Wie wir konkrete Jugendliche wahrnehmen und wie wir heute jeweils über Gefährdungen jugendlicher Identität urteilen, das hängt immer auch mit unserer eigenen Lebensgeschichte zusammen - nicht zuletzt auch mit unseren nicht wirklich aufgearbeiteten Lebensalternativen, Hoffnungen, Ängsten und Leidenserfahrungen aus der Zeit unserer eigenen Jugend.

Siegfried BERNFELD, einer der Pioniere psychoanalytisch orientierter Jugendforschung, hat davon gesprochen, wir hätten es in der Pädagogik immer mit einem "doppelten Kind" zu tun: dem uns gegenüber und dem in uns. In diesem Sinne haben wir es bei den folgenden Überlegungen immer mit einem "doppelten Jugendlichen" zu tun.

Auf diesem Hintergrund wird deutlich, warum in der öffentlichen Darstellung von Erscheinungsformen des Jugendlebens und der aktuellen Sozialisationsproblematik Jugendlicher projektive Dramatisierung, aber auch verdrängende Verharmlosung so sehr gedeihen: Sie sind resonanzfähig, weil sie der Bedürfnislage vieler Erwachsener - die sozialwissenschaftlich gebildeten eingeschlossen - in verborgener Weise entsprechen.

Dies ist jedoch nur die halbe Wahrheit. Mitgesehen werden müssen die politischen und wirtschaftlichen Interessen, die die jeweiligen Bilder von Jugend und deren massenmediale Verbreitung mitbestimmen.

So taugt das Bild einer angeblich wohlangepaßten, konsumfreudigen und zukunftsfrohen Jugend gut als Beruhigungsmittel und als Bestätigung "optimistischer" politischer Optionen. Es kann auch dazu dienen, Sozialisationsschwierigkeiten Jugendlicher als Ausnahmefall zu marginalisieren, statt sie als Anfrage an die allgemeinen Bedingungen des Aufwachsens hier und heute zu begreifen.

Wissenschaft arbeitet an solchen Verzerrungen mit, wenn sie ihren Geltungsanspruch und die Reichweite ihrer Daten nicht grenzbewußt offenlegt und wenn sie falschen Verallgemeinerungen oder der einseitigen

Auswahl ihrer Aussagen nicht entschieden genug wehrt. Als besonders ärgerliches Beispiel nenne ich die derzeitige Verharmlosung der Spielhallennutzung und der Spielabhängigkeit ("Spielsucht") durch Berufung auf wissenschaftliche Autorität.

Kritische Arbeit an Projektions- und Dramatisierungsbedürfnissen in Öffentlichkeit und Jugendhilfe *und* Sensibilisierung für aktuelle Belastungen und Bedrohungen jugendlichen Aufwachsens sind gleichermaßen nötig. Zu den populären, mit wissenschaftlichem Anstrich versehenen Thesen, die derzeit die Runde machen, zählt auch die vom Verschwinden von Jugend und Kindheit. So hat Neil POSTMAN die Allgegenwart der Massenmedien - und somit auch des "Erwachsenenwissens" - im kindlichen Alltag als Beleg dafür angeführt, daß Kindheit im Schwinden begriffen sei. Ich habe mich mit dieser Halbwahrheit an anderer Stelle eingehender auseinandergesetzt (SCARBATH 1987; vgl. auch unten Kapitel 5). Ernster zu nehmen ist die These von der Durchdringung von Kindheit und erst recht Jugendalter mit Momenten des Erwachsenseins - eine These, auf die ich zurückkommen werde.

Kindheit und Jugend sind nicht dabei zu verschwinden; wohl aber sind sie heute in besonderer Weise *belastet*.

Viel spricht dafür, daß wir uns am Ausgang einer Groß-Epoche befinden, die mit dem 18. Jahrhundert begann und vom Prozeß rational-planender Weltbeherrschung (und entsprechender Verfügung über das Selbst) bestimmt war und noch ist. Industrialisierung und Aufklärung sowie ein auf beide Programme spannungsreich bezogenes Sozialisationskonzept sind für diese Epoche wesentlich (vgl. FEND 1988).

Angesichts eines neuen, in seinen Folgen noch unabsehbaren Modernisierungsschubs durch die elektronischen Informations- und Steuerungssysteme einerseits, angesichts der zunehmend erkannten Grenzen des Wachstums und der Ausbeutung der Natur andererseits sind aber die überkommenen normativen Orientierungen erschüttert.

Für die Zukunft wird es darauf ankommen, klar zu unterscheiden zwischen (a) den inhumanen Aspekten und Konsequenzen des "okzidentalen Rationalismus" (Max WEBER), insbesondere den Gefahren einer "technologisch halbierten Rationalität" (HABERMAS) und andererseits (b) jenen humanen Impulsen, die wir wesentlich auch der Aufklärung verdanken und die wir nicht preisgeben dürfen - insbesondere die regulativen Ideen von Menschenwürde und Menschenrecht, von Freiheit, Gleichheit und Solidarität und des vernünftigen öffentlichen Diskurses.

Die hier vorgetragenen Hinweise mögen daher bitte nicht verwechselt werden mit Modeströmungen kulturpessimistischer Klage oder irrationaler Beschwörung. Schon einmal, in der Weimarer Zeit und deren Krise, erwiesen sich derartige Welthaltungen als pädagogisch und politisch gefährlich.

Die Rede vom "Ausgang der Moderne" soll statt dessen nüchtern auf epochale Veränderungsprozesse aufmerksam machen, die auch die normativen und empirischen Bedingungen des Aufwachsens betreffen, deren Ausgang noch offen ist und die eines geschärften gesellschafts-politischen und pädagogischen Verantwortungsbewußtseins bedürfen: Kennzeichen unserer "Risikogesellschaft" (BECK 1986) ist es auch, daß das Erwachsenwerden in *neuartiger* Weise unsicher, riskant wird.

Die Sozialisationsschwierigkeiten junger Menschen, auch die vielgestaltigen Weisen sowohl des "abweichenden Verhaltens" wie auch der tendenziell selbstzerstörerischen Überanpassung, lassen sich auf diesem Hintergrund verstehen. Ich stelle einen Vorschlag zur Diskussion, widersprüchliche Erfahrungen mit jungen Menschen sozialisationstheoretisch zu ordnen und zu reflektieren, um so für das Verständnis aktueller Schwierigkeiten des Erwachsenwerdens einen (perspektivischen) Orientierungsrahmen zu ge-winnen. Ich spreche von *gefährdeten und je neu zu leistenden Balance-Akten.*

Dabei ist es mir wichtig, die Absicht der folgenden Thesen zu verdeutlichen: Ich möchte nicht Gewißheiten verkünden oder einfach über Fakten infor-mieren, sondern zu *praxisbezogener Nachdenklichkeit* einladen. "Denken als Probehandeln" ist angesagt. Den provisorischen und gerade deshalb auf Wahrheit gerichteten Charakter solchen Denkens hat Sigmund FREUD in jenem treffenden, SHAKESPEAREs "Hamlet" entlehnten Bild gezeichnet, an das ich hier erneut erinnere: es gehe darum, "mit dem Lügenköder nach dem Wahrheitskarpfen zu angeln".

2. Gestörte Balancen

Identitätsfindung und Identitätswahrung - verstanden als lebenslange, aber im Jugendalter besonders dringliche Entwicklungsaufgaben - lassen sich begreifen als Balance-Akte. Sich ausbalancieren, das heißt: in einem Spannungsfeld von Kräften den eigenen Schwerpunkt jeweils neu zu bestimmen, damit der "aufrechte Gang" möglich wird. Es geht um die jeweilige Erhaltung eines labilen Gleichgewichts.

Die Anregung, die Idee der Balance für das hier erörterte Thema fruchtbar zu machen, verdanke ich indirekt Günther BITTNER, der in einem Essay über die Frage "Was ist human?" (BITTNER 1984) ähnlich verfahren ist. Das Denkmodell hat sich mir auch in anderen Zusammenhängen, etwa der Frage nach der "guten Pädagogin" und dem "guten Pädagogen" (vgl. oben Kapitel 1), als sehr fruchtbar erwiesen.

Wenn die Aufgabe des Ausbalancierens im folgenden in polaren Strukturen benannt werden, so sollen die Spannungsfelder und die jeweiligen Störungen der Balance erschlossen, soll aber nicht die simple Idee vom "goldenen Mittelweg" nahegelegt werden. Wo individuell und gesamtgesellschaftlich heute und morgen der Schwerpunkt jeweils liegen muß, damit Balance gelingt, kann nicht theoretisch vorab festgelegt werden. Wohl aber gibt es Hinweise darauf, inwiefern die Balancen gestört sind und in welche Richtung eine Korrektur hilfreich sein könnte.

Exemplarisch akzentuierend nenne ich folgende Störungen:

1. Gestört ist die *Balance zwischen dem Individuum und tragfähigen sozialen Orientierungen.* Ich erinnere an Ulrich BECKs Individualisie-rungsthese: In immer mehr Lebensbereichen und Entscheidungssituationen findet sich der einzelne radikal auf sich selbst zurückverwiesen. "In allen Dimensionen der Biographie brechen Wahl*möglichkeiten* und Wahl*zwänge* auf ... *Die Möglichkeit der Nichtentscheidung wird der Tendenz nach unmöglich.*" (BECK 1986, S.190; Hervorhebung dort) Vereinzelung meint mehr und anderes als Pluralismus; sie betrifft tendenziell auch das Zerbröckeln der je untereinander pluralen Lebensformen. Die sozialen Ordnungen, die junge Menschen im Sozialisationsprozeß vorfin-den, werden oft als widersprüchlich erlebt. Zwischen der offiziell bean-spruchten und der tatsächlich gelebten Ethik gähnt oft eine weite Kluft. Als Beispiel nenne ich die Spannung zwischen dem Postulat der Würde jeder einzelnen Person und der Erfahrung, in Schule und Ausbildung oder auf dem Arbeitsmarkt dem Verdrängungswettbewerb zu erliegen und nicht ge-braucht zu werden. (So waren die massenhaften Schülerunruhen, die Frankreich im Herbst 1990 erschütterten, auch wesentlich eine symbolische Rebellion jenes erheblichen Teils der jungen Generation, der durch ein überzogenes und formalistisches Ausleseystem von Marginalisierung betroffen oder bedroht war.)

2. Gestört ist die *Balance zwischen der Kontinuität der Person und dem Sich-Einlassen auf unterschiedliche Rollen und Lebensbezüge.* Identität

meinte gerade die "Selbst-Gleichheit" der Person in ihren unterschiedlichen Zuständen und Bezügen und durch diese hindurch, auch in der Zeitperspektive (so bei ERIKSON). Es hat heute den Anschein, daß die jeweiligen Rollen, die wir spielen müssen, sich so sehr verselbständigen, daß die Einheit der Person gefährdet ist: Anything goes.

In der Rede von der "Momentpersönlichkeit" hat die Sozialwissenschaft auf diesen Sachverhalt aufmerksam gemacht; ich spreche lieber von *Fragmentierung der Identität*. Der korrespondierende Bearbeitungsversuch ist der der Collage. Womöglich geben bereits die Collagen, die in der Kunst des ersten Jahrhundertdrittels gehäuft auftreten, so etwa bei SCHWITTERS, auf derartige Fragmentierung Resonanz. Häufig reagieren ja die Künste mit besonderer seismographischer Empfindlichkeit - und weit früher als die Wissenschaften - auf neuartige geschichtlich-gesellschaftliche Lagen und Tendenzen. Heute finden sich Stil-Collagen in der "postmodernen" Architektur ebenso wie in den Selbst-Inszenierungen mancher Jugendlicher. Ich frage mich aber auch, ob die *Identitäts-Brüche* heute nicht tiefer reichen. Die Flüchtigkeit und Beliebigkeit mancher mitmenschlicher (auch sexueller) Beziehungen und mancher politischer und religiöser Haltungen, auch bei uns Erwachsenen, verweist auf die Aufgabe, hier wieder Balance zu gewinnen.

3. Die *Balance zwischen Kind-Sein und Erwachsen-Sein* ist gestört. Dieser Sachverhalt wurde oben bereits angesprochen: Momente des Erwachsenseins durchdringen mehr und mehr das Jugendalter und teilweise auch die Kindheit. "Jugend als Vorbereitungszeit zum Erwachsenendasein wird überlagert und durchsetzt von Formen, mindestens: Möglichkeiten eines Lebens aus eigener Verantwortung und eigenem Recht. Der Lebensabschnitt, der der Herausbildung von Individualität dient, enthält zunehmend Handlungsräume und Handlungsforderungen, die Individualität *voraussetzen*." (FUCHS nach ZINNECKER 1986, S.28; Hervorhebung dort.) Die Phänomene der Jugendsexualität - ich erinnere an den Befund der zeitlichen Vorverlagerung der entsprechenden Aktivitäten und an das verbreitete Muster einer "sukzessiven Monogamie vor der Ehe" (SCARBATH 1973 im Anschluß an SCHMIDT und SIGUSCH) - verweisen in diese Richtung. Aber auch generell sind die überkommenen Altersmarkierungen fragwürdig geworden, wonach jung sein bedeutete, noch lernen zu müssen und das Privileg zu haben, noch nicht "fertig" zu sein - erwachsen sein dagegen, ausgelernt zu haben, eine relativ stabile Identität und ökonomische Selbständigkeit erworben zu haben. (Man vergleiche hierzu einmal die "klassi-

schen" Bestimmungen der Statuspassage vom Jugendlichen zum Erwachsenen in den Lehrbüchern der Jugendsoziologie, aber auch die derzeitige "Erfindung" neuer Zwischenstufen wie der "Postadoleszenz"!) Auch das Erwachsenenleben ist heute durchdrungen von Momenten neuer sozialisatorischer Unsicherheit und von stets neuen Lernaufgaben. *Die Identitätskrise wird tendenziell zu einem lebenslangen Phänomen.*
Dies hat aber Folgen für die pädagogische Funktion der Erwachsenen. Oft selbst von Beziehungs- und Orientierungskrisen gebeutelt, von Arbeitslosigkeit bedroht oder betroffen, in den Umbrüchen der Gegenwart verunsichert, sind sie vielfach nicht in der Lage, hinreichend "guten Halt" (im Sinne WINNICOTTs) zu geben. Laissez-faire-Haltungen, in einigen Konzepten von Sozialarbeit als "non-intervention" verkauft, und Rückfälle in Autoritarismus finden sich gleichermaßen.

4. Gestört ist die *Balance von Gegenwart und Zukunft* in den mitmenschlichen Beziehungen und insbesondere im Erziehungs- und Bildungsprozeß: Auch wo dies rational nicht eingestanden wird, ist unser Verhältnis zur Zukunft von Gestimmtheiten der Bedrohung bezeichnet. Die Einsicht dämmert aber, daß wir an die Grenzen des Wachstums und der Naturbeherrschung gelangt sind. Die atomare und ökologische Selbstzerstörung der Menschheit ist in geschichtlich *neuartiger* Weise real möglich geworden. Im Unterschied zu den Bedrohungen, denen frühere Generationen ausgesetzt waren, steht heute das endgültige Aus für die menschliche Gattung zur Debatte. Tschernobyl und das Ozonloch sind nicht Gefahren, die "linke Schwätzer" herbeireden, wie manche uns glauben machen wollen. Sie stehen vielmehr für eine Bedrohungserfahrung, die gerade die jungen Menschen, die den größeren Teil ihres Lebens noch vor sich sehen, existentiell stärker ergreift.
Hinzu kommt für viele Jugendliche - insbesondere in Perioden der Niedrigkonjunktur oder, wie jetzt in den neuen Bundesländern Deutschlands, der Umstellung des Wirtschafts- und Ausbildungssystems - die Ungewißheit der Zukunft in Ausbildung, Studium und Beruf. Insgesamt wird, so ist zu vermuten, der sich heute abzeichnende technologische Modernisierungsschub einen immer *geringeren*, dafür immer *höher* qualifizierten Anteil der jungen Generation in den Arbeitsprozeß integrieren.
All dies hat aber Folgen für die Erziehung:
Der Erziehungsanspruch der Moderne, unter Aufschub aktueller Bedürfnisbefriedigung ("deferred gratification pattern") für künftig gelingendes Leben zu qualifizieren, ist brüchig geworden.

Die bereits von SCHLEIERMACHER, zu Beginn des 19. Jahrhunderts, formulierte Aufgabe, im Erziehungsprozeß gegenwärtiges und künftiges Glück zu vermitteln, wird vielfach von den jungen Leuten selbst zugunsten des gegenwärtigen Glücks beantwortet. Auf dem Boden der skizzierten Problemlage gedeihen aber auch Ersatzbefriedigungen. Die Verheißungen des High-Seins und des Vergessens haben Hochkonjunktur. Ob Drogen, persönlichkeitszerstörende Sekten und okkulte Praktiken einerseits, ob Kaufrausch und massenmediale Affekt-Industrie (SCARBATH 1986) andererseits - trotz aller Unterschiede ist ihnen Bewußtseinsvernebelung und Surrogatfunktion gemein.

Diese Einsicht ist notwendig, um beispielsweise die Ausgrenzung von Drogenabhängigen als vermeintlichen Sonderfall entschieden zu korrigieren. Sie darf andererseits nicht dazu mißbraucht werden, die spezifische leib-seelische Zerstörungskraft von Drogenkonsum auf eine Ebene mit den anderen benannten Phänomenen zu bringen und so zu verharmlosen.

Manche Enquete-Befunde berichten von einer eher optimistischen Grundhaltung der Jugend. Man täusche sich nicht über den Oberflächencharakter der Erhebungs- und Auswertungsverfahren! Die Flucht in die Überangepaßtheit der Yuppies und in den konkurrenzorientierten Leistungskampf einerseits, die Intensität des Protests und der Suche nach alternativen Lebensformen andererseits sprechen (als spiegelbildliche, gleichermaßen fragwürdige Verarbeitungsversuche) eine beredtere Sprache.

Meine persönliche Hoffnung richtet sich besonders auf jene jungen Menschen, die heute auf ihre Weise LUTHERs Motto praktizieren, selbst dann noch ein Apfelbäumchen zu pflanzen, wenn morgen die Welt unterginge. Wobei die jungen Frauen und Männer, die mir vor Augen stehen, Vater Martins Motto eines voraus haben: Sie wollen nach Kräften dazu beitragen, daß die Welt morgen *nicht* untergeht ...

Denn bei den benannten Balance-Störungen handelt es sich nicht um zwangsläufige Entwicklungen. Sowohl die jeweiligen Ursachen wie auch die Verarbeitungsweisen sind zumindest in Grenzen beeinflußbar und unserer Verantwortung aufgegeben. Mit meinen Hinweisen möchte ich daher zu einer sensibleren Problemsicht ermuntern. Viel ist schon gewonnen, wenn wir uns in einen verständigeren Dialog mit den jungen Menschen begeben und ich-unterstützende Arrangements anbieten, statt deren gefährdete Balance mit wohlgemeinten, aber realitätsblinden pädagogischen Impulsen noch mehr zu irritieren. Als *ein* solch untauglicher Versuch ist mir in den letzten Monaten in den Ländern der früheren DDR (aber nicht nur dort) die Vorstellung begegnet, Sozialisationsprobleme ließen sich durch

Wiederherstellung bloß formaler "Disziplin" lösen ... Auch die aktuelle Debatte über Schul- und Studienzeitverkürzungen beschränkt sich auf eher formale Lösungsangebote; die Frage nach einem - den jungen Menschen nachvollziehbaren - Sinn der Lerninhalte und Leistungserwartungen, aber auch die Frage nach der Erfahrung gelingenden Lebens auch im Milieu institutionell verfaßten Lernens bleiben ausgeblendet. Genau diese Fragen nach den *qualitativen* und nicht bloß ökonomischen Bedingungen von Studium hatten die Studentinnen und Studenten aber während des Wintersemesters 1989/90 öffentlich gestellt ...

Weitere Balance-Störungen und Balance-Aufgaben kann ich hier nur kurz benennen, um zum Nachdenken darüber und zur Erprobung dieses Deutungsmusters in der alltäglichen Praxis anzuregen:
Gestört erscheinen mir

5. die *Balance zwischen Selbstentfaltung und Mitmenschlichkeit*, zwischen Freiheit und Liebe; strategisches, instrumentell-technisches Verfügen über den Mitmenschen (auch den Lehrer bzw. Berater oder andererseits den Schüler bzw. Klienten) und spontane, zugleich tragfähige Hinwendung zum anderen Menschen stehen in alltäglicher, schulischer und sozial-professioneller Praxis in starker Spannung zueinander;

6. die *Balance von Nähe und Distanz*, von Ähnlichkeit und Anderheit in den mitmenschlichen Beziehungen und speziell in den "settings" von Erziehung, Beratung und Sozialarbeit - wo förderndes Verstehen und Empathie bei gleichzeitiger Anerkennung der Fremdheit des Anderen gefordert sind, und wo die Gefahr so nahe liegt, daß ich den Mitmenschen bloß als Folie meiner eigenen Probleme und Selbstverwirklichungstendenzen mißbrauche;

7. die *Balance von Immanenz und Transzendenz*, von alltäglicher Erfahrung und übergreifender Sinndeutung des Lebens - wobei die Tabuierung religiöser Erfahrungen und Traditionen oft tiefen, zu respektierenden Enttäuschungen mit "Amtskirche" und gelebtem - vielmehr: nicht glaubhaft gelebtem - Glauben geschuldet ist. Ersatzbefriedigungen von "Lebenssinn" (vom Okkultismus bis zur scheinbar wohlangepaßten Arbeitswut des "workaholic"), als Füllmasse gegen das Sinnvakuum "ozeanischer Leerzeit" (Günter ANDERS) investiert, erweisen sich als nicht wirklich tragfähig;

8. die *Balance von männlich und weiblich* in der eigenen Person - angesichts der neuen Aufgabe, die eigene Geschlechtsrollen-Identität differenziert in der Polarität der früheren Muster von aktiv-zugreifend und einfühlsam-bergend, und in engagierter Kritik entsprechender Klischees und reaktiver Gegenklischees neu zu bestimmen und in der sozialen und politischen Praxis zu realisieren. (Hierüber sich monologisch äußern zu wollen, wäre besonders unangemessen; zur näheren Entfaltung dieser Balance-Aufgabe wäre ich auf den kritischen Dialog mit einer Kollegin angewiesen.)

3. Förderndes Verstehen und politisch-solidarisches Engagement

Die benannten Störungen und oft erst bei näherem Hinsehen spürbaren Gefährdungen des Aufwachsens stehen, so hoffte ich zu zeigen, im Zusammenhang krisenhafter gesamtgesellschaftlicher Prozesse am Ausgang der Moderne. Sie betreffen daher teils offen, teils verdeckt *auch uns Erwachsene*. Die Schwierigkeiten des Person-Seins und Person-Werdens, die Schwierigkeiten des Balance-Haltens unter den Bedingungen aktueller Umbrüche, dürfen nicht bloß den Jugendlichen zugeschrieben - psycho-analytisch gesprochen: an sie delegiert - werden. *Unsere eigene Lebenspraxis, unsere eigenen Bewältigungsversuche stehen zunächst zur Debatte.*

Ein Holzweg wäre es daher, sich nicht ernsthaft auf die benannten Irritationen einzulassen und sie durch neue "Eindeutigkeit" zu überspielen. Als Reaktion auf die skizzierte Problemlage ist in den letzten zehn Jahren immer wieder der Ruf nach mehr "Mut zur Erziehung" im Sinne der Vermittlung unbefragter Selbstverständlichkeiten und Gewißheiten laut geworden. Dies ging und geht Hand in Hand mit der Diffamierung pädagogischer Reformansätze als "moderner Erziehungsschnickschnack" (so eine Referentin aus der Hochschule Lüneburg vor dem Zevener Landfrauenverein, laut "Zevener Zeitung" vom 20.3.1987). *Manche* Konzepte von "Werterziehung" zielen heute wieder auf eine bloß konventionelle, am fraglosen "Man" orientierte Moral. Und auch manche pädagogischen Vorstellungen und öffentlichen Erwartungen in den ehemals zur DDR gehörigen Ländern Deutschlands laufen darauf hinaus, alte Eindeutigkeiten bloß durch neue auszuwechseln, das Vermittlungskonzept selbst und den psychosozialen Habitus der Erziehenden aber weitgehend unbefragt zu lassen.

Dies würde einen erneuten Rückfall hinter das 18. Jahrhundert zurück darstellen, besonders hinter KANTs Forderung, die bloße "Sitte" (die je gesellschaftlich geltenden Werte) durch kritisch-reflexive und persönlich verantwortete "Sittlichkeit" zu übersteigen. Der amerikanische Entwicklungspsychologe Lawrence KOHLBERG und die sein Konzept weiterentwickelnden Forscher des deutschen Sprachraums (so besonders Fritz OSER in der Schweiz) sprechen in dieser Linie von der pädagogischen und gesellschaftlichen Aufgabe, von der nur "konventionellen" zur "postkonventionellen" Stufe psycho-sozialer Entwicklung voranzukommen.

Aber auch die Flucht in Haltungen bloßen Gewährenlassens, wie sie in meinem Gesichtsfeld bei manchen sozialkritischen und institutionenkritischen Lehrern und Sozialarbeitern und Sozialpädagogen begegnen, führt nicht weiter. Ich plädiere für *taktvoll-unterstützenden Beistand.* Junge Menschen müssen erfahren können, daß Erwachsene bei aller gebotenen Zurückhaltung (traditionell: "pädagogischem Takt") auch an ihren Identitätsproblemen innerlich Anteil nehmen und daß sie im Notfall als Beratungspartner zur Verfügung stehen.

Wie beispielsweise auch die SINUS-Studien zeigen, suchen und erwarten Jugendliche und junge Erwachsene den Rat älterer Vertrauenspersonen. In der sozialen Lage der Gegenwart, in den teils schleichenden, teils abrupten Umbrüchen am Ausgang der Moderne gewinnt nicht nur der sozialpädagogische, sondern auch der schulpädagogische Auftrag einen besonderen Akzent in der Einzelarbeit, der Beratung, ja der Seelsorge.

Um eine hinreichend gute Lehrerin, ein hinreichend guter Lehrer zu werden, reicht es heute weniger denn je, gut unterrichten zu lernen. Eine in umfassenderem, emphatischem Sinn *pädagogische* Qualifikation ist gefordert.

Auf dem Hintergrund meiner Erfahrungen in pädagogischer Praxis, Forschung und Fortbildung und meines Nachdenkens darüber - das je vorläufig und darum korrektur- und ergänzungsbedürftig bleibt - komme ich zu dem Schluß: Den Herausforderungen "belasteten Erwachsenwerdens" in der Gegenwart und den Störungen der Identitätsbalance, die damit verbunden sind, können wir nur durch *förderndes Verstehen* gerecht werden.

Solches Verstehen, das weder mit kritikloser Nachsicht noch mit kolonisierend-bemächtigendem "Besserverstehen" verwechselt werden darf, heißt für mich,

– daß ich etikettierende Bewertung und sanktionierende Reaktion hintanstelle (was schon dabei beginnt, ein mir fremd oder provokativ erscheinendes Verhalten nicht gleich als "abstrus", "unreif", "gestört" etc. abzuwerten und aus meinem "normalen" Verantwortungsbereich auszugrenzen);

– daß ich mich bemühe, die lebensweltliche Position, den lebensgeschicht-

lichen Kontext und die subjektive Problemdefinition des oder der Anderen von *deren* Perspektive her nachzuvollziehen ("Stehen in den Schuhen des Anderen", ROGERS), was gleichermaßen Dialogfähigkeit und Anerkennung von Fremdheit und Grenze voraussetzt;
– daß ich mich dabei gerichtet, aber offen in eine Beziehung zu meinen Mitmenschen begebe und dabei aufzunehmen, zu erahnen und zu deuten suche, was mir verbal, nonverbal - und in beidem womöglich symbolisch verschlüsselt - signalisiert wird; dies in einem Wechselspiel, das bei aller Begrenztheit darauf angelegt ist, den Partner zu einem zunehmend reflexiven Verständnis *seiner selbst* und seiner sozialen Lage zu verhelfen;
– daß ich, und das ist wohl das pädagogisch Entscheidende, dabei produktive Ich-Leistungen und Selbstgestaltungstendenzen identifiziere und unterstütze, und zwar selbst noch in und hinter solchen Verhaltensweisen, die oberflächlich gesehen abweichend sind (und auch, z.b. als fremd- wie selbstzerstörerische, nicht verharmlost werden dürfen).

Diese Hinweise bedürfen sicher näherer, fallbezogener Differenzierung und Erprobung, und sie wollen auch dazu anregen (vgl. auch mein Fallbeispiel "Fahrradphantasie" oben im zweiten Kapitel). Eingehende Fallgespräche zu Situationen des Schulalltags haben sich beispielsweise in der gemeinsamen Selbstfortbildung eines Kollegiums während eines Studientags, unter Mitwirkung eines externen Beraters, als sehr fruchtbar erwiesen. Überhaupt muß ich darauf hinweisen, daß die Einübung pädagogisch-fördernden Verstehens, die Schulung des "zweiten Blicks", *Zeit und Geduld auch über Rückschläge hinweg* erfordert. Zugleich aber bereiten bereits jede kleine pädagogisch-psychologische Neuentdeckung und jeder kleine Schritt erfolgreicher, verstehender Verständigung mit jungen Menschen unmittelbar Freude. So wächst auch die Basis für gelingenden Unterricht.
Vorausgesetzt werden muß dabei allemal, daß wir Erwachsenen nicht "auf dem hohen Roß" sitzen, auch nicht auf dem der hehren Werte. Es ist wichtig, selbst das zu leben, wofür wir einstehen, und dies nicht zu verbergen; auch dies gehört zur pädagogischen Grundfigur des "Bei-Stehens" und "Haltens" im Sinne von WINNICOTTs Konzept der "hinreichend guten" Erzieherinnen und Erzieher. Es ist aber genauso wichtig, zu erkennen zu geben, daß auch wir Erwachsenen von den benannten Irritationen am Ausgang der Moderne betroffen sind und mit ihnen ringen - ohne allerdings die jungen Leute als Quasi-Therapeuten zu mißbrauchen. Erst auf solch *solidarischer Basis* haben wir die Chance, als glaubwürdige Berater akzeptiert zu werden. Konkret heißt das beispielsweise, daß wir als Pädagogen gefordert sind,

unsere persönliche Haltung zu wesentlichen existentiellen und gesellschaftlich-politischen Themen nicht hinter farbloser Neutralität zu verbergen, gegebenenfalls auch unsere Unsicherheit und unsere Zweifel nicht zu kaschieren. Junge Menschen haben ein Recht darauf zu erfahren, welche politischen Grundüberzeugungen uns wichtig sind, wie wir persönlich zu Kernkraftwerken, zur Abtreibung, zum Dienst mit der Waffe oder zum Golfkrieg stehen und welche Kenntnisse und Werturteile uns zu solcher Haltung führen. Wir setzen sonst ein problematisches Vorbild gesellschaftlich-politischer Interesselosigkeit oder ein noch problematischeres des Schweigens aus Konfliktscheu. Wir verschenken die Chance, uns als *Personen* dem argumentativen Dialog auszusetzen.

Dies alles gilt übrigens nicht erst für das Jugendalter bzw. die Sekundarstufen, sondern - altersgerecht transponiert und dosiert - bereits für die Grundschule. Bereits kleinere Kinder philosophieren, entwickeln elementare Theorien der sozialen Wirklichkeit und aktivieren Fragen zu aktuellen Problemlagen, die wir ihnen oft nicht zutrauen. Sie wollen nicht nur klären, "was Sache ist", sondern auch, wie wir damit umgehen.

Leider wird derartige persönliche Offenheit von Lehrerinnen und Lehrern oft noch von Teilen der Elternschaft und der Öffentlichkeit voreilig als Indoktrinationsversuch mißverstanden. Das - im Interesse der Mündigkeit der Heranwachsenden zentrale - Indoktrinationsverbot wird erst dann verletzt, wenn wir unsere persönlichen Lösungsversuche manipulativ einbringen, etwa durch Ausblendung von Information und Reflexion über andersartige Antworten, durch Verwechslung von Unterricht und Beratungsgespräch mit Propaganda und Aktionismus oder durch kaschierte Benachteiligung von Schülern, die andere Positionen vertreten.

Und ebenso konkret: Menschen, die als überzeugte Marxisten in der früheren DDR gelebt haben und nunmehr, nach der Implosion jenes Systems, in intensiver "Trauerarbeit" um innere Klärung ringen; die sich MARX neu, in Kritik seiner doktrinären Beanspruchung, anzueignen suchen; die ihre persönliche Verstrickung nicht kaschieren und die über all dies das Gespräch suchen - taugen die nicht *auch* für den Lehrerberuf in einer freiheitlich-demokratischen Gesellschaft, besser jedenfalls als jene, die eilfertig von blinder Identifikation mit dem "realsozialistischen" System zu ebenso blinder und undifferenzierter Identifikation mit dem kapitalistischen übergegangen sind - so als wäre nichts gewesen?

Schülerinnen und Schüler haben da häufig ein sichereres Gespür dafür, an welchen Lehrerinnen und Lehrern sie innerlich wachsen können und wo sie es nur mit Fassadenmenschen zu tun haben.

Die pädagogische Verantwortung richtet sich aber auch auf die gesamtgesellschaftlichen Entwicklungs- und Entscheidungsprozesse, denen die skizzierten Balance-Störungen und problematischen Verarbeitungsversuche junger Menschen geschuldet sind. Dies wußte bereits Johann Heinrich PESTALOZZI zu Beginn unserer Epoche, wenn er in seinem politisch-pädagogischen Roman "Lienhard und Gertrud" die Sorge um die "nächsten Verhältnisse" mit der um das humane Gemeinwesen verband. So heißt heute Drogen- und Devianzprophylaxe (und aus aktuellem Anlaß füge ich hinzu: auch Faschismusprophylaxe) immer auch: jungen Menschen Perspektiven gelingenden Lebens erschließen und Bedrohungspotentiale abbauen. Also konkret immer auch: Arbeit an Abrüstung und internationaler Verständigung, an der Verminderung der Umweltschäden, am Abbau von Arbeitslosigkeit und sinnloser Maloche, am Aufbau förderlicher Wohn- und Lernumwelten und an der Förderung eines dialogischen sozialen Klimas im Alltag.

In dieser Arbeit - exemplarisch und begrenzt in gemeinwesenorientierten schulischen Projekten, ausdrücklicher in der gesellschaftlichen und politischen Praxis außerhalb der Schule - können Junge und Alte zusammenwirken und voneinander lernen. Pädagogik und soziale Arbeit dürfen somit falsche Schuldzuweisungen, die immer wieder an sie ergehen, getrost abwehren: Es gilt, die widrigen Bedingungen, die das Aufwachsen heute belasten, sachverständig und kritisch an die jeweiligen Mit-Verursacher und an die Erwachsenengesellschaft insgesamt zurückzuspiegeln.

Bei dieser Arbeit sind Schule und Sozialpädagogik ständig in Gefahr, ihre Kräfte zu überfordern. Nach Zeiten politisch-pädagogischer Allmachtsphantasien macht sich heute Resignation breit. Auch dies ist ein stets gefährdeter, aber notwendiger Balance-Akt: zwischen Euphorie und Verzweiflung in kleinen Schritten voranzukommen. Mir hilft dabei seit langem ein Wahlspruch, den ich Friedrich RÜCKERT verdanke:
Was man nicht erfliegen kann, muß man erhinken.

Literatur

ANDERS, Günther: Die Antiquiertheit des Menschen. 2 Bde. München (1956) 1988 und (1980) 1987

BECK, Ulrich: Risikogesellschaft. Auf dem Weg in eine andere Moderne. Frankfurt am Main 1986

BERNFELD, Siegfried: Sisyphos oder die Grenzen der Erziehung. (1925) Frankfurt am Main 1967

BITTNER, Günther: Was ist human? In: Neue Sammlung 26 (1986), S.408-422

CARLHOFF, Hans-Werner / WITTEMANN, Peter (Hrsg.): Jugend zwischen Bindung und Bindungslosigkeit. Jugendschutzarbeit. Stuttgart (ajs) 1989

ERIKSON, Erik H.: Jugend und Krise. Stuttgart 1971

FEND, Helmut: Sozialgeschichte des Aufwachsens. Frankfurt am Main 1988

FUCHS, Werner: Jugendliche Statuspassage oder individualisierte Jugendbiographie? In: Soziale Welt 34 (1984), S.341-371

HEITMEYER, Wilhelm / OLK, Thomas (Hrsg.): Individualisierung von Jugend. Gesellschaftliche Prozesse, subjektive Verarbeitungsformen, jugendpolitische Konsequenzen. Weinheim/ München 1990

KEUPP, H.: Auf dem Weg zur Patchwork-Identität? In: Verhaltenstherapie und soziale Praxis, 4 (1988), S.425-438

KOHLBERG, Lawrence: Zur kognitiven Entwicklung des Kindes. Frankfurt am Main 1974

NUNNER-WINKLER, Gertrud: Veränderte Wertorientierungen, neue Identitätskonzepte. In: Zukunftsforum Jugend 2000, Informationsdienst Nr. 3 (Leiterkreis der Evangelischen Akademien, W-7325 Bad Boll), Januar 1990, S.3-8

OLK, Thomas: Wertewandel oder Wertepluralismus? Jugendliche im Prozeß der Individualisierung. In: Zukunftsforum Jugend 2000, Informationsdienst Nr. 3 (Leiterkreis der Evangelischen Akademien, W-7325 Bad Boll), Januar 1990, S.9-16

OSER, Fritz: Moralisches Urteil in Gruppen - Soziales Handeln - Verteilungsgerechtigkeit. Frankfurt am Main 1981

OSER, Fritz / FATKE, Reinhard / HÖFFE, Otfried (Hrsg.): Tranformation und Entwicklung. Grundlagen der Moralerziehung. Frankfurt am Main 1986

PESTALOZZI, Johann Heinrich: Lienhard und Gertrud (1781-1787), gek. Studienausgabe Bad Heilbrunn (mehrere Aufl.)

POSTMAN, Neil: Das Verschwinden der Kindheit. Frankfurt am Main 7.A. 1982

ROGERS, Carl: Lernen in Freiheit. Stuttgart 1974

SCARBATH, Horst: "Neue Moral" der Jugend? In: Katechet. Blätter 98.Jg.1973, S.603-617

SCARBATH, Horst: Wiederentdeckung des kindlichen Ich - Hinweise und Fragen in pädagogischer Sicht. In: Günther BITTNER (Hrsg.), Selbstwerden des Kindes - ein neues tiefenpsychologisches Konzept. Fellbach-Oeffingen 1981, S.174-180

SCARBATH, Horst: Dr. Sommer & Co. als pädagogische Lückenbüßer? In: Horst SCARBATH und Veronika STRAUB (Hrsg.), Die heimlichen Miterzieher. Hamburg (Kath. Akademie) 1986, S.133-184

SCARBATH, Horst: Videokonsum und pädagogische Verantwortung. Köln 2.A.1987

SCHLEIERMACHER, Friedrich Daniel: Pädagogische Vorlesungen aus dem Jahre 1826. = Pädagogische Schriften, hrsg. v. Erich WENIGER und Theodor SCHULZE, Band 1, Düsseldorf/München 1957

Sinus-Institut (Hrsg.): Die verunsicherte Generation. Jugend und Wertewandel. Leverkusen 1983

Sinus-Institut (Hrsg.): Jugend privat. Verwöhnt? Bindungslos? Hedonistisch? Leverkusen 1985

TILLMANN, Klaus-Jürgen: Sozialisationstheorien. Reinbek 2.A.1990

WINNICOTT, Donald W.: Reifungsprozesse und fördernde Umwelt. München 1974

ZINNECKER, Jürgen: Jugend der achtziger Jahre - im historischen Spiegel der fünfziger Jahre. In: Hans-Werner CARLHOFF und Peter WITTEMANN (Hrsg.): Freiheit und Schutz (k)ein Interessenkonflikt. Stuttgart (ajs) 1986, S.11-30

4. JUGEND ZWISCHEN RESIGNATION UND HOFFNUNG

Versuch einer pädagogischen Antwort

Beitrag zum Marburger "Forum Philippinum"

Aus einem Rundfunkinterview: "Katja, du warst Punkfan?" - "Ja, ich war Punk, drei Jahre." - "Und was bist du jetzt?" - "Weiß ich nicht. 'Ich', wahrscheinlich 'ich'."

1. Pädagogisches Handeln als dialogisch-ermöglichendes Handeln

In das interdisziplinäre Gespräch über "Jugend und Gesellschaft" möchte ich einen sozialwissenschaftlich orientierten, aber dabei zugleich spezifisch *pädagogischen* Beitrag einbringen und zum weiterführenden, praxisbezogenen Diskurs anregen. Neben analytischen Hinweisen stehen somit auch Orientierungen für das pädagogische Handeln zur Debatte. In *dieser* Hinsicht der Tradition einer hermeneutisch-pragmatischen Erziehungswissenschaft verpflichtet (W.FLITNER 1963; vgl. SCARBATH 1979), klammere ich die Reflexion auf die Geltung von Normen und das Wagnis praktischer Empfehlungen nicht aus dem wissenschaftlichen Metier aus. Allerdings ist auch das pädagogische Handeln selbst angesichts gesellschaftlicher Strukturen und Problemlagen in seiner Reichweite begrenzter, als es in der Öffentlichkeit gemeinhin wahrgenommen wird. Eine der Konsequenzen aus aktuellen Analysen zum Thema "Jugend und Gesellschaft" scheint mir zu sein, daß der Blick auf die *pädagogische* Interaktion den Horizont des *politisch* Erforderlichen nicht verstellen darf. Der Pädagoge schuldet auf das Thema "Jugend und Gesellschaft - Realitätsbewältigung, Krisen und Auswege" demnach eine deutliche, aber auch grenzbewußte Antwort. Ich habe sie unter das Motto "Jugend zwischen Resignation und Hoffung" gestellt und eingangs die Äußerung eines ehemaligen Punk-Mädchens zitiert: In beidem sehe ich eine Spannung und eine daraus erwachsende Aufgabe symbolisch eingefangen. Die Ambivalenz von Hoffnung und Resignation erscheint mir kennzeichnend für die Oszillationen im Lebensgefühl und auch in der Lebenspraxis heutiger junger Menschen, und das "Ich-Selbst-Werden" steht für die altersspezifische

Aufgabe einer Identitätsbildung, die sich nicht an passive Anpassung an vorgegebene gesellschaftliche Normen oder an subkulturelle bzw. gegenkulturelle Standards beschränkt, vielmehr Realitätsbezug und Utopie wenigstens ansatzweise vermittelt.

Damit ist bereits das pädagogisch-anthropologische Vorverständnis vom jungen Menschen, seinem Erwachsenwerden und seiner Erziehung angesprochen, von dem ich im folgenden ausgehe: Jugend ist nicht einfach "Produkt" der jeweiligen Gesellschaft und ihrer sozialisatorischen Bedingungen und Interventionen. Das, was uns als "Jugend" in individueller oder auch gruppenspezifischer Erscheinungsgestalt begegnet, ist immer *zugleich* Ergebnis und Manifestation einer *eigenaktiven Auseinandersetzung* des jungen Menschen mit gesellschaftlichen Vorgaben und Erwartungen. Vielfach stellen die - manchmal irritierenden - Weisen der Selbstdarstellung und Lebensführung junger Menschen auch den symbolisch verschlüsselten oder offenen Versuch dar, uns Erwachsene in einen Diskurs über solche Bedingungen und Erwartungen zu bringen.

Das Erwachsenwerden des jungen Menschen kann daher in meiner Sicht als "Sozialisation" nicht *hinreichend* begriffen werden, und auch Erziehung betreibt, will sie nicht zu Dressur und "passiver Anpassung" (MITSCHER-LICH 1963) denaturieren, nicht bloß das Geschäft gesellschaftlicher Integration. Die Verabsolutierung gesellschaftlicher Sichtweisen - gleich welcher Provenienz - würde zurückfallen hinter die Einsicht PESTALOZZIs, wonach ich - im durchaus spannungsreichen Zusammenhang dieser Erfahrungen und Möglichkeiten - immer *zugleich* "Werk der Natur", "Werk meines Geschlechts" (in heutiger Sprache: Werk meiner Gesellschaft) und "Werk meiner selbst" bin ("Nachforschungen", PESTALOZZI 1797/1954, S.213ff.). Wir würden heute dieses Selbstwerden allerdings deutlicher als ein dialogisch angeregtes und unterstütztes fassen, erinnert von den Erfahrungen PESTALOZZIs im Umgang mit verwahrlosten Kindern und neuerdings insbesondere von der Dialogik Martin BUBERs und von der Psychoanalyse der Eltern-Kind-Interaktion, die von je unterschiedlichem Begründungshorizont her die dialogische zwischenmenschliche Beziehung als konstitutiv für solches "Selbstwerden" aufweisen (vgl. die noch zu wenig beachtete, konstruktiv weiterführende Studie Bertram PRIORs 1984).

Pädagogisches Handeln kann daher nicht begriffen werden als "Herstellen" oder "Machen", sei es eines gedachten künftigen Erwachsenen, sei es einzelner seiner Dispositionen und Qualifikationen. *Pädagogisches Han-*

deln zielt auf die dialogische Ermöglichung des Selbstwerdens und der Bildung des jungen Menschen. Erziehung hat somit eine katalytische Funktion: Sie ist für die Genese von Bildungsprozessen notwendig und anregend; jene sind aber Leistung des jungen Menschen selbst.

Unterstellt wird dabei, daß der junge Mensch immer schon Person *ist* (der Jugendliche somit, selbst gegen den Augenschein von extern definierten Unzulänglichkeiten, als gleichrangiger Dialogpartner ernst zu nehmen ist) *und* in einem lebenslangen Prozeß (wie wir alle, angesichts unserer eigenen Unzulänglichkeiten und Regressionen) Person *wird.*

Pädagogisches Handeln meint somit im Zentrum pädagogischer Verantwortung den dialogisch-fördernden Umgang mit den jungen Menschen selbst. In einem weiteren Sinn betrifft die pädagogische Verantwortung aber auch die Rahmenbedingungen der pädagogischen Interaktion und des Bildungsprozesses des jungen Menschen - angefangen von den pädagogischen Institutionen wie Familie, Schule oder Berufsausbildung bis hin zu den gesamtgesellschaftlich vermittelten Lebensbedingungen, Lebensformen und Zukunftschancen. Hier findet sich, jenseits voreiliger Identifikation beider Bereiche, der Zusammenhang von Pädagogik und Politik. Er darf nicht auf Schul- und Jugendpolitik im engeren Sinn beschränkt gesehen werden, betrifft vielmehr die Gestaltung und Weiterentwicklung des Gemeinwesens insgesamt.

2. Zwischen Resignation und Hoffnung - Jugendliche und Erwachsene gleichermaßen

Die Pädagogik befindet sich heute in einer radikal neuen Situation, die mit früheren Bildungs- und Sinnkrisen nicht vergleichbar ist. Pädagogisches Handeln zielt auf Ermöglichung von Zukunft. Es möchte der nachwachsenden Generation die Fähigkeit vermitteln, in einer heute unvorhersehbaren Zukunft nicht nur zu überleben, sondern das Leben produktiv zu gestalten. Erziehung lebt dabei von der Hoffnung, daß die kritische Aneignung und Weiterentwicklung von Traditionen, die Auseinandersetzung mit dem reflexiven und mythisch-symbolischen Gehalt der geschichtlichen Selbsterfahrung des Menschen dabei hilfreich sein könnte. Und sie steht dabei vor dem erstmals in aller Schärfe von SCHLEIERMACHER formulierten Problem der "Aufopferung des Moments", modern gesprochen, des Aufschubs aktueller Bedürfnisbefriedigung im Interesse des Lernens für die Zukunft (vgl. SCHLEIERMACHER 1826/1957, S.46ff.).

Wie nun aber, wenn die Zukunft angesichts der drohenden atomaren und ökologischen Selbstzerstörung der Menschheit in einem entschiedenen Sinn unsicher geworden ist? Die neue Qualität der Bedrohung liegt in deren Totalität und Irreversibilität. Erzieherisches Handeln, verstanden als Handeln im Dienst der Zukunft, gerät damit in eine doppelte Legitimationskrise: Zum einen wird die "Aufopferung des Moments" fragwürdig, zum anderen müssen sich die von der älteren Generation eingebrachten Wert- und Normorientierungen daraufhin befragen lassen, ob sie nicht am Entstehen jener globalen Bedrohung mitbeteiligt waren.

Jugendliche, und zwar gerade nicht deren statistischer Durchschnitt, sondern deren besonders sensible Minderheiten, waren in der neueren Zeit immer auch ein besonders guter Seismograph für derartige Krisen. Daher werden in den manchmal zugespitzten psychischen Verarbeitungsweisen einzelner Jugendlicher, aber auch in den kollektiven Symbolisierungen subkultureller Gruppen, Problemwahrnehmungen zurückgespielt, die die Gesellschaft als ganze betreffen.

Als exemplarischen Beleg möchte ich einen kurzen Ausschnitt aus dem Analyseband "Jugend auf dem Kirchentag" (SCHMIEDER/SCHUHMACHER 1984) vorstellen. Im Rahmen seines Beitrags "Gewaltfreie Radikalität - Wie Jugendliche ihre Zukunft einklagen" stellt der Theologe RAU fest: "Die Vermittlungsgröße für Religion und Politik heißt bei dieser Jugend 'Zukunft'! Das, was vitalem Leben das Selbstverständliche ist, daß es weiterlebt, daß das vorausliegende Leben das Leben erweitert und vertieft, daß Gegenwärtiges durch seine Ausdehnung in die Zukunft eine Bestätigung erhält ..., kurz, alle diese inneren Plausibilitäten des Lebens sind diesem mehr oder minder abhanden gekommen. Der vitale Plausibilitätsverlust, die Relevanzeinbuße für das Leben als solches: Sie lasten massiv auf den Gemütern der meisten Jugendlichen. Eine Studentin sagte mir während der Nachrüstungsdebatte: 'Ich kann doch nicht in Ruhe Bücher lesen, solange noch nicht verhindert ist, daß bei den Raketen nachgerüstet wird!' In unserem Gespräch konnte sie mir dann verständlich machen, warum für sie alles Alltägliche sinnlos wird, wenn das apokalyptische Weltende denknotwendig wird." (RAU in SCHMIEDER/SCHUMACHER 1984, S.210)

Neben dieser radikalen Verzweiflung begegnen mir in meinem Alltag als Hochschullehrer immer wieder auch Haltungen der Zuversicht, die mir gerade deswegen imponieren, weil sie nicht aus Realitätsflucht geboren sind, sondern in Konfrontation mit der drohenden Apokalypse und mit der bevorstehenden Arbeitslosigkeit gelebt werden. "Wenn ich hier schon studiere", so teilte mir ein angehender Diplompädagoge und derzeitiger Gelegenheitsarbeiter mit, "dann soll es mir und anderen auch etwas bringen." - "Etwas bringen": Damit war gerade nicht eine utilitaristisch kurzgeschlossene "Berufsorientierung" des Studiums gemeint. Noch nie habe ich seit längeren Jahren derart wache, an historischer und interdisziplinärer Vertiefung wie an philosophierendem Fragen interessierte Studentinnen und Studenten erlebt wie derzeit.

Ich möchte hier eine Vermutung zur Diskussion stellen, wie sie sich mir aus kritisch-skeptischer Analyse der zum Thema vorliegenden empirisch-quantitativen Enqueten, aber auch auf dem Hintergrund eigener Gehversuche im Bereich einer längerfristig angelegten, kontextbezogenen und interpretativ verfahrenden Jugendforschung nahelegt (vgl. SCARBATH/ PLEWIG/WEGNER 1981; PLEWIG/WEGNER 1984). Auch eine psychoanalytisch-sozialpsychologische Problemsicht weist in diese Richtung:

Hoffnung und Resignation, so meine Vermutung, sind insbesondere in kritischen Phasen der Persönlichkeitsentwicklung wie auch der gesellschaftlichen Entwicklung zwei sich polar ergänzende Verarbeitungsweisen der menschlichen Person, die *als ambivalente Tendenzen gleichermaßen vorhanden* sind, aber in unterschiedlichen Kontexten (Situationen, mitmenschlichen Begegnungen) unterschiedlich aktiviert werden.

Bereits die frühe Jugendpsychologie hatte das "Himmelhoch jauchzend, zu Tode betrübt" als Charakteristikum der Pubertät betont. Mir liegt jedoch daran, die hier vorgestellte heuristische Idee weder auf die Jugendentwicklung noch auf womöglich pathologische Verarbeitungsformen zu begrenzen (und diese nicht im einen Fall als "pubertär", im anderen als "krankhaft" zu stigmatisieren). Vielmehr möchte ich dafür plädieren, das Oszillieren zwischen Hoffnung und Resignation, selbst noch in der zugespitzten Form zwischen realitätsverdrängendem Optimismus und tiefer Verzweiflung, zunächst einmal versuchsweise als "normale" Verarbeitungsweisen zu verstehen - als "normal" jedenfalls angesichts unserer spezifischen, im herkömmlichen Sinn alles andere als normalen Lage.

Folgt man diesem Gedanken, so schließen sich notwendig zwei weitere an, die bereits zu einer pädagogisch-konstruktiven Fragestellung überleiten: (1) Erstens wird eine Jugendforschung mit Fragezeichen zu versehen sein, die meint, mit Hilfe punktueller Befragung verläßliche Informationen über Probleme und Entwicklungstendenzen heutiger junger Menschen gewinnen zu können. Die Kontinuität in der Diskontinuität, das Oszillieren vieler

Jugendlicher zwischen Hoffnung und Resignation (auch in unterschiedlichen Kontexten wie Schule, Beruf, Peergroup und Elternhaus) und die je interaktionell (z.b. auch in der Interviewsituation) hergestellte Vereindeutigung können, der Natur einer Momentaufnahme gemäß, gar nicht in den Blick kommen und reflexiv aufgearbeitet werden. Quantitative (statistisch verfahrende) Studien haben unerläßlichen, aber eben auch nur heuristischen Wert. Soll es nicht zu problematischer Klischeebildung kommen (vgl. früher "die skeptische Generation", "die Schlaffis" etc.), bedarf es der Ergänzung durch längerfristig angelegte, kasuistische Studien. Insbesondere wird dabei in den Blick kommen, daß *Lebensäußerungen junger Menschen immer auch interaktionelle Anfragen an die jeweiligen Erwachsenen sind, die mit ihnen umgehen.* In dem Maß, in dem diese als vertrauenswürdig (und das heißt auch: in einem produktiven Sinn angreifbar) werden, werden sie auch mehr (und anderes!) über die jungen Leute erfahren.

(2) Zweitens ergibt sich die Frage, ob nicht auch bei uns Älteren Hoffnung und Resignation nahe beieinander wohnen und ob unser psychosozialer Status als Erwachsener uns nicht hindert, uns dieser Ambivalenz und der dahinter liegenden Krisensituation angemessen zu stellen. Seit der frühen psychoanalytischen Pädagogik (insbesondere seit den Hinweisen BERNFELDs) sind wir immer wieder darauf aufmerksam gemacht worden, daß wir bei der Verhandlung sogenannter "Jugendfragen" und "Erziehungsfragen" immer *selbst* mit involviert sind - mit unserer eigenen Lebensgeschichte, unseren verdrängten Wünschen und existentiellen Alternativen, mit unseren latenten Ängsten. Es spricht viel dafür, daß wir - insbesondere in Situationen erhöhten Handlungsdrucks - dazu neigen, diese unsere personalen Anteile auszublenden und "Jugend" sozusagen als exterritorialen, neutralen Bereich auszugrenzen. Derart objektivistischen, die eigene Beteiligung und Betroffenheit leugnenden Haltungen entspringen klischeehafte Jugendbilder ebenso wie bloß manipulative, technologische Erziehungskonzepte, bei denen man meint, junge Menschen wie einen Werkstoff bearbeiten zu können und nach den Regeln technischer Zweck-Mittel-Rationalität eine "erwünschte Endgestalt des Verhaltens" produzieren zu können. Nicht zuletzt bietet sich Jugend auch als Folie an, auf die die eigenen verdrängten Konflikte und Strebungen projiziert werden - von der Wertkrise bis zu latenten sexuellen oder destruktiv-aggressiven Impulsen. Ein pädagogisch-konstruktiver Zugang erschließt sich erst in der Einsicht, daß Erwachsene und junge Menschen gleichermaßen von aktuellen Bedrohungen betroffen sind und daß sie gleichermaßen - wenn auch in unter-

schiedlichen Verarbeitungs- und Äußerungsformen - zwischen Hoffnung und Resignation hin- und hergeworfen sind. Erst auf dieser Basis, jenseits der Klischees und Projektionen, könnte das spezifisch Pädagogische zur Geltung kommen. Grundsätzlich, aber ganz besonders für das Jugendalter, betone ich hier die Handlungsfigur des empathisch-fördernden Verstehens und die Bedeutung einer pädagogischen Autorität, die aus glaubhaft gelebter Existenz erwächst.

3. Jugendpädagogische Akzente

Einem Bericht über Gespräche mit Wehrdienstverweigerern entnehme ich folgenden Hinweis: "Sie haben schon viele Anläufe gemacht, das Thema 'Frieden ohne Waffen' mit Politikern, Gewerkschaftern und Kirchenmännern zu erörtern. Aber, so meinen sie, der 'Dialog' mit den Erwachsenen leidet an Sprachlosigkeit. Keiner versteht den anderen." (TRAUB in HORNSTEIN 1982, S.215)

Aus anderen Quellen ließen sich eine ganze Reihe ähnlicher Belege beisteuern: Die subjektive und gruppenspezifische Erfahrung, von Erwachsenen nicht verstanden zu werden, dahinter aber auch - oft verdeckt und verschlüsselt - der Wunsch, in konkreten Erwachsenen empathisch-fördernde Partner zu finden, ist heute weit verbreitet. Bereits die frühe Jugendpsychologie (besonders Eduard SPRANGER) hatte dieses Verstehensbedürfnis herausgearbeitet. Die Fremdheitserfahrung, aber auch die von projektiven Mechanismen gespeiste Verweigerung empathischer Verstehensleistungen, scheint zwischen den Generationen mit der Beschleunigung des gesellschaftlichen Wandels seit etwa 1880 ständig zu wachsen.

Es ist heute auf öffentlichen Foren (vgl. z.B. Voten in REMSCHMIDT 1986) oft davon die Rede, man müsse vom jungen Menschen mehr fordern. Ich möchte zunächst einmal den Spieß umdrehen: Vom *Erzieher* ist mehr zu fordern, nämlich mehr Bereitschaft zum Hinhören, zum "zweiten Blick" auf die (manchmal im "Schwierigsein" verschlüsselten) Anfragen und produktiven Selbstgestaltungstendenzen junger Leute, zum vorurteilsfreien Gespräch.

Pädagogisches Verstehen heißt zunächst einmal, von voreiligen Bewertungen und Etikettierungen abzusehen. Es heißt sodann, die Situation des Jugendlichen und seine Beziehung zu seiner Mitwelt (somit auch zu mir) so weit wie möglich einmal aus dessen Standort und Perspektive wahrnehmen zu lernen. Der Psychologe Carl ROGERS hat hierfür ein Bild gebraucht, das mir deswegen so hilfreich erscheint, weil es zugleich den Perspektivwechsel bezeichnet und andererseits Verschmelzungs- und Vereinnahmungsideen vermeidet: Beim empathischen (einfühlenden) Verstehen, so ROGERS, gehe es darum, "in den Schuhen des anderen zu stehen" (ROGERS 1974; vgl. unten Kapitel 7). Verstehen, dies ist im Blick auf mißverstehende Kritik von "rechts" und "links" festzuhalten, hat weder etwas zu tun mit einer Laissez-faire-Haltung, die alles akzeptiert, noch mit kolonialisierender Bemächtigung der Existenz des anderen. Der um Verstehen und wechselseitige Verständigung Bemühte achtet die Andersartigkeit des Partners. Er muß auch die Grenzen der jeweiligen Verständnismöglichkeiten achten, geduldig zuwarten, bis ihm der andere in Gespräch oder in nonverbalen Signalen allmählich Vertrauen schenkt.

Aber pädagogisches Verstehen bedeutet auch, daß der um Verstehen Bemühte *Resonanz* gibt auf die "Erfahrung der Gegenseite" (Martin BUBER). Pädagoginnen und Pädagogen sind im Verstehensprozeß als lebendige Menschen gefordert, die selbst für etwas einstehen, die die Momente des Jung-Seins in ihrer eigenen Person noch nicht abgetötet haben und die sich den verbalen und nonverbalen Anfragen von Kindern und Jugendlichen wirklich öffnen können. Hier kommen zwei weitere Qualitäten ins Spiel, die "hinreichend gute" Pädagoginnen und Pädagogen auszeichnen - wie in der Schule, so auch im Elternhaus und in anderen pädagogischen Feldern: *pädagogischer Takt* und *persönliche Autorität*.

Unter *pädagogischem Takt* verstehe ich die Fähigkeit, zwischen Nähe und Distanz im pädagogischen Umgang situations- und personengerecht zu balancieren. Solcher Takt ist bereits bei Kindern im Vor- und Grundschulalter geboten. Im Jugendalter verschärft sich die Frage nach der jeweiligen Interventionsberechtigung des Erwachsenen, und die noch labile psychosoziale Autonomie der jungen Menschen darf nicht durch - noch so gut gemeinte - pädagogische Aktionen und Gesprächsangebote ständig bedroht werden. Jugendliche schätzen vielfach den erwachsenen Partner, der sie nicht ständig "anquasselt" und weiß, wann er sie in Ruhe lassen muß - der aber auch spürt, wann er gebraucht wird.

Daß junge Menschen - gleich an welchem Lernort - Erwachsene haben, die an ihrem Schicksal wirklichen Anteil nehmen und als vertrauenswürdige Gesprächspartner "abrufbar" sind, scheint heute keineswegs selbstverständlich. Ich habe vor nicht allzu langer Zeit ein Anfängerseminar gefragt, ob die Anwesenden während ihrer letzten Schuljahre Lehrerinnen oder Lehrern begegnet seien, die ihnen auch für den Rat in menschlichen -

außerunterrichtlichen - Fragen vertrauenswürdig gewesen seien. Das Entsetzen, das sich ausbreitete, als sich ergab, keiner der Teilnehmer wisse von solch einer Person zu berichten, befällt mich auch jetzt wieder, wenn ich mich an jene Stunde erinnere.

Sicher, es gibt auch positive Gegenbeispiele. Wichtig erscheint mir auch die Bemühung, die Rolle und den Handlungsspielraum des Klassenlehrers (vgl. STRUCK 1981) und des Tutors zu stärken, aber auch generell in Bildung und Fortbildung *aller* Lehrerinnen und Lehrer die Kompetenzmomente des pädagogisch-psychologischen Verstehens und der Beratung zu stärken. Was hierzu unter dem Stichwort "Psychodiagnostik" angeboten wird, ist oft weniger hilfreich als erwartet, folgen solche Konzepte und Test-Instrumente doch meist dem von mir kritisierten empiristisch-vergegenständlichenden Erkenntnismuster und entbehren genau jener kommunikativen, situationsbezogenen Empathie und Realität, die mir wesentlich erscheint. Besser wäre es da, den Spuren der Pioniere einer psychoanalytisch orientierten Pädagogik zu folgen, etwa des Schweizer Lehrers Hans ZULLIGER (vgl. BITTNER in FATKE/SCARBATH 1991), praxisbezogene Gruppenarbeit im Sinne BALINTs zu pflegen oder die Tragfähigkeit neuerer psychoanalytisch-pädagogischer Verstehenskonzepte zu erproben, wie sie in besonders eindrücklichen Fallbeispielen etwa bei Gerd E. SCHÄFER zugänglich sind.

Persönliche Autorität von Eltern, Lehrern und Erziehern, wie sie mir im Interesse der Identitätsbildung und des Entwicklungsfortschritts von Jugendlichen unerläßlich scheint, kann nicht abstrakt postuliert oder im praktischen Umgang ertrotzt werden. Neben der Fehlform der autoritären Erzieherhaltung, die trotz aller pädagogisch-psychologischen Analysen wohl in unserer Sozialkultur noch nicht wirklich abgearbeitet ist und für deren Wiedererstarken es auch gelegentliche Anzeichen gibt, fallen mir derzeit insbesondere zwei andere problematische Haltungen auf: eine Vermeidungshaltung, die Konflikten aus dem Weg zu gehen trachtet und oft bei professionellen Erziehern mit dem Versuch einhergeht, Person und Job, Wissensvermittlung und weitergehende pädagogische Aufgaben klar zu trennen; auf der anderen Seite der Versuch, sich selbst als vorbildhafte Modellperson zu stilisieren - mit dem unausweichlichen Preis von Selbstüberforderung oder Lächerlichkeit.

Autorität wird immer interaktionell hergestellt, also zugesprochen und widerrufen. Pädagogisch konstruktiv wird sie gerade dann, wenn ich nicht Vorbild sein *will*, sondern wenn ich redlich an der Klärung der mir aufgegebenen Lebensprobleme arbeite, wenn ich mich als Person - und nicht bloß als Pädagoge - für etwas interessiere und für etwas einstehe. Ein Lehrer, der selber Texte schreibt und erkennbar Literatur und Theater liebt, vermag mehr an literarischen Bildungsprozessen anzuregen als einer, der den Vergleich von Literaturtheorien durchturnen kann, über sein persönliches Verhältnis zur Literatur aber den Schülern nichts zu erkennen gibt. Zur pädagogischen Autorität gehört daher für mich heute auch der glaubwürdige Umgang mit den je eigenen Erfahrungen der Angst, der Ohnmacht und des Scheiterns. Und nicht zuletzt ein Humor, der zu allererst davon befreit, die eigene Person und auch die eigene Autorität übertrieben ernst nehmen zu müssen. Es gibt viele Hinweise darauf, wie leicht Humor in der Erziehung abgleiten kann in verletzende Ironie, in Gelächter auf Kosten des anderen. Humor beweise ich erst dann, wenn ich auch über mich selbst, meine Pannen und Unzulänglichkeiten lachen kann.

Ich möchte schließen mit einem kritischen Hinweis. In der Gegenwart wird gelegentlich der Ruf laut, wir bräuchten wieder neue Selbstverständlichkeiten, an denen sich Kinder und Jugendliche schlicht zu orientieren hätten. In der Erziehung komme es zu allererst und vorrangig darauf an, junge Menschen an Vorgegebenes anzupassen und dafür zu sorgen, daß sie gesetzte Wertorientierungen ohne Wenn und Aber verinnerlichen.
Diese Forderung beim Wort zu nehmen, hieße einen Rückfall ins 17. Jahrhundert, also in die vorkritische Epoche unserer Pädagogik zu begehen. Denn das Postulat einer Erziehung zur Mündigkeit stellt keine Erfindung "emanzipatorischer" oder "antiautoritärer" Pädagogik dar; es verdankt sich vielmehr Einsichten unserer klassischen Pädagogik, hinter die wir nicht zurückfallen dürfen: Pädagogik kann, zumal in komplexen (pluralen und dynamischen) Gesellschaften nicht nach dem Nürnberger-Trichter-Modell bloß rezeptiven und unkritisch-identifikatorischen Lernens konzipiert werden. Der Bildungsprozeß ist vielmehr von Anfang an als ein dialogischer und zunehmend als ein diskursiver Prozeß zu ermöglichen, in dem auch die Geltung von Normen in Frage steht. Eine nur passiv anpassende Erziehung wäre angesichts der Offenheit und Dynamik der gesellschaftlichen Entwicklung auch in rein soziologischer und ökonomischer Sicht dysfunktional. Bereits SCHLEIERMACHER hatte in seinen Pädagogischen Vorlesungen von 1826 gefordert, Erziehung solle den jungen Menschen nicht nur tüchtig machen, in die vorfindlichen gesellschaftlichen Institutionen und Lebenskreise einzutreten; er solle auch befähigt werden, diese tätig weiterzuentwickeln (SCHLEIERMACHER 1826/1957). Unter den modernen Konzepten sei hierzu besonders auf die an Lawrence KOHLBERG an-

schließende Entwicklungspsychologie und Pädagogik hingewiesen. Dieser Ansatz berücksichtigt zwar noch zu wenig die emotional-affektiven Grundlagen und Momente des Selbstwerdens und bedarf daher der kritisch-konstruktiven Ergänzung. Das schmälert aber nicht das Recht des dort zu unserer Fragestellung vorgetragenen Leitgedankens: KOHLBERG, der deutlich von KANTs Unterscheidung von bloßer Sitte (= Konvention) und wahrhafter Sittlichkeit beeinflußt ist, weist dem Jugendalter die Entwicklungsaufgabe des Übergangs von der konventionellen Stufe der moralischen Entwicklung zu der postkonventionellen Stufe zu, auf der der junge Mensch dazu gelangt, gesellschaftliche "Selbstverständlichkeiten" nach Maßgabe universeller Prinzipien kritisch zu prüfen und zu transzendieren. Wenn schon neue Selbstverständlichkeiten, so möchte ich zusammenfassend plädieren, dann eher "Tugenden zweiten Grades", die junge Menschen und Erwachsene gleichermaßen benötigen: etwa die Bereitschaft und Fähigkeit zum Aufeinander-Hören, zum Dialog, zum pädagogisch-fördernden Verstehen - und zum Eingeständnis der eigenen Ambivalenz zwischen Resignation und Hoffnung.

Literatur

BERNFELD, Siegfried: Sisyphos oder die Grenzen der Erziehung. Leipzig, Wien und Zürich 1925. Neuausgabe Frankfurt am Main 1967

FLITNER, Andreas: Mißratener Fortschritt. München 1977

FLITNER, Wilhelm: Das Selbstverständnis der Erziehungswissenschaft in der Gegenwart. Heidelberg 3.A. 1963

HORNSTEIN, Walter (Hrsg.): Unsere Jugend - Über Liebe, Arbeit, Politik. Weinheim/Basel 1982

KOHLBERG, Lawrence: Zur kognitiven Entwicklung des Kindes. Frankfurt am Main 1974

MITSCHERLICH, Alexander: Auf dem Weg zur vaterlosen Gesellschaft. München 1963

PESTALOZZI, Johann Heinrich: Ausgewählte Schriften, hrsg. v. Wilhelm FLITNER. Düsseldorf/München 1954; Neuausgabe Frankfurt, Berlin und Wien 1983

PLEWIG, Hans-Joachim / WEGNER, Thomas: Zur Genese von Devianz im frühen Jugendalter. (Projektleitung Horst SCARBATH.) Heidelberg (Institut für Kriminologie) 1984

PRIOR, Bertram: Selbst-Sein und Selbst-Werden in Beziehungen. (Pädagogische Versuche Band 12) Frankfurt am Main 1984

ROGERS, Carl: Lernen in Freiheit. München 1974

SCARBATH, Horst: Erziehungswissenschaft. In: Barbara KOCHAN / Elisabeth NEUHAUS-SIEMON (Hrsg.), Taschenlexikon Grundschule. Königstein/Ts. 1979, S.112-118

SCARBATH, Horst / PLEWIG, Hans-Joachim / WEGNER, THomas: Selbstthematisierung von Kindern im Tagesheim angesichts drohender Devianz. In: Zeitschrift für Pädagogik 27 (1981), S.363-378

SCHÄFER, Gerd E.: Spiel, Spielraum und Verständigung. Untersuchungen zur Entwicklung von Spiel und Phantasie im Kindes- und Jugendalter. Weinheim / München 1986

SCHLEIERMACHER, Friedrich Daniel: Pädagogische Schriften, hrsg. v. Erich WENIGER und Theodor SCHULZE. Erster Band: Die Vorlesungen aus dem Jahre 1826. Düsseldorf/ München 1957

SCHMIEDER, Tilmann / SCHUHMACHER, K. (Hrsg.): Jugend auf dem Kirchentag. Stuttgart 1984

SPRANGER, Eduard: Psychologie des Jugendalters. Leipzig 1924; Heidelberg 26.A. 1960

STRUCK, Peter: Pädagogik des Klassenlehrers. Hamburg 1981

TRAUB, I.: Frieden schaffen ohne Waffen? - Über Gespräche mit Wehrdienstleistenden und Zivildienstleistenden. In: HORNSTEIN 1982

WEHLING, Hans-Georg (Red.): Jugend, Jugendprobleme, Jugendprotest. Stuttgart u.a. 1982

5. MEDIEN ALS SEKUNDÄRE UMWELT
Zur Mediennutzung und Medienwirkung im Kindes- und Jugendalter in pädagogischer Sicht

Die modernen Massenmedien stellen ein wesentliches Moment unserer Umwelt dar, und sie bestimmen zunehmend die Lern- und Entwicklungsumwelt junger Menschen. Umweltforschung und Umwelterziehung müssen - einem humanökologischen Ansatz folgend - diesen Sachverhalt in ihr Problembewußtsein einbeziehen. Auf dem Hintergrund eigener medien- und sozialpädagogischer Forschungsarbeit möchte ich auf die Ambivalenzen unserer medialen Lage aufmerksam machen und einige pädagogisch-psychologische Zusammenhänge beleuchten, um zum Nachdenken über pädagogische und gesellschaftspolitische Antworten auf jene "heimlichen Miterzieher" (SCARBATH/STRAUB 1986) anzuregen.

Kurz möchte ich mein anthropologisches und wissenschaftstheoretisches Vorverständnis offenlegen. Es bestimmt auch mein - je revisionsoffenes - Verständnis des Verhältnisses von Mensch und Umwelt, hier: des kindlichen und jugendlichen Entwicklungs- und Aneignungsprozesses, ebenso aber auch meine forschungsmethodischen Leitideen und meine Vorsicht gegenüber überzogenen Gewißheitsansprüchen von Wissenschaft.

Ich gehe aus von einem Verständnis bereits der kindlichen und der jugendlichen *Person* als eines eigenaktiven, ganzheitlichen und *in dynamischen Wechselwirkungsprozessen mit seiner Mitwelt und Umwelt stehenden Wesens*. Damit sind naive Wirkungsmodelle nach dem Muster der "tabula rasa" (der unbeschriebenen Wachstafel, in die die prägenden Umwelteinflüsse erst eingedrückt werden müssen, damit "Charakter", d.h. das Geprägte entsteht) oder des "Nürnberger Trichters" (mit dessen Hilfe Informationen dem Kopf eingeflößt werden und sich dort ungefiltert ablagern) abgewehrt - Vorstellungen, denen die Wissenschaft längst den Abschied gegeben hat, die aber in Abtönungen im öffentlichen Bewußtsein noch mächtig nachwirken.

Ebenso einseitig ist aber die gegenteilige Auffassung, wie sie der sich selbst so bezeichnende "radikale Konstruktivismus" vertritt: Danach wird das Bild der Wirklichkeit nur in unseren Köpfen konstruiert. Diese Auffassung, die mit Elan bis hinein in Funkkollegs propagiert wird, enthält ein Körnchen Wahrheit, indem sie die je subjektiven Verarbeitungsweisen medialer Information ernst nimmt. Aber sie gerät zur gefährlichen Halbwahrheit immer dann, wenn sie dieses Moment verabsolutiert. Die sozialethische Qualität angebotener Medieninhalte (samt den dahinterstehenden ökonomischen und politischen Interessen) bleibt hier weitgehend unaufgeklärt, und die in Medien *auch* enthaltenen problematischen Lernimpulse werden tendenziell verharmlost.

Eine ganzheitliche Sicht der menschlichen Person erschließt aber auch die affektiv-emotionalen und darin lebensgeschichtlich vermittelten Aspekte von Mediennutzung und Medienwirkung. So sehr die "kognitive Wende" oder das "epistemologische Subjektmodell" gegenüber bloß verhaltenstheoretischen Konzepten einen Fortschritt darstellen, indem sie die Eigenaktivität des lernenden und sich entwickelnden Subjekts ernst nehmen, so sehr bleiben wir dabei auf Prozesse des Wahrnehmens und Urteilens begrenzt. Gerade der Umgang mit den Nutzungsbedürfnissen und Nutzungsgewohnheiten mancher junger Menschen - etwa von Horror- und Gewaltszenarios - verweist aber auf eine individuelle und kollektive Tiefendynamik, die sich dem Verständnis jenes Ansatzes entzieht.

Auch der vorliegenden Skizze liegt daher ein mehrperspektivisches Verständnis von Human- und Erziehungswissenschaft (SCARBATH 1979) zugrunde, in dem sich zum Beispiel lerntheoretische und tiefenpsychologische Zugänge ergänzen. Formelhaft gesprochen, gehe ich dabei im Zusammenhang einer *personal-dialogischen Pädagogik* von einem "humanökologischen" Wechselwirkungsmodell aus, wie es beispielsweise durch die Entwicklungskonzepte von PIAGET oder WINNICOTT nahegelegt wird. Ich berichte auf dem Hintergrund von Forschungsarbeit inhaltsanalytischer und/oder devianzpädagogischer Akzentuierung, so der Analyse von Medien, deren Eignung zur Jugendgefährdung im Sinne des deutschen Jugendrechts (Gesetz über die Verbreitung jugendgefährdender Schriften) zu prüfen war (vgl. SCARBATH 1987, Anhang), oder der begleitendinterpretativen Untersuchung der Frage, wie "gefährdete" Kinder und Jugendliche mit der Tatsache umgehen, daß sie als abweichend oder kriminell definiert werden, und welchen "Sitz im Leben" die Nutzung problematischer Medien hier einnimmt.

Um zu einer differenzierten Problemsicht zu gelangen, ist es zunächst notwendig, sich mit dramatisierenden Zuspitzungen auseinanderzusetzen, wie sie - oft mit einseitig negativer Bewertung der modernen Massenmedien - in der gegenwärtigen Kultur- und Technikkritik begegnen. Besondere Resonanz fanden hier die Thesen von Neil POSTMAN (1982) und Hartmut von HENTIG (1984). POSTMAN, der die Mediensituation in den USA vor Augen hat, vertritt die These, daß elektronische Medien die Kindheit zum

Verschwinden brächten, denn insbesondere das Fernsehen als "das Medium der totalen Enthüllung" erschließe den Kindern "... zuviel sexuelles Wissen, zuviel Gewalt oder zuviel Erwachsenenwahnsinn" (1982, S.97 bzw. 107).

Gegen POSTMANs Einschätzung sind aus meiner Sicht drei Einwände geltend zu machen: (1) Erstens macht POSTMAN die geschichtlich-gesellschaftliche Konstitution von Kindheit einseitig am Vorenthalten von Erwachsenenwissen fest. Andere wesentliche Momente der Konstitution von Kindheit wie die Freisetzung vom Arbeitsprozeß (Verbot der Kinderarbeit seit dem 19. Jahrhundert) und die Anerkennung altersspezifischer Fragehaltungen, Verarbeitungsweisen und Tätigkeiten von Kindern bleiben ausgeblendet. (2) Zweitens geht POSTMAN von der (naiven) Annahme aus, daß die durch Medien präsentierte sekundäre Wirklichkeit von Erwachsenen, Jugendlichen und Kindern in gleicher Weise genutzt und subjektiv verarbeitet werde. Ein Beispiel: Der "Denver Clan" in den Köpfen und Herzen von Kindern ist vermutlich etwas anderes als in den Köpfen und Herzen von uns Erwachsenen. (3) Drittens schließlich ist auch die Pauschalität nicht haltbar, in der POSTMAN über die elektronischen Medien, aber auch über Entwicklungsprozesse des sozialen Verhaltens und beider Zusammenhang spricht. Kindheit ist entgegen POSTMANs publikumswirksamer These nicht im "Verschwinden" begriffen, aber sie wird zunehmend belasteter - nicht nur, aber auch durch die mediale Umwelt. Aber ein kulturkritischer Katastrophismus ist gerade *nicht* geeignet, Gefahren und Chancen differenziert wahrzunehmen.

Hartmut von HENTIG geht noch weiter als POSTMAN - bei ihm ist es nicht nur die Kindheit, die im Verschwinden begriffen ist, sondern "die Wirklichkeit" (vgl. den Buchtitel 1984). Es geht ihm aber nicht nur darum, daß die modernen Medien immer mehr Wirklichkeit aus zweiter Hand produzieren, sondern daß diese sekundäre Wirklichkeit unsere primäre Begegnung mit Mitmensch und Mitwelt verdrängt und zu einer Pseudowirklichkeit neuer Art gerät, die uns vollständig in Bann hält. Das Medium als Mittel verselbständige sich zum Selbstzweck. HENTIG warnt daher vor den "Folgen, die eine uferlose Mediatisierung unserer Wahrnehmungen, Vorstellungen, Beziehungen für unser Leben überhaupt hat" und schließlich (im Anschluß an Jerry MANDER) vor der "Enteignung der Erfahrung" (1984, S.86).

Es ist von HENTIG zu danken, daß er die aktuelle, oft sehr kurzatmige Mediendebatte auf die philosophisch-anthropologischen Grundfragen der

Konstitution von Wirklichkeit zu erweitern sucht. Genau hier aber setzen meine Einwände an: "Wirklichkeit" ist uns nie einfach "gegeben"; sie ist immer schon kulturell-gesellschaftlich vermittelt und wird durch subjektive und intersubjektive Aneignungs- und Deutungsleistungen mitkonstituiert.

Daß das, was wir "primäre Wirklichkeit" nennen, in solchem Zusammenhang oft schon von inneren und äußeren Bild- und Zeichenwelten mitbestimmt und insofern medial durchdrungen ist, lehrt die Kulturgeschichte (vgl. hierzu meinen Beitrag "Das Haupt der Medusa. Medienfurcht und Faszination im Wandel der Geschichte." In: SCARBATH/STRAUB 1986, S.13-32).

Medien als Werkzeuge ("das Vermittelnde") und Medieninhalte als kulturelle Symbolbestände ("das Vermittelte") sind von jeher Momente der *conditio humana*. Die weiterführende Frage lautet daher nicht, wo es noch "Wirklichkeit" im telematischen Zeitalter gibt, sondern: wie heute, angesichts der Entwicklungen der Medienwelt, das Verhältnis von primärer und sekundärer Natur des Menschen so ausbalanciert werden kann, daß die je konkreten Menschen keinen Schaden nehmen.

Mit solcher Kritik und Gegenkritik im Rücken läßt sich nun angemessener fragen: Was bedeutet es für das Aufwachsen, daß insbesondere akustische und audiovisuelle Medien den Alltag von Kindern, Jugendlichen und Erwachsenen zunehmend durchdringen, daß wir uns unterschiedlichste "Wirklichkeiten aus zweiter Hand" jederzeit mit Knopfdruck herbeizaubern können, und schließlich auch, daß dabei ethisch problematische und entwicklungsbeeinträchtigende Medienprodukte immer wieder Resonanz finden?

Nur kurz hinweisen kann ich im vorliegenden Zusammenhang auf eine Problematik, die auch von HENTIG angesprochen wird und die einer eigenen, didaktisch fundierten Erörterung bedarf: Aus der Schulpraxis wird häufig berichtet, Kinder begegneten anläßlich von Exkursionen in die freie Natur deren Phänomenen, etwa einem Käfer oder einem Schmetterling, relativ interesselos; sie begründeten dies damit, dank eines Fernsehfilm wüßten sie darüber ja "schon alles". Und Lehrerinnen und Lehrer sehen sich und das Unterrichtsgeschehen häufig an Rolle und Szenario des Quizmasters und der Fernsehunterhaltung gemessen - und dabei negativ bewertet.

Letzteres mag ein guter Impuls für lebendigeren Unterricht und auch eher aktivitätsorientierte, projektartige Unterrichtsvorhaben sein; die sozialisatorisch vermittelte Erwartungshaltung des "Unterhaltenwerdens" in rasch wechselnden "spots" schadet aber andererseits der Zielsetzung eines Lern-

und Arbeitsprozesses, der längere Spannungsbögen durchhält und ein bekömmliches Maß eigener Anstrengung abfordert. Massenmedien wirken somit durchaus tiefgreifend auf kindliche Welthaltungen und Lernmotivationen ein.

Hinzuweisen ist hier auch auf die heimliche Ideologie des Knopfdrucks, wonach ich mir je nach Bedürfnislage unterschiedlichste Bild- und Tonwelten herbeirufen und diese hin- und herschaltend wechseln oder abbrechen kann ("tele-hopping") - ein Muster (pattern) bloß technischer Bedürfnis- und Konfliktbearbeitung, das insbesondere dann problematisch wird, wenn es zur Gewohnheit gerät und sinnvolle andersartige Handlungsmöglichkeiten (z.b. mitmenschliche Kommunikation, körperliche Betätigung, kreatives Gestalten) verdrängt.

Neben solchen formalen Nutzungs- und Wirkungszusammenhängen stehen die inhaltlichen zur Debatte. Ich betone hier wie auch in anderem Zusammenhang (etwa zur kommerziellen Jugendzeitschrift BRAVO: in SCARBATH/STRAUB 1986, S.133-184 oder zum Magazin über den Vietnamkrieg NAM, SCARBATH 1988b) die *verborgenen Lernimpulse eines Mediums*, also Identifikationsangebote, Wertorientierungen und Konfliktlösungsmuster von im Einzelfall sehr problematischer Qualität, die sich erst dem geschulten analytischen Zugriff erschließen und die - beispielsweise in der öffentlichen Debatte über Gewaltvideos und Horrorfilme - angesichts drastischerer und die Wahrnehmung bannender Gestaltungselemente leicht unbemerkt bleiben, dafür aber um so effektiver im Sinne des Erwerbs und der Verstärkung von Einstellungen und Verhaltensbereitschaften sein können.

Als Beispiel mag der Videofarbfilm "Tanz der Teufel" dienen (vgl. *Bundesprüfstelle* 1984 und SCARBATH 1984), zu dem der Roman "Evil Dead" des amerikanischen Bestseller-Autors Stephen KING als Vorlage diente und von dem auch eine Kinofilmausgabe verbreitet wurde: Eine Studentengruppe unternimmt einen Ausflug zu einer einsamen Berghütte in Tennessee und wird dort bald von unerklärlichen Erscheinungen geängstigt. Sie entdeckt ein in Menschenhaut gebundenes Buch und ein Tonband. Beider Vergegenwärtigung löst einen bösen Zauber aus, in dessen Folge die Studentinnen und Studenten nacheinander zu zombiehaften Wesen verwandelt werden und die jeweils noch "menschlich" Gebliebenen angreifen - wobei diese sich nicht minder grausam zur Wehr setzen. (Die Details der in Großaufnahme und Horrorakustik inszenierten Zerfleischung erspare ich uns.)

Die analytische Aufmerksamkeit darf sich hier nicht vom Schock bannen lassen. Außer auf die grob-destruktiven (und hierin inhumanen) Details muß sie achten auf Gestaltungselemente wie
- die Selbstzweckhaftigkeit und Kontextlosigkeit der Darstellung,
- die Rechtfertigung noch der extremsten Gewalttätigkeit als Gegengewalt,
- das Angebot von polarisierten Freund-Feind-Schemata (hier durchsetzt vom Bild des Gegeners als Halb- oder Untermensch),
- die Vorstellung eines konkreten Gegenmodells zu Mitleid und Erbarmen (systematische Mißachtung der Hilfe- und Erbarmensappelle der wehrlosen Opfer) sowie
- bei alledem die bekräftigende Präsentation inhumanen Verhaltens als erfolgreich.

Aber auch bei scheinbar harmloseren und eher alltäglichen Mediengattungen und Medieninhalten lassen sich verborgene Lernimpulse aufweisen. Annamaria RUCKTÄSCHEL unternimmt derzeit eine Analyse von Unterhaltungsserien des Fernsehens (von "Dallas" bis zur "Schwarzwaldklinik") und entdeckt dabei sehr hintergründige Verstärker eines problematischen Frauenbildes (mündlicher Zwischenbericht im Institut für Interdisziplinäre Kultur- und Medienforschung Hamburg).

Ich selbst konnte anhand eines Jahrgangs der Jugendzeitschrift BRAVO nachweisen, daß "zu sozial- und sexualethischer Desorientierung" im Sinne des deutschen Jugendmedienschutzgesetzes (GjS) "geeignete" Momente gar nicht immer in den umstrittenen, direkt sexualthematischen Beiträgen (des "Dr. Sommer" und seiner Nachfolger) zu finden waren, sondern im Einzelfall beispielsweise in einer Folge von Star-Interviews: Diese präsentierte in je verstärkender Wiederholung ein fragwürdiges Normalitätskonzept, wonach sämtliche interviewten Stars ihre ersten Koitus-Erfahrungen angeblich mit 15 Jahren gesammelt hatten. Dieses über Leitfiguren präsentierte Orientierungsmuster blieb ohne jede Problematisierung. Auch innerhalb der Beratungsserien zu sexuellen Themen gab es solche verborgenen Lernangebote zu entdecken, beispielsweise im Einzelfall die Ausblendung psychosozialer und ethischer Aspekte aus der "Aufklärung", die mit Autoritätsanspruch vorgetragen wurde (vgl. SCARBATH in SCARBATH/ STRAUB 1986, S.133-184, hier bes. S.157ff.).

Die sozialisatorische Bedeutung derartiger Impulse ist im Kontext hoher Leser-Blatt-Bindung und schwach entwickelter familialer und schulischer Sexualerziehung erheblich - auch in quantitativer Hinsicht bei damals (und auch derzeit) wöchentlich über 1 Million verkaufter BRAVO-Exemplare, das heißt nach der üblichen Schätzung somit wöchentlich über 2 Millionen junger Leserinnen und Leser im deutschen Sprachraum. Jedoch soll mit diesen Hinweisen kein pauschales Vorurteil gegenüber kommerziellen Jugendzeitschriften aufgebaut oder verstärkt werden - immer kommt es auf die Prüfung des medialen Einzelfalls an.

Es gehört heute zum Qualifikationsprofil "hinreichend guter" Lehrerinnen und Lehrer, daß sie die von jungen Menschen genutzten Medien kennen, daß sie deren im Einzelfall gefährlichen - wie auch die förderlichen oder bloß unterhaltend-harmlosen - Inhalts- und Gestaltungsmomente analytisch durchschauen und darüber ein behutsames, pädagogisch-verständiges und auch einmal humorvolles Gespräch führen können.

Mit Bedacht sprach ich bislang von *"Lernimpulsen"* und nicht schon von "Lernwirkungen". Den subtilen Rezeptionsprozessen, in deren Verlauf Mediennutzerinnen und -nutzer bestimmte Informationseinheiten und Affektqualitäten suchen, filtern und mehr oder weniger gelungen verarbeiten, zudem auch den je unterschiedlichen Nutzungs- und Verwendungskontexten (z.B. Familie, Schule, jugendliche Clique) wird die *Bildrede von der "Wirkung"* nicht gerecht. Entsprechendes gilt in meiner Sicht auch für informationstheoretisch orientierte Sender-Empfänger-Modelle.
Gleichwohl sind unter bestimmten Bedingungen Effekte des Medienkonsums begründet zu vermuten. Die Differenzierungen der Medienwirkungsforschung dürfen den je hilfreichen oder schädlichen Anteil eines konkreten Medienprodukts an Entwicklungs- und Lernprozessen ebensowenig unterschlagen wie die Interessenlagen der Medienproduzenten und des Medienvertriebs. Die Analogie zur Umweltproblematik im engeren Sinne liegt auch hier nahe: Harmlosigkeitsthesen hinsichtlich der Effekte sind - wie beispielsweise auch die Debatte über Automatenspiele zeigt - besonders verbreitet in der industrie- und vertriebsnahen Forschung. Und auch hinsichtlich der Medien gilt es, wie analog bei der materiellen Umweltgefährdung, auf zunächst unerkannte, womöglich *erst mittel- und langfristig erkennbare Effekte* zu achten. Lerneffekte sind vielfach von solcher Natur.
Im Sinne einer relativ wohlbegründeten, starken Vermutung können wir beispielsweise bei der Nutzung von besonders aggressiv-destruktiven Medieninhalten (etwa von Horror- und Gewaltvideos) folgende Effekte unterstellen:
– psychische Traumatisierung (insbesondere bei Kindern, die den schockartigen Eindruck nicht verarbeiten können);

- lernenden Erwerb inhumaner Dispositionen (d.h. Bereitschaft und
  Fähigkeit zu inhumanen Einstellungen und Verhaltensweisen);
- Abstumpfung und Eskalationsbedürfnis (weil der Medienkonsum die
  zugrundeliegenden Bedürfnisse, etwa nach Vertreibung von Langeweile und starken Grenzerfahrungen, nicht wirklich befriedigt);
- Schwächung des Ich (als der psychischen Instanz, die zwischen Trieben,
  verinnerlichten sozialen Normen und realer Lage der Person handlungs-
  relevant vermittelt).

Problematische Medieninhalte werden vor allem dann vom Nutzer gesucht
und können auf diesem Hintergrund individuell wie kollektiv brisant
werden, wenn *existentielle Grundbedürfnisse* im Alltag der Person zu kurz
kommen - Bedürfnisse, wie sie FROMM in seiner "Anatomie der menschlichen Destruktivität" (1977, S.260ff.) herausgearbeitet hat, so

- das Bedürfnis nach einem Orientierungsrahmen und einem Gegenstand
  der Verehrung,
- das Bedürfnis nach Einheit in sich selbst und mit der natürlichen und
  menschlichen Welt außerhalb,
- das Bestreben, etwas zu bewirken,
- die Suche nach Erregung und Stimulation sowie
- die Vermeidung von Langeweile.

Luise WAGNER-WINTERHAGER (1984) und Thomas WEGNER (1986)
weisen aus tiefenpsychologisch-pädagogischer Sicht ergänzend darauf hin,
daß die Nutzung aggressiv-destruktiver Medieninhalte im Zusammenhang
der Identitätskrise des Jugendalters verständlich wird, daß es sich hier also
- verkürzt ausgedrückt - um Bemühungen handelt, innerer Bedrohungen
symbolisch Herr zu werden. Wenn nicht alles trügt, verschärft die aktuelle
geschichtlich-gesellschaftliche Lage sowohl die angesprochene Bedürfnis-
problematik als auch die Schwierigkeiten des Erwachsenwerdens (vgl.
oben Kapitel 3).

Die pädagogische und gesellschaftspolitische Antwort auf die skizzierten
Entwicklungen und Problemlagen müßte in meiner Sicht zunächst lauten,
statt pauschaler Medienfurcht oder Medienfaszination Chancen *und* Risiken jener "sekundären Umwelt" zu prüfen. (Da mein Beitrag auf dem
Hintergrund meiner medienanalytischen Arbeiten den zweiten Akzent
betonte, sei zur Vermeidung von Mißverständnissen auf diese Doppelaufgabe
ausdrücklich verwiesen.)
Der Bildungsarbeit in Familie, Schule und außerschulischer Pädagogik
bzw. sozialpädagogischen Arbeitsfeldern ist neben der Medienanalyse -

und somit der Entwicklung von Urteilsfähigkeit für kritisch-auswählende Mediennutzung - die Befähigung junger Menschen zum kreativen, selbsttätigen Umgang mit Medien aufgegeben. Dies setzt entsprechende Akzente in Lehrerausbildung, Erzieherqualifikation und Elternarbeit voraus.

Als förderlich - auch für den problembezogenen Dialog von Eltern, Lehrkräften und Studierenden untereinander sowie mit Fachleuten verschiedener wissenschaftlicher Disziplinen - hat sich hierfür die Kooperation der Universität mit einem großen öffentlichen Forum der Erwachsenenbildung erwiesen, wie ich sie im Rahmen zweier kooperativer Ringveranstaltungen meines Fachbereichs mit der Katholischen Akademie Hamburg realisieren konnte (die Beiträge sind dokumentiert in SCARBATH/STRAUB 1986 und SCARBATH 1988b). Die Lehrerbildung und Lehrerfortbildung könnte heute gerade bei derartigen aktuellen Aufgabenfeldern noch mehr solche Chancen nutzen, die eigenen institutionellen Grenzen zu überschreiten, den interdisziplinären Diskurs der Human- und Sozialwissenschaften zu nutzen und im öffentlichen wie kleingruppenbezogenen Austausch den Erfahrungshorizont und die Problemsicht Betroffener kennenzulernen.

Der Verbreitung entwicklungsbeeinträchtigender Medien wird man, sofern sich die Vermutung einer "Eignung zur Jugendgefährdung" durch eingehende Analyse bestätigen läßt, weiterhin mit Vertriebsbeschränkungen im Rahmen des gesetzlichen Jugendmedienschutzes, im Extremfall sogar mit Hilfe der strafgesetzlichen Verbote begegnen müssen.

Hinsichtlich der Phänomene übermäßigen Medienkonsums und speziell des Konsums problematischer Medieninhalte helfen Vertriebsbeschränkung und Bildungsarbeit für sich genommen jedoch noch zu wenig: Im Licht der Analyse FROMMs erweist sich problematische Mediennutzung als - je mißlingende - Bemühung, bedrohliche Erfahrungen von Ohnmacht, Fragmentierung und Sinnlosigkeit zu bearbeiten, zugleich aber die aus solchen Erfahrungen erwachsenden zerstörerischen Impulse, die der Person nicht bewußt sind.

Folgt man diesem Gedanken, dessen heuristische Kraft sich in der pädagogischen Praxis bewährt hat, so wird die über das Medienthema hinausführende gesellschaftspolitische Aufgabe erkennbar, Lebensbedingungen und Lernorte im Sinne einer "fördernden Umwelt" (WINNICOTT) zu gestalten, in denen junge Menschen wieder mehr als bisher ihre existentiellen und entwicklungsspezifischen Grundbedürfnisse zur Geltung bringen können.

Literatur

BPS-Report. Informationsdienst zum Jugendmedienschutz. Hrsg.v. Rudolf STEFEN. Baden-Baden (Nomos Verlag), zweimonatlich.

Bundesprüfstelle für jugendgefährdende Schriften (BPS): Entscheidung Nr. 1902 (V) vom 25.4.1984 (Aufnahme des Videofilms "Tanz der Teufel" in die Liste der jugendgefährdenden Schriften bzw. Medien)

FROMM, Erich: Anatomie der menschlichen Destruktivität. Reinbek 1977

GREENFIELD, Patricia M.: Kinder und neue Medien. München 1987

von HENTIG, Hartmut: Das allmähliche Verschwinden der Wirklichkeit. München 1984

LUKESCH, Helmut: Video im Alltag der Jugend. Regensburg 1989

POSTMAN, Neil: Das Verschwinden der Kindheit. Frankfurt am Main 7.A.1982

POSTMAN, Neil: Wir amüsieren uns zu Tode. Frankfurt am Main 1985

RUCKTÄSCHEL, Annamaria / STEFEN, Rudolf (Hrsg.): Video - Provokation ohne Antwort? Hamburg 1984, 2.A.1987 (Publikationen der Katholischen Akademie Hamburg Band 1)

SCARBATH, Horst: Unser Wissen ist Stückwerk. Plädoyer für ein mehrperspektivisch-dialogisches Verständnis von Erziehungswissenschaft. In: Bernhard CLAUSSEN / Horst SCARBATH (Hrsg.), Konzepte einer kritischen Erziehungswissenschaft, München/Basel 1979, S.204-224

SCARBATH, Horst: Grenzen der Liberalität. Pädagogisch-politische Perspektiven gegen die Mediengewalt. In: STEFEN/RUCKTÄSCHEL 1984/1987, S.45-68

SCARBATH, Horst: Das Haupt der Medusa. Medienfurcht und Faszination im Wandel der Geschichte. In: SCARBATH/STRAUB 1986, S.133-184

SCARBATH, Horst: Dr. Sommer & Co. als pädagogische Lückenbüßer? Sexuelle Sozialisation in kommerziellen Jugendzeitschriften. In: SCARBATH/STRAUB 1986, S.133-184

SCARBATH, Horst: Videokonsum und pädagogische Verantwortung. Köln 2.A.1987

SCARBATH, Horst: Der Krieg als Abenteuer? Sozialethische Desorientierung Jugendlicher durch die Druckschrift "NAM - Die Vietnam-Erfahrung 1965-1975". (= Pädagogische Anthropologie und Sozialpädagogik Nr. 4) Typoskript Universität Hamburg 1988 (a)

SCARBATH, Horst (Hrsg.): Mit Medien leben. Bad Heilbrunn 1988

SCARBATH, Horst / STRAUB, Veronika (Hrsg.): Die heimlichen Miterzieher. (Publikationen der Katholischen Akademie Hamburg Band 5) Hamburg 1986

WAGNER-WINTERHAGER, Luise: Warum haben Jugendliche Lust an grausamen Filmen? In: Neue Sammlung 24 (1984), S.356-370

WEGNER, Thomas: Jugend, Tod und Teufel. Jugendpsychologische Hintergründe des Horrorbooms. In: SCARBATH/STRAUB 1986, S.33-58

WINNICOTT, Donald W.: Reifungsprozesse und fördernde Umwelt. München 1974

6. SCHULE, ERZIEHUNG UND GESUNDHEIT
Ideen zur ganzheitlichen Bildung der Person

Hauptreferat beim Deutschen Lehrertag 1989

"Schule", "Erziehung" und "Gesundheit" - solche Chiffren haben es in sich. Das merkt der Referent allerspätestens bei der Vorbereitung. Derartige Verknüpfungen sind wichtig, aber sie stellen ein Übermaß an Komplexität her. Sie verführen dazu, sich ins Unendliche zu verlieren. Um dieser Gefahr zu begegnen, muß ich mich konzentrieren und Akzente setzen.

Soll das Ganze dann auch noch erörtert werden im Blick auf die "ganzheitliche Bildung der Person" - auch dies bedeutungsschwangere, problemträchtige Chiffren -, so könnte das geeignet sein, Sie als meine Zuhörerinnen und Zuhörer und mich als Redner von vornherein zu entmutigen.

Da trete ich lieber die Flucht nach vorn an und tröste mich mit einem meiner heutigen Gewährsleute, nämlich mit Johann Heinrich PESTALOZZI, der in seiner Schrift "Abendstunde eines Einsiedlers" warnt:

"Schwankend wird der Gang der Männer" (heute würden wir sagen: der Männer und Frauen!), "die im Wirrwarr ihres Vielwissens zwar viel Rednerei finden, ihr aber den stillen Sinn reiner Menschenweisheit aufopfern. Beim Lärmgeräusch ihres Stolzes wirst du nahe um sie, in den Verhältnissen, in denen die Kraft des gesegneten Weisen hell strahlet, leere Öde und Dunkelheit finden." (PESTALOZZI 1779/1954, S.37)

Also: Mut zur Schlichtheit!

Ich möchte mich dem Thema so stellen, daß ich es im wesentlichen von der pädagogisch-anthropologischen Seite her angehe. Nach einigen Vorbemerkungen, in denen ich mein Verständnis von "Gesundheit" und von "ganzheitlicher Bildung der Person" darlegen möchte, soll die widersprüchliche Tradition zur Sprache kommen: als bis in die Gegenwart nachwirkende Belastung und andererseits als Hoffnungpotential. Es erscheint mir unerläßlich, auf die Problemgeschichte pädagogischer Anthropologie zurückzugreifen, um zu verstehen, warum wir uns mit dem Verhältnis von Geist, Seele und Leib auch heute noch so schwer tun. Ebenso unerläßlich aber, um ermutigende Ziele zu entdecken, die wir uns heute, über die Zeiten hinweg, bei der Bemühung um eine ganzheitliche Erziehung kritisch-konstruktiv aneignen können. Solche produktiven Impulse möchte ich aufnehmen und weiterführen - in akzentuierenden Hinweisen auf schulpädagogische und didaktische Konsequenzen, schließlich auch auf die politische Dimension des Themas. Dabei wird sich immer wieder die Frage stellen, welches professionelle und menschliche Profil angesichts dieser Aufgaben die "hinreichend gute" Lehrerin und den "hinreichend guten Lehrer" ausmacht.

1. "Gesundheit" und "Bildung der Person" in pädagogisch-anthropologischem Kontext

Zunächst eine grundlegende These, die ich im folgenden immer mitzuhören bitte:

Eine angemessene, hinreichend reichhaltige Problemsicht und praktische Integration des Themas "Gesundheit" in das pädagogische Handeln wird nicht schon gewonnen, wenn wir uns bestimmten thematischen Akzenten bzw. Einzelaufgaben stellen - beispielsweise dem oft beschworenen Schulfrühstück, bestimmten Vorhaben "praktischen Lernens", aktuellen Schwerpunkten der Gesundheitserziehung wie etwa Drogen- oder Aids-Prophylaxe.

Eine theoretisch hinreichende und praktisch tragfähige Problemsicht wird erst gewonnen, wenn wir uns der mit diesem Thema eröffneten *pädagogisch-anthropologischen Fragestellung* widmen, also - abgekürzt gesagt: - der Frage nach einem Bild vom Menschen und seiner personalen Entwicklung, das entfalteteren humanen Standards genügt. Dazu gehört für mich die Abwehr bloß idealistischer ebenso wie diejenige bloß materialistischer Vorstellungen, die beide der Vielschichtigkeit und Konfliktdynamik der menschlichen Person nicht gerecht werden. Weder die Vorstellung vom Menschen als reinem Geistwesen noch die Analogien des "nackten Affen" (MORRIS) oder der lernfähigen Ratte (SKINNER) haben sich als tragfähig erwiesen.

Es geht dabei nicht bloß um die Klärung akademisch-theoretischer Streitfragen; es geht um ein Bild vom Menschen und seiner Bildung, das wir angesichts der spezifischen geschichtlich-gesellschaftlichen Herausforderungen der Gegenwart praktisch leben können und das - ohne der Gefahr eines normativen Verfügungsdenkens zu erliegen - unsere Arbeit mit jungen Menschen inspirieren kann.

Am Horizont werden daher auch die gesellschaftspolitischen Zusammenhänge unserer Thematik sichtbar, die mit den Hinweisen auf die Umweltbelastung und die drohende Zerstörung der Lebensgrundlagen, damit aber auch der Zukunft der nachwachsenden Generationen zu bezeichnen sind. Diese Zusammenhänge verweisen uns notwendig über den engeren Kreis gesundheitlicher Aufklärung und eines gesundheitsfördernden pädagogischen Feldes hinaus auf Politik und politische Bildung.

Was ist unter *Gesundheit* zu verstehen? Die WHO definiert Gesundheit als "Zustand vollkommenen physischen, psychischen und sozialen Wohlbefindens, nicht lediglich als Abwesenheit von Krankheit" (1948, vgl. BROCKHAUS). Historisch gesehen, hatte dieser Definitionsversuch den großen Vorteil, daß über die rein leiblichen Erkrankungen hinaus auch Einschränkungen des psychischen und sozialen Wohlbefindens dem Problembewußtsein erschlossen werden; konsequent weitergedacht, hat dies auch ein umfassenderes Verständnis von Therapie und Vorsorge unter Einschluß pädagogischer und politischer Momente zur Folge. Im Licht eines psychosomatischen Verständnisses vom Menschen und sozialmedizinischer Konzepte - ich erinnere nur an die von der Sozialpsychiatrie vorgetragenen Erkenntnisse - sind die Grenzen zwischen physischer, psychischer und sozialer Beeinträchtigung nicht mehr eindeutig zu ziehen. Und: was Gesundheit, was Krankheit jeweils ist, läßt sich nur bedingt "objektiv" feststellen; es ist dies auch ein Problem der je subjektiven und intersubjektiven Definition durch die betroffenen Menschen selbst. Wir sind heute in allen Humanwissenschaften dabei, zunehmend ernst zu nehmen, wie sich die Subjekte selber wahrnehmen und empfinden. Ich schlage vor - und auch dies ist bitte im folgenden ständig mitzuhören -, einmal ein Denkmodell zu erproben: *Gesundheit zu verstehen als dynamisches Fließgleichgewicht* (Homöostase), als eine Balance der Person - in sich hinsichtlich des Verhältnisses von Körper, Seele und Geist wie auch in ihren Beziehungen zur materiellen Umwelt und zur personellen und institutionellen Mitwelt. Im Blick auf die Frage, unter welchen Bedingungen sich Schülerinnen und Schüler, Lehrerinnen und Lehrer in der Schule "wohl fühlen", oder aber wann "Schule krank macht", ließe sich das vertiefend diskutieren. In der Fortbildungsarbeit mit Lehrerinnen und Lehrern, die sich zu pädagogischen Beraterinnen und Beratern qualifizieren wollen, haben mir viele Fallgespräche verdeutlicht, daß das Krankmachende an vielen schulischen Sozialsituationen wohl darin begründet liegt, daß Person-Umwelt-Beziehungen nicht mehr angemessen ausbalanciert werden können - wobei institutionell-organisatorische Bedingungen wie Zeitdruck oder Klassengröße eine wesentliche, mit-ursächliche Rolle spielen. Anders als bei einer

Sichtweise, die das auffällige Individuum als isolierten Symptomträger "diagnostiziert", kommt hier die Gefährdung *aller* Beteiligten im interaktionellen Kontext in den Blick, somit auch unsere eigene.

Ich schlage demnach vor, Gesundheit auch im pädagogischen Zusammenhang zu verstehen als einen stets labilen, sozial und institutionell irritierbaren, aber auch unterstützbaren Balanceakt der menschlichen Person.

"*Bildung*" ist für mich ein Prozeßbegriff - es geht um einen lebenslangen, nie abgeschlossenen Vorgang des Selbstwerdens der Person, nicht um den Besitz von "Bildungsgütern" oder das Absolvieren einer wie immer definierten "höheren Bildung". Beides sind Perversionen der klassischen Bildungsidee, die sich leider im Alltagsbewußtsein kräftig eingenistet haben. Mit PESTALOZZI verstehe ich Bildung auch, aber nicht nur als "Werk der Natur"; auch, aber nicht nur als "Werk meines Geschlechts", d.h. der Gesellschaft und somit als Sozialisation; schließlich besonders auch, aber nicht nur als "Werk meiner selbst". Bildung ist somit eine kritische Chiffre: Sie weist über das hinaus, was in den jeweiligen begrenztaspekthaften Deutungsmustern z.b. der Sozialisationstheorie aufzugehen scheint, ebenso aber überschreitet der Prozeß der Bildung Erwartungen, wonach Erziehung einfach an "Vorgegebenes" anzupassen und zur undifferenzierten Identifikation mit den je vorfindlichen Wert- und Normorientierungen einer Gesellschaft zu führen habe.

Bildung ist etwas, das wir nicht "machen" oder "herstellen" können. Wir können sie nur fördern, anregen, unterstützen, leider auch ziemlich schwer behindern - aber sie ist wesentlich Werk des jungen Menschen (und auch noch des Erwachsenen) *selbst*, in *seiner* Lage und *seinen* sozialen Beziehungen, in *seinen* Hoffnungen und Ängsten.

Bildung ist daher allemal mehr als die Aneignung von Wissen oder von Kompetenzen. Und sie betrifft den *ganzen* Menschen als eine Leib-Seele-Geist-Einheit und kann nur von ihm her aktiviert werden. Das Geschäft der Erziehung ist das des Ermöglichens: Wir haben es mit der dialogischen Aufgabe der sokratischen Mäeutik ("Geburtshelferkunst") und des "facilitating" (Erleichtern und Ermöglichen, ROGERS) zu tun. Daß dazu eine förderliche Umwelt (Schulumwelt, Schulklima) gehört, haben besonders die Reformpädagogen und die psychoanalytisch orientierten Pädagogen immer wieder betont.

Was den Erfolg von Bildungsanregungen, näherhin: von Unterricht ausmacht, läßt sich daher nicht, wie es noch die Curriculumreform der frühen siebziger Jahre oft wähnte, an einem "gezeigten Endverhalten" der Schü-

lerin oder des Schülers bemessen. In eine angemessene Definition pädagogischen Erfolgs gehen immer - notwendig wie unberechenbar - die jeweiligen Selbstdefinitionen des sich bildenden Subjekts ein, also des aktuell
jungen Menschen und des späteren Erwachsenen. Das Gelingen von
Bildungsprozessen messen und von außen her beurteilen zu wollen, bleibt
immer problematisch. Ich sage das bewußt auch im Blick auf das Thema Gesundheit. Wir kommen
in große Verlegenheit, wenn wir z.b. den Erfolg einer Anti-Tabak-Kampa-
gne danach bemessen wollen, ob und wie oft jemand nachher noch raucht.
Wir arbeiten gerade in Risikobereichen wie denen der Gesundheitsgefährdung
und Gesundheitsvorsorge, weil wir hier unter großem Handlungs- und
Erwartungsdruck stehen, sehr häufig mit derart äußerlich-verhaltens-
orientierten Konzepten und Evaluationsmodellen. Als wesentlich *mit*-
bedacht werden muß jedoch die subjektive Selbstdefinition von Menschen
bis hin zu der Tatsache, daß wir gelegentlich auch unsere Einflußgrenzen
als Pädagoginnen und Pädagogen schmerzlich akzeptieren lernen. Bildungstheorie lehrt auch, daß der Mensch ein riskiertes Wesen ist und daß
Selbstgefährdung zu den großen Risiken gehört, die wir ethisch nicht
billigen dürfen, die völlig zu vermeiden wir aber weder pädagogisch noch
gesellschaftspolitisch die Macht haben. Was wir allerdings können: die-
jenigen Bedingungen mindern, die zu selbstgefährdendem und selbstzer-
störerischem Verhalten treiben.
Wie Sie merken, haben Sie es hier mit einem recht sperrigen Verständnis
vom Menschen und seiner Bildung zu tun. Die kritische Rekonstruktion des
klassischen Bildungsdenkens, um die wir uns heute im Blick auf aktuelle
Problemlagen bemühen, führt aber zu solcher Sicht, und die brisante
Aktualität etwa eines Wilhelm von HUMBOLDT oder eines Friedrich
SCHILLER ist in Umrissen erkennbar. Dies gilt auch für die Möglichkeit,
von hier aus problematische Traditionen zu überwinden, wie sie im
folgenden zur Sprache kommen werden.

2. Belastende Erbstücke: Leibfeindlichkeit und einseitiger Rationa-
lismus

Warum tun wir uns mit einem ganzheitlichen Verständnis des Menschen so
schwer? Und warum ist es bislang, auf's Ganze gesehen, noch nicht
befriedigend gelungen, das Thema "Gesundheit" dem pädagogischen
Problembewußtsein zu integrieren?

Ich möchte auf *drei historische Motive* hinweisen, die teils offenkundig, teils als verdeckte Unterströmung gegenwärtig weiterwirken: eine aus dem Platonismus und aus manichäischen Einflüssen im Christentum überkommene Leibfeindlichkeit; die Welthaltung des okzidentalen Rationalismus und schließlich - damit einhergehend - eine Tendenz moderner Pädagogik zu kognitivistischer Vereinseitigung.

(1) Seit der Antike haben wir gelernt, uns Menschen als eine spannungsreich-dynamische Einheit von "Leib", "Seele" und "Geist" zu verstehen. (Das "Seelische" steht hierbei, in engerem Wortgebrauch, für das Moment der Gefühle und Empfindungen.) In leichter kategorialer Verschiebung läßt sich dieses Modell noch in modernen persönlichkeitstheoretischen und curricularen Schemata wiederentdecken, wenn etwa von "kognitiv-rationalen", "emotional-affektiven" und "psychomotorischen" Dimensionen des Lehr-Lern-Prozesses die Rede ist.

In entfalteter Gestalt begegnet uns dieses Modell schon sehr früh, nämlich im Werk PLATONs (428/427-348/347 v.Chr.). Dabei wird deutlich, daß es sich um ein Denken als Probehandeln handelt - in den Bildreden mit ihren Anklängen an mythische Traditionen, in der dialogischen Fassung der Texte und besonders in der Tatsache, daß schon das Werk PLATONs zwei verschiedenartige, im Kern konträre Lösungsversuche anbietet. Ich werde gleich darauf zurückkommen.

Die Tradition hat dann bald eine der beiden platonischen Antworten - die leibfeindliche - bevorzugt. Wesentlich waren dabei altpersische und gnostische Strömungen, die auch (teils über den Neuplatonismus, teils direkt) früh in das Christentum eindrangen. Die ganzheitliche Anthropologie des Alten Testaments und auch der Botschaft und des Handelns des JESUS VON NAZARETH wurden folgenreich überlagert durch ein dualistisches Menschenbild, dem der Geist des Menschen als der gottverbundene Anteil erschien, der Leib aber als das Einfallstor des Teufels oder als bloßer "Kerker der Seele". Als leibfeindliche Unterströmung wirkte - und wirkt in säkularisierter Gestalt - dieser sogenannte Manichäismus über die Jahrhunderte fort.

Wenn aber, jenem Dualismus zufolge, der Leib nicht dem "Reich des Lichts", sondern dem "Reich der Finsternis" angehört, so kann von ihm nichts Gutes ausgehen. Ehestens als Notbehelf, als materieller Träger der menschlichen Geistigkeit, ist er zu akzeptieren und zu pflegen. Gesundheit steht von da her in der Werthierarchie bestenfalls auf einer mittleren Treppenstufe.

Wohin eine derartige Abspaltung führen kann, läßt sich besonders gut an der Problemgeschichte der Sexualpädagogik nachweisen (vgl. Studien von Friedrich KOCH und auch von mir selbst). Aber auch im Alltagsleben begegnet einem heute oft noch eine latente Leibfeindlichkeit, die mit einer Fixierung auf gesundheitliche Probleme in merkwürdiger Dialektik verknüpft sein kann. Protestantisch-puritanische Milieus waren und sind dafür besonders anfällig: Es gilt dann - wie in dem Milieu, in dem ich aufgewachsen bin - als beinahe unanständig, sich als gesund darzustellen. In der Psychodynamik des protestantischen Arbeitsethos, wie es Max WEBER dargestellt hat, lassen sich ähnliche Momente nachweisen.

Doch zurück zu PLATON. Dies nicht, weil ich Sie mit vermeintlich ferner antiker Philosophie langweilen will. Vielmehr, weil wir hier, an einem der Ursprünge der Verständigung des Menschen über sich selbst, zwei unterschiedliche Entwürfe in idealtypischem Kontrast vorfinden - und das im Zusammenhang eines Denkens, das die neuzeitliche Pädagogische Anthropologie von PESTALOZZI bis NOHL nachhaltig beeinflußt hat (vgl. besonders Herman NOHLs "Pädagogische Menschenkunde").

In PLATONs Dialog *"Phaidros"* symbolisiert der Autor die menschliche Persönlichkeitsdynamik im Bild von Rossegespann und Wagenlenker. Der Wagenlenker steht für das Geistige im Menschen: den "Logos", die auf das Wahre, Gute und Schöne hinorientierte Vernunft, die vom göttlichen Geist inspiriert ist. Die beiden Rosse - eines ganz besonders wild, das andere etwas zahmer - versinnbildlichen die beiden anderen Persönlichkeitsmomente: Das unedle, häßliche und wilde Roß steht für die Triebe und Begierden, ja insgesamt für die Sphäre der Leiblichkeit. Das "edlere" Roß ist beflügelt und will den Menschen nach oben ziehen; es steht für die feineren Empfindungen und einen geläuterten Eros. Als "der Seele Führer" hat die Vernunft die Zügel in der Hand; sie muß nicht nur die widerstreitenden Rosse zusammenhalten, sondern vor allem das häßliche, wilde Roß bändigen.

Beachtenswert und folgenreich ist in dieser Bildwelt, daß hier nur der kognitiv-rationale Anteil der Person in menschlicher Gestalt erscheint, während die beiden anderen als Tiergestalten - als untermenschliche Kräfte - figurieren, das wilde Roß zudem als besonders häßlich (was im Zusammenhang platonischen Denkens immer auch für "vom Guten entfernt" d.h. "böse" steht).

Noch wesentlicher als diese *Abspaltung der eigenen Leibnatur und Ästhetik in das Untermenschlich-Tierische* ist aber die *Gewaltsamkeit der*

Unterwerfung, die hier als Grundmodell der Umgangs des Menschen mit seiner eigenen Physis und Psyche vorgestellt wird: Der Wagenlenker "zieht noch gewaltsamer dem wilden Rosse das Gebiß aus den Zähnen, daß ihm die schmähsüchtige Zunge und die Backen bluten. Und Schenkel und Hüften am Boden festhaltend läßt er es büßen. Hat nun das Roß mehrmals das selbe erlitten und die Wildheit abgelegt, so folgt es gedemütigt des Führers Überlegung und ist beim Anblick des Schönen von Furcht übermannt." (PLATON, Phaidros 254c)

Neben dieser stark dualistisch-asketisch geprägten Variante des Umgangs des Menschen mit seiner eigenen Leiblichkeit begegnet uns nun aber die weniger rigorose, harmonischere in der *"Politeia"*. Ich nenne diese Variante das Konzept der *Befreundung*. Es entspricht wenigstens ansatzweise der eingangs von mir entworfenen Idee, Gesundheit gelinge in einer stets neu aufgegebenen Balance von Leib, Seele und Geist. Daß PLATON uns dieses Konzept ausgerechnet in der ansonsten aus heutiger Sicht hochproblematischen Utopie einer Erziehungsdiktatur anbietet, spricht nicht gegen das Konzept, sondern belegt die Vielschichtigkeit seines Werks.

Wiederum behilft sich PLATON mit einer Bildwelt aus archaischen Beständen, um Zusammenhang und Spannung der menschlichen Person zu zeichnen, und wieder stellt er drei "Seelenteile" vor: die vielköpfige Hydra, der ja einem Mythos zufolge alle abgeschlagenen Köpfe wieder nachwachsen, Symbol zugleich für Triebe und undomestizierte Leibnatur des Menschen; ein löwenartiges Wesen, das für Mut und gerichtete Tatkraft figuriert; schließlich ein "innerer Mensch im Menschen" entsprechend dem Rosselenker im "Phaidros". PLATON selbst möchte den Entwurfscharakter seines Modells bewußt halten: Wir sollen uns die drei Figuren als Bilder im Bild des Menschen vorstellen.

In einer Art Diätetik, die jedem Seelenteil Gerechtigkeit widerfahren läßt, soll der Mensch "solches tun und reden, wodurch des Menschen innerer Mensch recht zu Kräften kommt" (Politeia 589a/b). Wir befinden uns nicht in der Welt des Kriegers, sondern des Landmannes; nicht Unterjochung, sondern Nähren, Pflegen und Versöhnen sind die bestimmenden Handlungsmotive. Zwar bleibt noch ein Rest Angst vor der chaotischen Leibnatur der Hydra - sie soll nicht noch weiter wachsen, und hierzu soll der "innere Mensch im Menschen" die Hilfe des Löwen in Aspruch nehmen. Aber PLATON zieht eine menschliche Kontur um die zunächst als untermenschlich ausgegrenzten "Seelenteile". Und vor allem: Der "Mensch im Menschen", der Logos, trägt Verantwortung für die Leib-Seele-Geist-Balance: "... auf daß er so, für alle gemeinsam sorgend, nachdem er sie untereinander und mit ihm selbst befreundet, sie so erhalte." (589 b)

Der Verständige, so heißt es am Ende dieses Teils der "Politeia", "wird sich immer zeigen als einer, der die Verhältnisse des Leibes in bezug auf die Übereinstimmung in der Seele ordnet" (591 d; "Seele" hier verstanden im Sinne der ganzen Persönlichkeit).

Wie gesagt: Dieses leib- und affektfreundlichere (wir würden heute sagen: kommunikativere) Modell des Umgangs mit der eigenen Natur konnte sich lange nicht durchsetzen. Für den Zusammenhang von Gesundheit und Erziehung zählt es zu den frühen Zeugnissen einer menschenfreundlicheren Tradition. Auf weitere derartige Impulse werde ich zurückkommen.

(2) Zunächst muß ich jedoch auf ein zweites Motiv eingehen, das - jedenfalls in seiner Überbetonung - als problematisches Erbstück im Wege steht. Die Rede ist von einer Weltsicht und Handlungsorientierung, für die im Anschluß an Max WEBER der Begriff *"okzidentaler Rationalismus"* gebräuchlich ist. Diese Welthaltung hat sich insbesondere seit dem Rationalismus des 17. und 18. Jahrhunderts (DESCARTES, LOCKE u.a.) und in der Entwicklung der modernen Naturwissenschaften und ihrer technischen Anwendungen im europäisch-atlantischen Kulturkreis ("Okzident") als bestimmend durchgesetzt und sich zunehmend weltweit verbreitet; zugleich gelangt sie heute, angesichts der Grenzen des Wachstums und der offenkundig werdenden Nebenwirkungen des Konzepts - bis hin zur Zerstörung der Naturgrundlagen unserer Existenz - in eine fundamentale Krise.

Wesentlich für den okzidentalen Rationalismus ist die Auffassung, wonach die nichtmenschliche und auch - das ist hier wesentlich - die menschliche Natur dem Menschen zur Beherrschung aufgegeben ist, mit Mitteln klarer rationaler Analyse auf ihre kausalen Zusammenhänge durchschaubar und mit Hilfe eindeutiger Wenn-Dann-Regeln technisch manipulierbar und verfügbar sei. Noch bis hinein in die Bestimmung des allgemeinen Arbeitsbegriffs in Karl MARX' "Kapital" (vgl. meine Kritik in Hans SCHEUERLs Handbuch "Klassiker der Pädagogik" 1991), ja bis zur Entwicklung von Möglichkeiten, das menschliche Erbgut zu manipulieren, ist diese Grundhaltung wirksam. Oft paart sie sich mit der Ideologie eines naiven Pragmatismus: "Alles, was machbar ist, ist gut, und es soll auch gemacht werden."

Das Konzept des okzidentalen Rationalismus beinhaltet die Tendenz zur herrschaftlichen Verfügung, ja zur Ausbeutung der Natur - und zwar sowohl der nichtmenschlichen wie der menschlichen Natur. Letzteres betrifft sowohl die Konstruktion der gesellschaftlichen Verhältnisse wie auch den Umgang mit der eigenen Leibnatur. Das heißt, ich werde in dieser kollektiven Mentalität dazu gebracht, auch meinen eigenen Leib als bloßes Naturmaterial zu betrachten, das ich nach bestimmten Gesetzen beherrschen und vielleicht auch ausbeuten kann.

Helmut FEND hat in seiner "Sozialgeschichte des Aufwachsens" deutlich herausgearbeitet, wie dieser okzidentale Rationalismus in den verschiedenen Jugendgenerationen dieses Jahrhunderts sozialisatorisch nachwirkt und sich - durch alle generationsspezifischen Brechungen hindurch - durchhält, wie er aber zugleich zunehmend in die Krise gerät.

Um nicht mißverstanden zu werden: Auch ein freundlicherer Umgang mit der eigenen Natur wird auf naturwissenschaftliche Erkenntnisse nicht verzichten können. Aber hier wird es mehr als bisher, auch im naturwissenschaftlichen Unterricht, auf die Einübung in Grenzbewußtsein einerseits, in ganzheitlich-zusammenschauendes Denken andererseits ankommen.

Das beschriebene Verfügungs- und Ausbeutungskonzept wirkt trotz der voranschreitenden theoretischen Kritik in der Alltagspraxis beharrlich nach, und es stellt in meiner Sicht - im Bunde mit einer latenten, häufig nicht eingestandenen oder durch übertriebene "Körperbetonung" kompensierten Leibfeindlichkeit - eines der wesentlichen problematischen Erbstücke dar, die uns auf dem Wege zu einer ganzheitlichen, gesundheitszuträglichen Erziehung behindern.

(3) Hinzu kommt aber noch ein *drittes Motiv*: Ich vermute, daß wir uns mit dem Thema "Schule, Erziehung und Gesundheit" und mit einem angemesseneren Verständnis der Bildung der Person auch deswegen so schwer tun, *weil die Pädagogik als Fach - als zunehmend selbstbewußte Profession und reflexive Theorie - mit den Ursprüngen des okzidentalen Rationalismus verquickt ist.*

Sicher reichen die Ursprünge der Pädagogik in die Antike zurück, und an die Bedeutung der frühmittelalterlichen und frühneuzeitlichen Epochen für unser Fach muß ich nicht eigens erinnern. Aber ihren wesentlichen "Modernisierungsschub" erhielt die Pädagogik doch im Zeitalter der Aufklärung, und an deren Mündigkeitspostulat - hinter das wir nicht zurückfallen dürfen - ist sie seitdem als Theorie und als Praxis orientiert. Nicht zufällig entstanden in jener Epoche die ersten Lehrstühle der Pädagogik an Universitäten und die ersten wirklich systematischen Entwürfe einer pädagogischen Theorie ebenso wie die fragmentarischen, aber epochemachenden Versuche eines PESTALOZZI.

Entscheidender noch ist die *Sozialgeschichte des Lehrerstands*: Besonders die Volksschullehrerin und der Volksschullehrer haben ihre professionelle und soziale Emanzipation seit DIESTERWEG und anderen erkämpft durch den Rekurs auf genau jenen Rationalitätsanspruch, der Befreiung von Beschränktheiten mannigfacher Art verhieß: von eng konfessionalistischer Einbindung und von geistlicher Schulaufsicht, von unzureichender Ausbildung und von politischen Denkverboten, von sozialer Unterprivilegierung sowohl der Schülerinnen und Schüler wie auch derer, die mit ihnen pädagogisch umgingen. Der - notwendige - Kampf um wissenschaftliche Lehrerbildung für *alle* Lehrerinnen und Lehrer sowie um wissenschaftliche Fundierung und "Wissenschaftsbezug" aller Curricula (auch der Hauptschule und der Realschule) brachte die Lehrerschaft zugleich in ein derart enges Bündnis mit dem okzidentalen Rationalismus, daß eine kritisch-differenzierte Haltung heute schwerfällt. Naive Identifikation und pauschale Gegenbewegung in den Irrationalismus bloßen "Sich-Fühlens" liegen gleichermaßen nahe.

Vor diesem historischen Hintergrund der neuzeitlichen Pädagogik wird verständlich, warum - allen kritischen Gegenbewegungen zum Trotz - Schule und Unterricht im Gefolge dieses okzidentalen Rationalismus zentral als *Vermitteln von Wissen* konzipiert werden: Genau hier lag die Verheißung begründet, den Anschluß an die Moderne zu gewinnen und sich durch Wissen von Bevormundung zu befreien. "Wissen ist Macht" lautete - historisch immerhin halbwahr - ein zentrales Motto der Arbeiterbewegung, aber auch des sich emanzipierenden Lehrerstandes.

Der Preis war eine *kognitivistische Vereinseitigung*. Anthropologisch reichhaltigere Bildungskonzepte kamen und kommen hier jeweils nur kurzfristig, oft regional begrenzt und/oder stark verstümmelt, zum Zuge. So wird auch das Thema der Gesundheit seit der Pädagogik der Aufklärung meist auf gesundheitliche Information und appellativ-moralisierende Impulse verkürzt. Der fundamentale Zusammenhang von "Schule, Erziehung und Gesundheit": die leibseelischen Grundlagen, Voraussetzungen und Hindernisse des Lehrens und Lernens blieben, ausgeblendet. Dies gilt auch für die Lehrerpersönlichkeit: Aspekte einer Psychohygiene des pädagogischen Berufs werden auch heute in Lehrerbildung und Lehrerfortbildung - trotz ermutigender Ansätze - vielfach noch zu wenig berücksichtigt.

Dem entsprach - und entspricht oft noch uneingestanden - ein verkürztes

Verständnis von "Verwissenschaftlichung" sowohl der Lehr-Lern-Inhalte als auch des Lehr-Lern-Prozesses: im als zutreffend definierten Reproduzierenkönnen von Wissensinhalten (speziell in einem "Begriffeklopfen") und in einem eng auf die Erfüllung vorgegebener "Lernziele" hin konzipierten Unterricht. Wenngleich hier inzwischen wichtige, aus der pädagogischen Praxis selbst hervorgegangene Reformen und Rückbesinnungen erkennbar sind (für die Grundschule beispielsweise im Kontext "offenen Unterrichts"): Mir scheint doch, daß die Verquickung der Pädagogik mit den problematischen Aspekten jenes okzidentalen Rationalismus tiefer sitzt und geschichtsmächtiger in der Gegenwartspraxis weiterwirkt, als wir es uns eingestehen möchten. Wir müssen nicht die Schattenseiten des französisch-zentralistischen oder aber die des bisherigen DDR-Schulsystems bemühen: Die Folgen eines falsch verstandenen Konzepts der "Verwissenschaftlichung" der Hauptschule (im Sinne schlechter Abstraktion statt elementaren, fragend-entdeckenden Lernens wie noch bei COPEI oder WAGENSCHEIN) sind ebenso offenkundig wie - um nur zwei selbsterfahrene Beispiele zu nennen - das Begriffeklopfen in manchen Ausbilder-Eignungsprüfungen oder die kognitivistisch halbierte Menschenkenntnis und Lernumwelt, die junge Menschen heute im universitäten Milieu als vorherrschend erleben.

3. Elemente eines ganzheitlichen Konzepts: Reformimpulse in Geschichte und Gegenwart

Wenn wir auf die Problemgeschichte pädagogischer Anthropologie zurückgriffen - so hatte ich behauptet -, ließen sich ermutigende Impulse entdecken, die wir uns heute beim Bemühen um eine ganzheitliche Bildung kritisch-konstruktiv aneignen können. Ich möchte daran erinnern, daß auch mein eingangs vorgestelltes Verständnis von "Gesundheit" wie auch von "personaler Bildung" sich solchen Gegentraditionen und deren kritisch-konstruktiver Weiterentwicklung verdankt. Im Anschluß an die folgende kurze Vergegenwärtigung geschichtlicher Reformimpulse möchte ich daher - in deren praxisorientierter Denkbewegung verbleibend - einige persönliche Hinweise beisteuern.

Die Problemgeschichte des Verhältnisses des Menschen zu seiner eigenen Leibnatur, die Geschichte des Verhältnisses von Schule, Erziehung und Gesundheit möchte ich ja nicht nur als eine Leidens- und Entfremdungsgeschichte vorstellen, sondern auch als eine *Verheißungsgeschichte*.

Bereits in der Befreundungsvision, die PLATON im anthropologischen Kontrastmodell der "Politeia" vorstellt, wird der utopische Vorschein eines humaneren Umgangs des Menschen mit sich selbst, wird auch der Vorschein eines in umfassendem Sinn "hygienischen", also: ganzheitlich-gesundheitsfördernden Bildungskonzepts sichtbar.

Aber auch die weitere Geschichte des Bildungsdenkens und der Erziehungs- und Schulpraxis ist von reformerischen Gegenbewegungen durchzogen; sie stellen die "andere Seite" des sich ausbildenden und auch pädagogisch vereinseitigenden okzidentalen Rationalismus und die Korrektur einer spätantiken Leibfeindlichkeit dar: Ich erinnere an die Anthropologie und Bildungskritik der Renaissance, etwa - theoretisch - bei ERASMUS VON ROTTERDAM oder - praktisch - in der "Scuola Giocosa" des VITTORINO DA FELTRE (unerhört: eine Schule der spielerischen Freude!), an PESTALOZZIs wohl nach wie vor bissigste Schulkritik (vgl. unten Kapitel 8), an der gemessen ILLICH und VON HENTIG Waisenknaben sind: Schulunterricht als "künstliche Verschrumpfungsmethode unseres Geschlechts ..." (PESTALOZZI 1799/1954, S.102)

Viel zitiert wird in der Gegenwart, auch im Kontext aktueller Bemühungen um "praktisches Lernen", PESTALOZZIs Forderung nach einer Einheit von *Kopf, Herz und Hand* im Bildungsprozeß. Ich muß da - historisch wie systematisch - ein wenig Wasser in den Wein gießen: Zunächst einmal müssen wir historisch PESTALOZZIs Lage differenziert gerecht werden und ohne falsche Romantisierung jenes Motto *zugleich* wahrnehmen als anthropologisch fundiert *und* als Legitimation eines ökonomischen Notbehelfs: Wenn wir näher hinsehen, entdecken wir, daß "Kopf, Herz und Hand" (neben vielem überzeitlich Beherzigenswertem) für den Experimentator auf dem Neuhof, den Waisenvater in Stans und den Lehrerbildner in Burgdorf und Yverdon eben *auch* bedeutete: daß während des Unterrichts, während memoriert oder gesungen wurde oder während ein Kind vorn an der Tafel etwas anschrieb, die Kinder mechanisch "werktätig" waren (sich beispielsweise dem Spinnen von Flachs widmen mußten). Dies wesentlich auch im Dienst der ökonomischen Selbsterhaltung der Anstalt!

Die Idee von "Kopf, Herz und Hand" ist nicht einfach aus dem Ideenhimmel gefallen, sondern auch geboren aus ökonomischer Not - und sie war und ist mißbrauchbar für vordergründig-ökonomische Zwecke. Die Geschichte der "polytechnischen Bildung" in der Sowjetunion lehrt dies: Entgegen dem MARXschen Ausgangskonzept wurden Schülerinnen und Schüler hier immer wieder auch als industrielle bzw. agrarische Reservearmee mißbraucht. Und in der Gegenwart gilt es, die verdienstvollen, weiterführenden

Konzepte "praktischen Lernens" vor mißverstehende Engführungen von "Praxis" auf "manuelle Praxis" zu bewahren: Die Gefahr einer "Kopflosigkeit" der Forderung nach "Kopf, Herz und Hand" ist mitzubedenken. Zurück zu PESTALOZZI: Auch heute kann uns beeindrucken und beschämen, welch waches Auge er entwickelt hat für den körperlichen Zustand seiner "Zöglinge". Er achtet auf ihre Unterernährung, ihre aus sozialem Elend erwachsenen Krankheiten, auf ihre Körperpflege, ihre Ermüdbarkeit. Und er führt über die Fortschritte der leiblich-seelisch-geistigen Entwicklung der ihm anvertrauten Kinder zeitweise sehr differenziert Protokoll. Nicht zuletzt achtet er darauf, daß inmitten aller Ärmlichkeit der Verhältnisse die "Wohnstube" und die ihr nachgebildete Schulstube als lebensfreundliches, förderliches Milieu gestaltet werden. Die Reformpädagogik hat viel davon aufgenommen und weitergeführt. Noch in den Berichten eines meiner Lehrer der Pädagogik, Karl SEILER, über seine Tätigkeit als Dorfschullehrer konnte ich nacherleben, was es hieß, "Schule als Kinderheimat" in diesem PESTALOZZIschen Sinn zu gestalten.

Ich möchte mir wünschen, daß heute mehr Lehrerinnen und Lehrer - auch Hochschullehrerinnen und Hochschullehrer - ein Gespür entwickeln für die gesundheitsfördernden oder aber krankmachenden Momente der Lernumwelt, aber auch für die physischen und psychischen Anzeichen des Befindens junger Menschen. Dezente Aufmerksamkeit und behutsam-hervorlockende Weisen des Dialogs wären da oft vonnöten: Jemandem, der oder die einsam und apathisch in der Ecke steht, beiläufig anzusprechen: "Fehlt Dir etwas? Geht es Dir heute nicht gut?" Bis hin zur Suizidprophylaxe wichtig erscheint es mir da, daß wir auch im pädagogischen Feld gegen die Anonymisierung und Ver-Gleichgültigung des je konkreten Menschen persönliche Beziehungen wachsen lassen und uns nicht nur als Unterrichtsbeamte, sondern auch als Mitmenschen einbringen.

Die *klassisch-neuhumanistische Bildungstheorie* enthält für ein derartiges ganzheitliches Verständnis vom sich entwickelnden Menschen und seiner Bildung wesentliche Impulse. Auch wenn da von "Gesundheit" meist nicht *ausdrücklich* die Rede ist, beginnen wir heute zu ahnen, welche Konsequenzen beispielsweise Friedrich SCHILLERs Ästhetikkonzept für unsere aktuelle Pädagogik birgt - etwa hinsichtlich der Vermittlung von Rationalität und Empfindung (vgl. SCHÜTZE 1991). Auch lernen wir da, daß sich zentrale Problemstellungen, die das Verhältnis des Menschen zu sich selbst, zu seinesgleichen und zur außermenschlichen Natur betreffen, nicht in Schubkästen isolierter Fächer oder einzelner "Maßnahmen" einsperren lassen: Es geht immer um eine Revision des *gesamten* Bildungsverständnisses, mit Reformfolgen für *alle* institutionell-organisatorischen und personalen Bedingungen von Schule ...

Der *Pädagogik der Romantik* war "Gesundheit" in einem umfassenden, psychosomatischen Sinn ausdrückliches Thema. Wir finden hier - besonders bei JEAN PAUL - ein ganzheitliches Verständnis kindlicher Entwicklung und angemessen-fördernder Bildungsarbeit, das wiederzuentdecken lohnt. Exemplarisch ein Satz aus JEAN PAULs "Levana", seiner "Erzieh-Lehre": "Freude ist die warme Sonnenseite des Geistes und Leibes." (1806/ 1963, S.96) Wir finden hier viele ausdrückliche Hinweise, oft en passant eingestreut, zur Kleidung, Ernährung und Körperpflege der Kinder sowie zur Vorbeugung gegen Krankheiten. Nicht alle Antworten werden wir heute übernehmen können, aber die pädagogische Grundhaltung: Gesundheit wird hier in einem umfassenden Sinn in das Spektrum pädagogischer Verantwortung einbezogen.

Maria MONTESSORI sei als letzte "Kronzeugin" solch produktiver Gegentradition vergegenwärtigt - nicht nur für den aufmerksamen Blick auf die leibliche Gesundheit der Kinder im römischen Elendsviertel San Lorenzo, sondern auch für das Gespür dafür, ob sich die kleinen Menschen in Kinderhaus oder Schule als einem sozialen Ort wohlfühlen. Bekannt ist ja, daß Maria MONTESSORI das kindgerechte Mobiliar für den Kindergarten erfunden hat. Sie hat sich aber auch dafür engagiert, daß selbst noch unter den ärmlichsten Bedingungen die Menschen - Kinder wie Eltern - ihre Menschenwürde wahren konnten. Achtung vor der Person des anderen, Sinn für wenigstens bescheidene Schönheit der Lebens- und Lernumwelt, Stärkung der Freude des Kindes an seinen eigenen Entwicklungsschritten und gesundheitliche Fürsorge im engeren Sinn lassen sich bei dieser großen Ärztin und Pädagogin nicht auseinanderdividieren.

All diese Beispiele aus der älteren und neueren Tradition pädagogisch-anthropologischen Denkens und Handelns könnten uns in unserer Lage stutzig machen und ermutigen, uns auch heute, unter widrigeren und komplexeren Bedingungen, um eine ganzheitliche Bildung zu bemühen. Die konkreten gesundheitlichen Lagen und Gefährdungen junger Menschen stellen sich dabei heute sicher anders dar als noch zu MONTESSORIs Zeiten - ich erinnere nur an das in der Praxis oft übersehene Phänomen latenter Depressivität von Kindern und Jugendlichen.

Kritisch-konstruktiv die Tradition anzueignen und weiterzudenken, bedeutet für mich heute aber auch besonders, *Mißverständnisse und Eng-*

führungen des Ganzheitspostulats zu vermeiden; es bedeutet unter anderem, *einem modischen Irrationalismus entgegenzutreten und nicht zuzulassen, daß die Ganzheitlichkeit und das Gesundheitsmotiv auf bloß kompensatorische Teilressorts begrenzt werden.* Hierzu wenigstens noch knapp die folgenden Hinweise:

Das Wort von der "ganzheitlichen Bildung" wird derzeit nicht nur sehr häufig gebraucht, sondern auch sehr häufig mißbraucht, und zwar im Sinne eines - in meiner Sicht hochproblematischen - Antirationalismus. Etwa, leicht karikiert, nach dem Motto: "Jetzt laßt doch mal diesen ganzen Reflexionskram und diesen ganzen Wissenschaftsbezug; wir wollen jetzt wieder gemeinschaftlich leben und uns wohlfühlen; wir können uns ja ein wenig austauschen über unsere Befindlichkeiten, über unsere seelischen Probleme - aber bitte nicht noch weiter reflektieren und auf graue Theorie beziehen!"

In einem der vergangenen Semester konnte ich mit Studentinnen und Studenten der Universität Hamburg sowie mit Lehrerinnen und Lehrern, die noch eine Zusatzausbildung in pädagogisch-psychologischer Beratung absolvieren wollten, ein Seminar durchführen, in dem auch die hier angesprochenen Fragen zur Debatte standen. Dieses Seminar zählt zu meinen aufregendsten Lehr-Erfahrungen der letzten Jahre, gerade auch wegen der Selbständigkeit und Kooperationsbereitschaft der Teilnehmerinnen und Teilnehmer. Dennoch ist mir im Rückblick deutlich, wie sehr manche meiner Gesprächspartner einen teils latenten, teils offenen Vorbehalt gegenüber dem Anspruch theoretischer Reflexion vorbrachten, im Einzelfall sogar gegenüber der Auseinandersetzung mit Büchern überhaupt. Als Gegenbewegung gegen den okzidentalen Rationalismus und gegen eine kognitivistisch vereinseitigte Lehrerbildung kommt da eine rationalitätsskeptische, im Einzelfall antirationalistische Mentalität auf die Praxis zu, auf die wir uns in verständiger Kritik einzustellen haben.

Der andere Mißbrauch der Idee ganzheitlicher Bildung besteht darin, daß mit dem Ganzheitspathos die Spannung unterschlagen wird, die in unserer conditio humana zwischen Geist, Seele und Leib gesetzt ist. Spätestens die Psychoanalyse hat uns ja darauf aufmerksam gemacht, welche ungeheure Konfliktdynamik hier generell wie auch speziell in *unserem* geschichtlich-gesellschaftlichen Kontext beschlossen liegt. Aus diesem Grund verdienen wohl auch die frühen Versuche einer psychoanalytisch orientierten Pädagogik, etwa des Schweizer Lehrers Hans ZULLIGER oder des zunächst in Wien und dann in den USA lebenden Erziehungsberaters und Sozialpädagogen Fritz REDL, ebenso wie aktuelle Bemühungen dieser Art, noch breitere Resonanz in Lehrerbildung, Selbststudium und Schulpraxis. Spannung und Zusammenhang, Zusammenhang und Spannung von Leib, Seele und Geist - diese Dialektik darf nicht unterschlagen werden.

4. Schulpädagogische und didaktische Konsequenzen

Ein in diesem Sinne ganzheitliches Verständnis der Person und ihrer Bildung führt zu wichtigen *schulpädagogischen und didaktischen Konsequenzen*. Für das Thema "Gesundheit" bedeutet dies unter anderem, daß es nicht genügt, "gesundheitliche Aufklärung" stärker im Curriculum zu berücksichtigen oder als Ausgleich zur kognitiven Vereinseitigung von Unterricht auflockernde motorische Ausgleichsphasen vorzusehen. Beides ist sicher wichtig; ich fände es beispielsweise hilfreich, wenn der verspannten Sitzhaltung von Schülerinnen und Schülern und deren Folgen für die geistige Arbeit wieder mehr Aufmerksamkeit gewidmet würde.

"Wir mußten nicht immer auf Stühlen sitzen" lautet der Titel eines Arbeitsberichts aus einem Projekt mit "pädagogischen Medien", das mein Hamburger Kollege Werner LAUFF (in SCARBATH 1988) vorgelegt hat. Es geht dabei gerade nicht um die Abspaltung der Gesundheitsthematik in einen isolierten Bereich von Lehr-Lern-Inhalten oder in kompensatorisch-ausgleichende Aktionen, die beide das übrige schulische Geschehen unberührt ließen. Ich erinnere in diesem Zusammenhang an die verwandte Problematik der Integration des Ästhetischen in die Pädagogik; auch da werden wir der Aufgabe nicht gerecht, wenn wir den generellen Zusammenhang von Ästhetik und Bildung zerreißen und uns nur bemühen, im Curriculum ein paar Stunden mit "musischem Ausgleich" zu retten ...

Wenn der Mensch ein ganzheitliches Wesen ist, das durch den spannungsreichen Zusammenhang von Leib, Seele und Geist bestimmt ist und dessen psychosomatische Gesundheit wesentlich von der Balance dieser Momente abhängt - dann sind alle drei Momente des Humanen *in jedweder Lehr-Lern-Situation* erkennbar und aufeinander bezogen, und dann gilt es, in der pädagogischen Arbeit *überall* jene drei Momente zu berücksichtigen und die Lernenden darin zu unterstützen, daß sie jene Balance stets neu wahren.

Ich mache daher aufmerksam auf die leiblichen Grundlagen und die emotionalen wie auch motorischen Komponenten gerade auch des Denkens. An einem scheinbar besonders leibfern-rationalen Gegenstand wie der Mathematik läßt sich das schön verdeutlichen: Mathematische Phänomene und die Liebe zur Mathematik haben ja durchaus auch ästhetische und emotionale Komponenten - was man jedem begeisterten Mathematiklehrer anmerken kann, wenn er seine Kurven malt oder an der Struktur einer Zahlenreihe seine Freude hat. Mathematisches Denken verlangt aber auch körperliche Anstrengung; Denken ist eine Aktivität, die den ganzen Körper erfaßt und mit vielen Muskeln mitvollzogen wird. An Ihren Schülern und auch an sich selbst können Sie das beobachten - wie bei einer schwierigen Aufgabe die Kiefer zusammengedrückt werden, die Haltung sich verkrampft oder motorische Unruhe eintritt. Moshé FELDENKRAIS, ein Physiker und Psychologe, vertritt geradezu die These, daß jedes Lernen auf (zugleich innerer und äußerer) Bewegung beruht.

Auf der anderen Seite sind aber dementsprechend auch die *geistigen und emotionalen Aspekte der Motorik* zu berücksichtigen. Dieses Argument ist uns bereits aus der reformpädagogischen Epoche vertraut: KERSCHEN-STEINER wurde ja nicht müde, der Abwehr der handwerklichen Tätigkeit als etwas vermeintlich "Ungeistigen" mit dem Hinweis auf die geistigen Momente genau solcher motorischen Praxis entgegenzutreten. Die österreichischen Reformerinnen des "Schulturnens", allen voran Margarete STREICHER, haben Ähnliches betont. In der Tat sind wir ja selbst bei scheinbar schlichten, alltäglichen Bewegungsvollzügen wie etwa dem Treppensteigen auf hochkomplexe kognitive Leistungen und Koordinationsschemata angewiesen. Mit besonderem Vergnügen erinnere ich mich an ein Unterrichtsprojekt des Sportpädagogen EHNI, das in seinem verfremdenden Arrangement zu "praktischem Lernen", zur Erkenntnis der Komplexität motorischer Vollzüge beitrug und zugleich wohl ohne eine Portion Verschmitztheit beim Lehrer und Lust am vermeintlichen Blödsinn bei den Schülern nicht gelungen wäre: EHNI übte mit seiner Klasse das "Brustschwimmen rückwärts".

Die emotional-affektiven Voraussetzungen und Implikationen des Lehrens und Lernens und die hier - auch sozialstrukturell - naheliegenden Quellen einer Sozialpathologie der Schule näher auszuführen, muß ich mir an dieser Stelle versagen. Ich kann nur auf die zahlreichen Beiträge hinweisen, die die psychoanalytisch orientierte Pädagogik seit Siegfried BERNFELD hierzu anbietet, etwa in den Arbeiten von Horst BRÜCK und Kurt SINGER, aber auch auf die Relevanz allgemeinerer psychoanalytisch-sozialpsychologischer Konzepte wie derjenigen von Alexander und Margarete MITSCHERLICH, Horst-Eberhard RICHTER oder Mario ERDHEIM für unsere Fragestellung (vgl. auch oben Kapitel 2).

"Macht Schule krank?" Nun sind wir am Ende doch bei der Frage

angelangt, die ich wegen ihrer plakativen Fassung, wegen ihrer das eindeutige "Ja" schon fast suggerierenden Dynamik bislang bewußt vermieden habe. Wie zumeist, ist auch hier ein simples mono-kausales Denken nicht zulässig, das einen eindeutigen Wenn-Dann-Zusammenhang nur *einer* Ursache und nur *eines* Effekts konstruiert. Und mit einseitigen Schuldzuweisungen wäre sowieso niemandem gedient. Gleichwohl muß gefragt werden, inwiefern Schule als Institution und die in ihr handelnden Lehrerinnen und Lehrer zur Störung jener Balance beitragen, von der ich in meiner einleitenden Bestimmung von "Gesundheit" sprach - inwiefern Schule also als *mit-ursächlich* für psychisches und somatisches Leiden von jungen Menschen gelten kann.

Auf dem Hintergrund der vorgetragenen Überlegungen möchte ich pointiert *meinen* Antwortversuch zur Diskussion stellen:
Schule als Institution und wir Lehrende als verantwortliche Mitmenschen laufen immer dann Gefahr, junge Menschen gesundheitlich zu beeinträchtigen oder bestehende Gefährdungen zu verstärken, wenn es nicht wenigstens ansatzweise gelingt, den Schülerinnen und Schülern in der alltäglichen Praxis folgende Erfahrungen zu vermitteln:
– daß sie nicht bloß als Kopfwesen und Wissensreproduzenten, sondern als ganze Personen in der spannungsreichen Einheit von Leib, Seele und Geist angesprochen und gefördert werden;
– daß ihnen in der Schule nicht nur mehr oder minder wissenschaftlich-fachlich qualifizierte Unterrichtsbeamte und Kompetenzvermittler gegenüberstehen, sondern unverwechselbare Mitmenschen, die zu dialogischer Beziehung bereit sind;
– daß sie nicht bloß als Objekte pädagogisch-sozialisatorischer Bemühungen vorkommen, sondern daß sie als Personen gefragt sind und unterstützt werden, die in eigentätigem Fragen, Denken und Probehandeln - auch in ihren Irrtümern und Fehlverhaltensweisen - *ihr* Selbstwerden aktivieren wollen;
– daß Schule als Institution nicht nur als Lernfeld überindividuell-gesellschaftlicher Praxis erkennbar (und kritisierbar) wird, sondern auch der "Individuallage" (PESTALOZZI) gerecht zu werden sucht - so besonders dadurch, daß Überforderungen und Unterforderungen erkannt und differenziert vermieden werden;
– daß Schule auch als sozialer Raum existiert, in dem ich mich dank der Überschaubarkeit kleinerer institutioneller und mitmenschlicher Einheiten (wie sie durchaus auch in großen Schulen organisierbar sind!) und

eines menschenfreundlichen Sozialklimas wohlfühlen kann und von einzelnen Freunden und vertrauenswürdigen Lehrerinnen und Lehrern getragen weiß.

Das zuletzt genannte Argument ist mir besonders wichtig, weil ich eine Reihe junger Menschen kenne, denen diese Erfahrung auch über schulische und persönliche Krisen hinweggeholfen hat. Für die erste und zweite Phase der Lehrerbildung - und übrigens auch für das soziale Klima von Kollegien und von Schulbezirken - gilt Analoges.

Dieses "sozialklimatische" Argument wird oft mißbraucht als Argument gegen die Gesamtschule - mir liegt daran, zu betonen, daß ich es so *nicht* einführe. Vielmehr lassen sich auch in großen institutionellen Gebilden Binnenstrukturen entwickeln und fördern, die der benannten Entwicklung dienlich sind. Die Rolle und Präsenz von Klassenlehrerin und Klassenlehrer bzw. Tutorin und Tutor sowie den kontinuierlicheren Zusammenhalt von Lerngruppen zu stärken und solchen kooperativen Einheiten einen beheimatenden und gemeinsam ausgestalteten Klassenraum zu sichern, erscheint mir hierfür unerläßlich.

Die geschichtlich-gesellschaftliche Lage erfordert es sowieso, den Phantasmagorien technischer Machbarkeit von Bildung und industrieller Funktionalisierung von Schülern den Abschied zu geben.

Aber um nicht Zustimmung von der falschen Seite zu erhalten: Auch das bloß rückwärtgewandte Beharren auf alten Konzepten, etwa solchen der Dreigliedrigkeit des Schulwesens, oder die Wiederbelebung sozialer Selektionsansprüche und sogenannter Elitebildung wären nicht tragfähig und in der heutigen Lage eher schädlich.

Auf der Grundlage des pädagogisch-anthropologischen Verständnisses von Bildung, das ich Ihnen in meinem Beitrag nahelegen wollte, kann ich - ebenso bestimmt wie grenzbewußt - ermutigen, ein pädagogisches Sehen, Denken und Handeln zu erproben, das dem Leib-Seele-Geist-Zusammenhang im Bildungsprozeß der Person *ein wenig* besser gerecht wird. Die Idee ganzheitlicher Bildung unter dem normativen Druck eines Perfektionsanspruchs verwirklichen zu wollen, wäre kontraproduktiv: *Auch hier geht es nicht um die perfekten, sondern um die "hinreichend guten" Lehrerinnen und Lehrer.*

Gleichwohl wird all dies nicht ausreichen. Die geschichtlich-gesellschaftliche Lage, in die heute junge Menschen hineingeboren werden, unterscheidet sich von der früherer Generationen grundsätzlich (vgl. oben Kapitel 3):

Wir sind nicht nur in der Lage, alles Leben atomar zu zerstören; wir sind auch dabei, die Naturgrundlagen unserer eigenen Existenz als Gattung unumkehrbar zu vernichten. Ich erinnere nur an Sachverhalte, die auch im sozialisatorischen und pädagogischen Zusammenhang zunehmend reflektiert werden und für die - exemplarisch - Stichworte wie "Tschernobyl", "Ozonloch" oder "Dioxinbelastung" stehen. Solche global wirksamen, vom Menschen selbst verursachten Bedrohungen der Gesundheit müssen von uns mitbedacht werden. Sie rücken das Erwachsenwerden junger Menschen in den Horizont drohenden Sinnverlusts und sind als mitursächlich zu begreifen auch für latente und manifeste Depressionen und die Flucht in Drogen.

Die beste gesundheitliche Aufklärung, aber auch eine noch so ganzheitlich orientierte Bildungsarbeit nutzen wenig, solange derartigen gefährdenden Rahmenbedingungen nicht entschiedener begegnet wird. Im Gegenteil, auch die jungen Menschen durchschauen in dieser Lage eine *bloß* pädagogische Reaktionsweise schnell als Alibi. Daher begrüße ich es, daß Wilhelm EBERT das Thema dieses Beitrags anläßlich des Lehrertags 1989 auch als ein *gesellschaftspolitisches* ansprach. In der Tat: *Der Zusammenhang von Erziehung und Gesundheit geht hier notwendig über in den Zusammenhang von Erziehung und Politik.*

Gesundheitliche Bildung ist in diesem Sinne notwendig auch politische Bildung. Sie muß die jungen Menschen befähigen, auf Grund unverstellter Einsichten und Erfahrungen ihre eigene Gefährdung reflexiv und politisch-demokratisch handelnd zu bearbeiten. Die Glaubwürdigkeit des Vorbilds von uns Erwachsenen ist auch in dieser Hinsicht entscheidend. Und schließlich: Schule und Erziehung müssen nicht ständig unbefragt jene Problembereiche pädagogisiert übernehmen, die die Gesellschaft selbst nicht hinreichend zu bearbeiten vermag und daher der Schule delegiert. Statt die beliebten Schuldzuweisungen zu akzeptieren, wonach die Schule hier wieder einmal versage, können wir unsere Erfahrungen und Einsichten darüber, wie junge Menschen die Belastungen und Gefährdungen ihres Erwachsenwerdens erleben und zu verarbeiten suchen, in die Öffentlichkeit geben und auch jenen kritisch zurückspiegeln, die jene Gefahren übersehen oder aber mitverursachen, billigend in Kauf nehmen oder verharmlosen.

Literatur

BITTNER, Günther: Was ist human? In: Neue Sammlung 26 (1986), H.3, S.408-422

BITTNER, Günther: Das Sterben denken um des Lebens willen. Ein Lehrstück tiefenpsychologisch-pädagogischer Menschenkunde. Würzburg 1984

BOLLNOW, Otto Friedrich: Die Pädagogik der deutschen Romantik. Stuttgart 3.A. 1977

Brockhaus-Enzyklopädie. Mannheim, 19., völlig neu bearb. Auflage. Art. "Gesundheit" in: Bd. VIII, Sp. 439-442

EBERT, Wilhelm: Ganzheit und Erziehung. Skizzen zum pädagogischen Menschenbild. Trostberg 1987

FAUSER, Peter / FINTELMANN, Klaus / FLITNER, Andreas (Hrsg.): Lernen mit Kopf und Hand. Berichte und Anstöße zum praktischen Lernen in der Schule. Weinheim/Basel 1983

FELDENKRAIS, Moshé: Die Entdeckung des Selbstverständlichen. Frankfurt am Main 1987

FEND, Helmut: Sozialgeschichte des Aufwachsens. Frankfurt am Main 1988

HURRELMANN, Klaus: Sozialisation und Gesundheit. Weinheim 1989

KOCH, Friedrich: Negative und positive Sexualerziehung. Heidelberg 1971

LAUFF, Werner: "Wir mußten nicht immer auf Stühlen sitzen." Arbeit mit pädagogischen Medien. In: SCARBATH 1988, S.75-96

MONTESSORI, Maria: Kinder sind anders. Stuttgart 10.A. 1978

NOHL, Herman: Charakter und Schicksal. Eine pädagogische Menschenkunde. Frankfurt am Main 5.A. 1951

PAUL, Jean (Friedrich RICHTER): Levana oder Erziehlehre (1806/1814). Hrsg. v. Theo DIETRICH, Bad Heilbrunn 1963

PESTALOZZI, Johann Heinrich: Ausgewählte Schriften. Hrsg. v. Wilhelm FLITNER, Düsseldorf/München 1954 (identische Neuausgabe Frankfurt a.M. 1983. Darin bes.: "Die Abendstunde eines Einsiedlers", 1780; Stanser Brief, 1799; "Meine Nachforschungen ...", 1797)

PLATON: Politeia. In: Sämtliche Werke. In der Übersetzung von Friedrich SCHLEIERMACHER mit der STEPHANUS-Numerierung hrsg.v. Walter F. OTTO, Ernesto GRASSI und Gert PLAMBÖCK. Bd. 3, Reinbek 1958, S. 67-310

PLATON: Phaidros. In: Sämtliche Werke. (Wie oben.) Bd. 4, Reinbek 1958, S.7-60

RÖHRS, Hermann: Die Reformpädagogik. Ursprung und Verlauf unter internationalem Aspekt. 3.Auflage (Neuausgabe) Weinheim 1991

RÖHRS, Hermann: Die Reformpädagogik und ihre Perspektiven für eine Bildungsreform. Donauwörth 1991

RUMPF, Horst: Die übergangene Sinnlichkeit. München 1981

SCARBATH, Horst: Geschlechtserziehung. Heidelberg 2.A. 1969

SCARBATH, Horst: Karl Marx. In: SCHEUERL 1979/1991, Bd. II, S. 7-45

SCARBATH, Horst (Hrsg.): Mit Medien leben. Bad Heilbrunn 1988

SCARBATH, Horst und FATKE, Reinhard (Hrsg.): Pioniere psychoanalytisch orientierter Pädagogik. Bern / Frankfurt am Main 1992

SCHEUERL, Hans: Pädagogische Anthropologie. Eine historische Einführung. Stuttgart 1982

SCHEUERL, Hans (Hrsg.): Klassiker der Pädagogik. 2 Bde. München 1979; 2.erg.A. 1991

SCHÜTZE, Thomas: Ästhetisch-personale Bildung. Eine rekonstruktive Interpretation von Schillers zentralen Schriften zur Ästhetik aus bildungstheoretischer Sicht. Phil. Diss. Hamburg 1991

STRUCK, Peter: Pädagogik des Klassenlehrers. Hamburg 1981

WALLRABENSTEIN, Wulf: Offene Schule - offener Unterricht. Reinbek 1991

7. WAS IST PÄDAGOGISCHES VERSTEHEN?
Verstehen als Element pädagogischer Handlungskompetenz

"Alle haben nur auf mich eingeredet. Verstanden hat mich keiner."
Ein fünfzehnjähriger Fürsorgezögling

1. Verstehen ist nicht selbstverständlich: Versuch einer Vorverständigung

Was Verstehen ist, meint im Alltag jeder zu wissen, so wohl auch jeder Erzieher. Verstehenkönnen zählt geradezu zum Tugendkatalog des Pädagogen. Die Fähigkeit, kindliche und jugendliche Verhaltensweisen - gerade auch in ihrer Fremdheit - verständnisvoll aufzunehmen und pädagogisch-psychologisch angemessen zu verstehen, wird insbesondere seit der Entstehung der modernen Kinder- und Jugendpsychologie (um 1890-1900) und seit der Erziehungskritik und den Erneuerungsansätzen der deutschen und internationalen Reformpädagogik (im wesentlichen 1900-1933) von Eltern, Lehrern und Sozialarbeitern ausdrücklich erwartet. Aber die Häufigkeit, mit der auch in der Gegenwart das Verstehenkönnen postuliert wird, läßt vermuten, daß die Fähigkeit und Bereitschaft zu pädagogischem Verstehen in der Erziehungswirklichkeit keineswegs schon gesichert ist - müßte man sie sonst so betont und so oft einfordern? Das Mißlingen des Verstehens, ja die pädagogische Kommunikationsunfähigkeit wird in vielen neueren Autobiographien thematisch, besonders eindringlich etwa in den autobiographisch orientierten Romanen des Österreichers INNERHOFER. Im Rahmen eines Hamburger Beratungslehrerkurses kam mehrfach die Scheu von Lehrerinnen und Lehrern zur Sprache, bei "abweichendem" Verhalten von Schülerinnen und Schülern die Zusammenarbeit mit den betreffenden Eltern zu suchen - zu oft hatte man auf bloße Ansprache hin Überreaktionen der Eltern gegen das Kind erlebt, von der Schimpfkanonade bis hin zur körperlichen Mißhandlung. Und einige neuere Autoren schreiben sogar der erziehungswissenschaftlichen Theoriebildung im Einzelfall die Funktion zu, Verstehen entgegen eigenem Anspruch eher zu verhindern. So etwa ZIEHE im Zusammenhang seiner Deutung der heutigen Jugendentwicklung: "Die spezifische Definition des Jugendbegriffs durch die Erwachsenen dient letztlich ihrer eigenen Identitätsfindung; sie ist kein Ergebnis des 'Verstehens' der Jugendlichen, sondern Funktion der Erwachsenenbedürfnisse" (ZIEHE 1979, S.7).

Wiederum aber: Wissen wir denn überhaupt, was Verstehen, und näherhin: was pädagogisches Verstehen ist? Oder kommt der heute wieder verbreiteten Rede vom pädagogischen Verstehen (exemplarisch der Untertitel von BAACKE/SCHULZE 1979 "Zur Einübung pädagogischen Verstehens") eher die Funktion einer affirmativen Leerformel zu? Der alltägliche Sprachgebrauch schafft zusätzliche Verwirrung: "Ich kann verstehen, daß du keine Lust hast, bei diesem schönen Wetter zu arbeiten." - "Dieses Wort habe ich nicht verstanden." - "Ich kann nicht verstehen, wie man so arglos sein kann." - "Ich verstehe dich." - "Ich verstehe dich ja, aber ..." - "Alles verstehen heißt alles verzeihen." - "Du willst mich ja gar nicht verstehen." - "Den Sinn dieses Hinweises habe ich nicht verstanden." - "Diesen Roman von JOYCE habe ich nie verstanden." Schon diese recht zufällig zusammengestellten Beispielsätze enthalten z.T. ganz unterschiedliche Bedeutungsvarianten: das Nachvollziehen von Motiven oder Einstellungen eines anderen (unter gemeinsam geteilten Bedingungen); das Auffassen und Begreifen eines Sachverhalts oder eines zunächst verborgenen Sinns; das Deuten eines Motivs aus einem größeren Zusammenhang heraus, aber auch umgekehrt eines Ganzen, etwa eines Kunstwerks, aus seinen Elementen; schließlich sogar das Akzeptieren und Verzeihen. "Verstehen" betrifft offenbar sowohl Sachverhalte als auch Personen, Elemente (z.B. das Wort eines Satzes) wie auch Ganzheiten. Ist einmal mehr eine aktiv-gerichtete, ja eindringende Bewegung des verstehenden Subjekts auf oder in ein Objekt gemeint, so ein andermal mehr das An-sich-Heranlassen von Impulsen eines anderen Subjekts.

Diese Disparatheit möglicher Vorverständnisse spiegelt sich auch in neueren Definitionsversuchen. So referiert DIETERICH: "Verstehen bedeutet, mit dem Verstand in einen Sachverhalt eindringen. Es ist der 'Vorgang des geistigen Erfassens' (GRIMMsches Wörterbuch), die Sinnerfassung eines Zusammenhangs (JASPERS ...), die Auffindung geistiger Strukturen (DORSCH ...), eine 'geistige Operation', die in ein Gegebenes, das irgendwie unbekannt ist, 'hinein' geht, in Unerforschtes und Verborgenes eindringt, um es zum Vorschein zu bringen (DIEMER ...)" (DIETERICH 1978, S.358)

Verstehen, so scheint es, ist alles andere als selbstverständlich - weder in praktischer noch in theoretischer bzw. forschungsmethodischer Hinsicht. Zudem: Wenn Verstehen - wie es hier geschehen soll - als *interaktioneller Prozeß* begriffen wird, ist zu fragen, wie die Konstitution solchen Verstehens im pädagogischen Kontext gedacht und praktisch ermöglicht werden kann, und *wie sich die spezifische Interaktionsstruktur eines pädagogischen*

Verstehens idealtypisch darstellen läßt. Erst auf der Grundlage entsprechender Klärung erscheint es mir sinnvoll, über Möglichkeiten und Grenzen der Vermittlung einer entsprechenden Handlungskompetenz zu diskutieren.

Für ein Vorverständnis des pädagogischen Verstehens erbringen alltäglicher Sprachgebrauch (einschließlich möglicher etymologischer Vertiefung) und lexikalische Definitionskataloge ehestens erste Schritte. Bereits 1914 hatte Aloys FISCHER hervorgehoben: "Nicht der Sinn der Worte, d.h. die Verdeutlichung der sprachlichen Meinung, sondern die Beschreibung des gemeinten Etwas ist die aller Forschung zugrunde liegende, sogar die Fragestellung erst ermöglichende Aufgabe der Wissenschaft" (FISCHER 1914/1950, S.15). Diese Aussage bedarf allerdings kritischer Ergänzung: Bereits Beschreibung und Problemstellung sind kategorial angeleitet und inhaltlich motiviert von der geschichtlichen Lage des Forschers in seiner Zeit und in bestimmten Denktraditionen. Aus der Geschichtlichkeit unseres Denkens und somit aus der Eingebundenheit in den "hermeneutischen Zirkel" können wir nicht fliehen (dies ist eine wesentliche Einsicht seit DILTHEY), wir können uns ihrer nur reflexiv und kritisch vergewissern. Daher möchte ich offenlegen, was mein *Vorverständnis* der Problematik bestimmt - nicht im Sinne dogmatischer Voraussetzung, sondern im Sinne je vorläufiger, konkret zu erprobender Orientierung.

Das Problem des pädagogischen Verstehens steht für mich im Zusammenhang einer *personal-dialogischen Pädagogik.* Ich lasse mich anleiten von der anthropologischen Auffassung des jungen Menschen (wie auch des Erziehers) als einer *je konkreten* Person. Die *Chiffre der Person* steht hier für die Einmaligkeit und unableitbare Würde des einzelnen Menschen in seiner Leib-Seele-Geist-Einheit (also z.B. nicht nur in seiner kognitiven, sondern auch in seiner affektiven Dimension, vgl. bereits DILTHEY Ges.Schr. V, S.11) und in seiner jeweiligen lebensgeschichtlichen Lage. Sie steht aber zugleich für die - auch empirisch rekonstruierbare - Verwiesenheit des einzelnen, sich in seiner Lebensgeschichte entwickelnden Menschen auf Zuspruch und mitmenschlichen Bezug. Mit "Person" ist somit - in Abwehr solipsistischer wie kollektivistischer Konzepte - auf ein nichtindividualistisches, dialogisches Subjektverständnis verwiesen. Wenngleich dieses Personverständnis der Dialogik Martin BUBERs entscheidende Impulse verdankt (vgl. auch SCARBATH/SCHEUERL 1979/ 1991), begrenzt es die Konstitution der Personalität nicht auf das Ereignis des "Zwischen" in der Beziehung von Ich und Du (bzw. Erzieher und jungem Menschen), sondern akzentuiert - angeregt auch durch die pädagogische Anthropologie PESTALOZZIs - auch den "Selbststand" der Person oder, modern gesprochen, das Selbst-Sein und Selbst-Werden in Beziehungen (vgl. BITTNER 1981; B.PRIOR 1984; zur sozialontologischen Problematik bes. THEUNISSEN 1977).

Dabei ist sinnanthropologisch wie empirisch immer eine *Doppelstruktur* hypothetisch zu unterstellen und zu prüfen: Der Mensch *ist* schon je Person, verfügt somit von Anfang an auch über eigene Selbstgestaltungstendenzen (Abwehr eines tabula-rasa-Modells); der Mensch *wird* (in einem prinzipiell offenen, lebenslangen Prozeß) Person (Abwehr von nativistischen und von Laissez-faire-Konzepten). Die aspektuelle Antithetik dieser Sätze kann nur um den Preis eines verkürzten und im Einzelfall schädlichen Praxiskonzepts hintergangen werden. Ich vermute, daß herrschaftlich-verfügende Konzepte verstehender sozialpädagogischer Praxis, wie sie z.b. von BRUMLIK (1980, 1982) und in MÜLLER/OTTO 1984 kritisiert worden sind, von derartiger Vereinseitigung des pädagogisch-anthropologischen Vorverständnisses mitbedingt sind.

Unter *Erziehung* verstehe ich die *Ermöglichung von Bildungsprozessen*. Diese sind grundsätzlich Werk des jungen Menschen bzw. des sich lebenslang entwickelnden Erwachsenen selbst. Sie können nicht einfach "hergestellt" werden, wie es sich in älteren, gleichwohl in der Praxis noch wirksamen sozialisationstheoretischen Darstellungen las (die vielfach an einer damals noch behavioristischen Lernpsychologie und/oder an einem objektivistischen, herrschaftlich-verfügenden Arbeitsbegriff aus MARX' Spätwerk orientiert waren; zu letzterem vgl. SCARBATH 1979/1991.

Gleichwohl bedürfen die Bildungsprozesse des jungen Menschen gezielter Anregung, Ermutigung und Förderung, ja der Herausforderung durch den *Anspruch einer Sache bzw. einer Aufgabe*. Eine im Sinne der aristotelischen Unterscheidung von poiesis und praxis als *ermöglichende Praxis* begriffene Erziehung, somit auch pädagogisches Verstehen, muß dabei auf Elemente empirischer Analyse und rationaler Planung nicht verzichten, solange diese offen sind für Korrektur und "Verflüssigung" im praktisch-pädagogischen Dialog (der hier im Anschluß an BUBER als Beziehungs- und nicht nur als Unterredungsstruktur verstanden wird).

Übrigens: Micha BRUMLIKs Rationalismusverdikt (insbesondere die Kritik am neuzeitlich-cartesianischen Methodenideal in BRUMLIK 1980), ins Feld geführt nicht nur gegen empirisch-analytisch fundierte, sondern auch gegen hermeneutisch orientierte Verstehensintentionen in pädagogischer Forschung und Praxis, müßte von da her differenziert und ggf. korrigiert werden: Ein Zusammenhang zwischen der Form forschungsmethodischer Zugriffe und der Form praktisch-methodischer Handlungsfiguren ist zwar historisch oft belegt (z.b. Behaviorismus und Handlungsmodifikation vor deren "kooperativer" Wende), als ein notwendiger oder zwangsläufiger aber keineswegs erwiesen (dies auch zur Präzisierung eigener früherer Aussagen, z.b. SCARBATH 1979, S.215). GROEBENs Unterscheidung von "Objektivierung der Methodologie" und "Subjektivierung", näherhin "Prozessualisierung" des Gegenstandsbereichs in der Hermeneutik könnte hier weiterführen (GROEBEN 1972, S.170). (Allerdings würde ich unter "Objektivität" nicht notwendig Unabhängigkeit von der Subjektivität des Forschers und von den intersubjektiv-situationellen Elementen der Datengewinnung verstehen, sondern von meinem Wissenschaftsverständnis her deren Transparenz dank diskursivem Offenlegen.)

Eine nähere Bestimmung des pädagogischen Verstehens als eines *praktischen* Verstehens, so läßt sich im Licht des oben skizzierten Verständnisses der menschlichen Person und ihrer Bildung vorläufig resümieren, hat über die allgemeine Bestimmung von Verstehen als einer zugehenden, hervorlockenden und interpretierenden Handlung hinaus folgende zwei Elemente als wesentlich mitzubedenken:

1. Pädagogisches Verstehen steht im Kontext einer mitmenschlichen Beziehung (sei diese punktuell oder kontinuierlich, im Rahmen gemeinsamer Lebenspraxis begründet). Es bleibt dabei grenzbewußt angesichts der Anderheit des anderen in der Beziehung (Abwehr einer Subjekt-Objekt-Konfundierung - vgl. GROEBEN 1972 sowie die psychoanalytische Kritik an Projektion und Verschmelzung; Abwehr von Kolonisierungsintentionen gegenüber fremden Lebenswelten, vgl. BRUMLIK 1980). Die Frage gelingender "Verständigung" (WALDENFELS 1980) und somit die Frage pädagogisch-verstehender Interventionsberechtigung sind je neu gestellt.

2. Pädagogisches Verstehen steht im Kontext der Ermöglichung (Anregung, Förderung) der Bildung des Educandus. Verstehensakte werden demnach erst dadurch zu pädagogischen, daß sie der Bildung des anderen (verstanden als zunehmend reflexive Selbstentfaltung der Person oder, in psychoanalytischer Sprache, als Entwicklung des Selbst) dienlich bzw. auf diese gerichtet sind. Damit steht pädagogisches Verstehen nicht nur in der Spannung zwischen pädagogischen Intentionen und pädagogischen Wirkungen (vgl. hierzu HEID 1975), sondern auch in der Spannung zwischen Überlegenheit des Erziehers und kontrafaktisch (im Interesse wachsender Mündigkeit) zu unterstellender Gleichrangigkeit des Educandus (vgl. SCHEUERL 1978).

Aus beiden Gründen wird der in der pädagogisch-praktischen Tradition überlieferte Anspruch, den anderen besser zu verstehen, als er sich selbst verstehe, systematisch gebrochen. (DILTHEY, dem der Satz oft fälschlich in dieser Form zugeschrieben wird, hatte "vom letzten Ziel des hermeneutischen Verfahrens" - und zwar bei der Auslegung von Texten! - gesprochen, "den Autor besser zu verstehen, als er sich selbst verstanden hat", Ges. Schr. V, S.331; DILTHEYs im SCHLEIERMACHERschen Sinne dialektische Gegenthese muß mitgelesen werden, die Auslegung "vollziehe ihre Aufgabe immer nur relativ und kann nie vollendet werden. Individuum est ineffabile", ebenda S.330).

2. Textverstehen und Personverstehen in der Hermeneutik - ein problemgeschichtlicher Rekurs

Die Chiffre des Verstehens hat in der gegenwärtigen Erziehungswissenschaft einen bedeutenden Stellenwert erhalten. Dieser Sachverhalt läßt sich "verstehen" im Zusammenhang zweier aktueller Strömungen in Theorieproduktion und Forschungspraxis: Erstens der Wiederaufnahme der hermeneutischen Tradition der deutschen Erziehungswissenschaft nach einer Phase ideologiekritischer (und, wie sich näher belegen ließe, vielfach pauschaler und historisch ungerechter) Distanz zur "geisteswissenschaftlichen Pädagogik" und zur philosophischen Hermeneutik (wobei die pädagogische HABERMAS-Rezeption noch nicht einmal die differenzierenden Hinweise in HABERMAS' GADAMER-Kritik, z.B. in HABERMAS 1967, S.149ff., aufzunehmen bereit gewesen war). Exemplarisch sei verwiesen auf die differenzierend-kritische Neuaneignung in THIERSCH/ RUPRECHT/HERRMANN (1978) und auf die aktuelle Diskussion über eine Rekonstruktion hermeneutischer Pädagogik, so besonders in der Arbeitsgemeinschaft "Wissenschaftstheorie - Wissenschaftsgeschichte" der *Deutschen Gesellschaft für Erziehungswissenschaft* (wobei ich mit PASCHEN 1979 und UHLE 1981 Rekonstruktion nicht als logische Rekonstruktion im Sinne der "Erlanger Schule", sondern als "aktualisierende Wiederherstellung" begreife).
Zweitens hat die pädagogisch orientierte Kinder- und Jugendforschung, Anregungen aus Phänomenologie und interpretativer Sozialforschung aufnehmend, das "Verstehen" kindlicher und jugendlicher Lebensäußerungen in deren alltäglichem Kontext zum Programm erhoben und erste entsprechende Gehversuche unternommen. Nicht immer kommt es dabei aller-

dings zu einer näheren Explikation eines Begriffs von Verstehen bzw. näherhin von pädagogischem Verstehen (so ist er mir z.b. in dem wichtigen, auf narrative Pädagogik und biographische Interpretation bezogenen Band von BAACKE/SCHULZE 1979 relativ dunkel geblieben). Dies hat unter anderem zur Folge, daß forschungsmethodisches Verstehen und pädagogisch-praktisches Verstehen nicht hinreichend unterschieden werden, bzw. daß beider Zusammenhang und Differenz nicht hinreichend diskursiv angesprochen werden.

Die möglichen wissenschaftssoziologischen Gründe solcher Wiederaneignung von Hermeneutik können hier nicht näher diskutiert werden. Angemerkt sei nur, daß die beliebte Rede vom "Paradigmenwechsel" oder der soundsovielten "Wende" in der Erziehungswissenschaft angesichts intensiver und anthropologisch vertiefender Weiterentwicklungen empirisch orientierter Konzepte und Forschungsmethoden (z.B. "kognitivistische" und "humanistische" Konzepte in der Pädagogischen Psychologie) ein schiefes Bild vermittelt. Nicht auf die ausschließliche Pflege bestimmter, durch "Zitierkartelle" abgesicherter Paradigmata wird es künftig ankommen, sondern auf eine Weiterentwicklung des interparadigmatischen Gesprächs und einer "pluralistischen" (RÖHRS 1982, S.41) oder "mehrperspektivischen" (SCARBATH 1979) Erziehungswissenschaft. Diese setzt allerdings die Konsolidierung auch einer hermeneutischen Forschungs- und Theoriekonzeption in der Pädagogik voraus. Übrigens dürfte sich der z.B. von ZEDLER (1982, S.272) hergestellte Zusammenhang zwischen der Krise der Bildungsreform nach 1974 und der "gegenwärtigen Theorieszene" ebenso als bloß monokausal erweisen wie die Gegenthese von GRAVENHORST/HONIG/WAHL (1982), das Ende der Reformära führe zum Niedergang subjektorientierter, interpretativer Sozialforschung.

Im vorliegenden Zusammenhang möchte ich das Augenmerk auf einen anderen Befund lenken: daß nämlich die aktuelle Vergegenwärtigung pädagogischer Hermeneutik primär an einer Rekonstruktion pädagogischer Theorie interessiert scheint, und daß interpretativ orientierte Forschungspraxis - auch bei explizitem Anspruch, verstehende Handlungskompetenzen im erzieherischen Umgang anzuregen oder zu fördern - primär an der *Hermeneutik von Texten* und weniger am *Verstehen von Personen* orientiert ist. Das methodisch gesicherte "Einfangen", Dokumentieren und Interpretieren von Texten (hier: Statements oder narrativen Sequenzen) hat sicher auch forschungspragmatische (Abrufbarkeit, intersubjektive Validierung im Forscherteam) und im Einzelfall erkenntnistheoretische und sozialphilosophische Gründe. (Vgl. zur Erkenntnistheorie bzw. Methodologie den Vorschlag von GROEBEN 1972, S.168, zur Vermeidung von Subjekt-Objekt-Konfundierungen "Deuten und Daten" zu trennen und Erleben und Interpretation unterschiedlichen Subjekten zuzuordnen; zur Sozialphilosophie die m.E. in die Nähe elitärer Sozialphilosophien geratende Annahme von OEVERMANN und Mitarbeitern 1977, S.372ff. und andernorts, ein hinreichendes Verständnis der "latenten Sinnstruktur der sozialisatorischen Interaktion" sei den beteiligten Subjekten prinzipiell nicht möglich.) Dieser Sachverhalt hat unter anderem dazu geführt, daß das Problem *praktisch-pädagogischen Verstehens* in der gegenwärtigen Erziehungswissenschaft sträflich vernachlässigt worden ist. Nur wenige Autoren - so insbesondere Werner LOCH - heben hervor: "Pädagogisches Verstehen ist ein praktisches Verstehen" (LOCH 1978, S.9). Ich deute diesen Mangel aber zugleich als Verkürzung der hermeneutischen Tradition, in der - wie sich exemplarisch an DILTHEY zeigen läßt - Texthermeneutik und Interaktionshermeneutik (interpersonales Verstehen) immer in systematischer Nachbarschaft standen.

"Hermeneutik" meint ursprünglich die "hermeneutike techne", die Kunst (und die darauf bezogene Kunstlehre im Sinn der mittelalterlichen "ars") des Dolmetschens und Auslegens. Im griechischen Wort steckt vermutlich der Name des Götterboten Hermes. Das mythologische Bild erscheint mir durchaus bezeichnend: Wer sich auf die Kunst des Hermes versteht, ist ein Grenzgänger. Er muß sich in fremde Welten hinüberbegeben, verschlüsselte Botschaften über Grenzen hinweg vermitteln, sich auf je andere Sprachspiele verstehen und Verständnishilfe leisten.
Für die Geschichte der europäischen Hermeneutik (vgl. dazu besonders DILTHEYs instruktive Skizze "Die Entstehung der Hermeneutik" in Ges.Schr. V, S.317-338) war es bezeichnend und folgenreich, daß sie das Problem des Verstehens im wesentlichen als Problem des verstehenden Dialogs mit den klassischen Autoren und mit der biblischen Tradition thematisiert hat. Hier ging es zwar immer auch um das Verständnis der hinter dem Text stehenden historischen Person oder der vom personalen Gott ausgehenden Anrede, aber eben wesentlich um textvermitteltes und textbezogenes Verständnis.
Folgenreich war hier auch der hohe Rang, den die Reformation und die Renaissancehermeneutik dem "Schriftprinzip", also dem direkten Rekurs zu den biblischen Texten, zur Kritik der dogmatisch-lehramtlichen Tradition beimaßen: "Die endliche Konstituierung der Hermeneutik verdankt man aber der biblischen Interpretation" (DILTHEY Ges.Schr. V, S.324).

DILTHEY weist besonders auf die "Clavis" ("Schlüssel", sc. zum Verständnis) des FLACIUS (1567) hin, der in diesem Werk erstmals das "psychologische oder technische Prinzip der Auslegung" erfaßt habe, wonach "die einzelne Stelle aus der Absicht und Komposition des ganzen Werkes interpretiert werden muß" (DILTHEY V, S.325): "Auch sonst überall erhalten ja die einzelnen Teile eines Ganzen aus ihrer Beziehung zu diesem Ganzen und dessen anderen Teilen ihr Verständnis" (FLACIUS nach DILTHEY, ebenda S.325).

Die Problemgeschichte der Hermeneutik näher nachzuzeichnen und insbesondere SCHLEIERMACHERs wichtige Unterscheidung von grammatischer und psychologischer Interpretation näher zu würdigen, ist hier nicht der Ort. Ein durchaus spannungsreicher Zusammenhang von Personverstehen und Textverstehen ließe sich bereits dort nachweisen.

Dennoch ist wohl Wilhelm DILTHEY (1833-1901) der erste, der das Verstehen der Tradition und somit insbesondere das Textverstehen mit den elementareren Formen des alltäglichen mitmenschlichen Verstehens eingehend in Beziehung gesetzt hat, indem er beide Verstehensrichtungen auf gemeinsame anthropologische Wurzeln zurückgeführt hat. Hinweise zu diesem Zusammenhang finden sich besonders in den "Entwürfen zur Kritik der historischen Vernunft" (Plan der Fortsetzung zum "Aufbau der geschichtlichen Welt in den Geisteswissenschaften") unter dem Titel "Das Verstehen anderer Personen und ihrer Lebensäußerungen" (Ges.Schr.VII, S.205ff.) und in der bereits oben skizzierten Skizze "Die Entstehung der Hermeneutik" (Ges.Schr. V, S.317ff.)

Bekannt ist weithin DILTHEYs Trias von Erleben, Ausdruck und Verstehen; das Verstehen stellt sich somit dar als interpretativer Nachvollzug fremden Erlebens. Die Konstitution des Verstehens ist für DILTHEY möglich auf der "Grundlage der allgemeinen Menschennatur" (im Anschluß an SCHLEIERMACHER: V, S.329) und im Kontext gemeinsamen "Lebenszusammenhangs", das heißt aber immer auch: der Tatsache, daß wir in bestimmte Traditionen gestellt sind (ein Motiv, das später GADAMER besonders hervorheben wird, indem er zugleich die "Polarität von Vertrautheit und Fremdheit" der Überlieferung zur Sprache bringt: GADAMER 1975, S.279).

Oft übersehen wurde hingegen die Allgemeinheit des DILTHEYschen Verstehensbegriffs und hierin der Zusammenhang von Personverstehen und Textverstehen: "Sonach nennen wir Verstehen den Vorgang, in welchem wir aus sinnlich gegebenen Zeichen ein Psychisches, dessen Äußerung sie sind, erkennen. - Dies Verstehen reicht von dem Auffassen kindlichen Lallens bis zu dem des Hamlet oder der Vernunftkritik. Aus Steinen, Marmor, musikalisch geformten Tönen, aus Gebärden, Worten und Schrift, aus Handlungen, wirtschaftlichen Ordnungen und Verfassungen spricht derselbe menschliche Geist zu uns und bedarf der Auslegung" (DILTHEY Ges.Schr. V, S.318f.). Ausdrücklich hebt DILTHEY in diesem Zusammenhang hervor, daß die Methode des Verstehens überall "gemeinsame Merkmale" habe (ebenda S.319).

Dem Verstehen aktueller Lebensäußerungen und dem Verstehen von "in der Schrift enthaltenen Reste(n) menschlichen Daseins" (V, S.319) wird so ein prinzipiell analoger Status eingeräumt. Mehr noch: Auch das Verstehen von Texten verweist auf die hinter dem Text stehende Person, die ihrem Erleben Ausdruck gegeben hat. Zugespitzt: *Verstehen ist dialogisches Verstehen* (vgl. DILTHEYs Rekurs auf Friedrich SCHLEGELs und SCHLEIERMACHERs Verständnis des dialogischen Philosophierens PLATONs: V, S.328).

Andererseits gelangt DILTHEY aber durchaus auch zu einer Hierarchisierung der Gegenstände und der Grade methodischer Strenge des Verstehens; an deren Spitze steht das "kunstmäßige Verstehen von dauernd fixierten Lebensäußerungen" und hier wiederum - höherrangig als z.B. die Auslegung von Werken der Musik oder der bildenden Kunst - die "Interpretation der in der Schrift enthaltenen Reste menschlichen Daseins" (DILTHEY Ges.Schr. V, S.319, Zitate dort hervorgehoben). Zwei Gründe führen DILTHEY zu dieser Präferenz: der besondere Rang der schriftlich objektivierten Sprache im Zusammenhang von Erleben, Ausdruck und Verstehen ("... daß in der Sprache allein das menschliche Innere seinen vollständigen, erschöpfenden und objektiv verständlichen (!) Ausdruck findet", a.a.O. S.319); sodann das besondere Maß an Vergegenständlichung und Kontrollierbarkeit der Texte und ihrer Interpretation: "Aber auch angestrengteste Aufmerksamkeit kann nur dann zu einem kunstmäßigen Vorgang werden, in welchem ein *kontrollierbarer Grad von Objektivität* erreicht wird, wenn die Lebensäußerung fixiert ist und wir so immer wieder zu ihr zurückkehren können" (A.a.O. S.319, Hervorhebung Sc.).

Nicht nur Personverstehen und Textverstehen werden somit in DILTHEYs Hermeneutik in geklärt-ungeklärter Spannung aufeinander bezogen, sondern auch ein dialogisches und ein objektivistisches Methodenideal. Ich vermute, daß die im engeren Sinne pädagogisch-hermeneutische Tradition mit dieser kognitiven Dissonanz nicht zurechtgekommen ist und sich jedenfalls in ihrer Methodologie zugunsten des einen Pols entschieden hat. Mit der Präferenz der Texthermeneutik wären dann entgegen dem eigenen

Selbstverständnis Elemente des "cartesischen Methodenideals" (BRUMLIK 1980) und womöglich die mehr zugreifend-analytische und nicht die dialogisch-mäeutische Variante des Verstehensbegriffs übernommen worden. Nähere Untersuchung, als sie hier möglich ist, hätte diese Vermutung differenziert zu überprüfen.

Vielleicht ist im Licht des hier unternommenen Rekurses auf die Problemgeschichte der Hermeneutik verständlich, warum eingehendere Rekonstruktionen des Personverstehens in der neueren Pädagogik der Ausnahmefall geblieben sind. Einen solchen Ausnahmefall stellt Eduard SPRANGER dar (s.u.), dessen Praxisfigur des "emporbildenden Verstehens" eben nicht nur in der Tradition der DILTHEYschen Hermeneutik steht, sondern ausdrücklich auch in der Nachfolge der sokratischen Dialogik und implizit (aber nachweisbar) unter dem Eindruck der Anthropologie und Erziehungspraxis PESTALOZZIs.

Unabhängig von der oben aufgewiesenen Spannung zwischen Textverstehen und Personverstehen, dialogischem und objektivistischem Methodenideal bei DILTHEY, kann die "aktualisierende Wiederherstellung" seines Beitrags im Blick auf eine künftige pädagogische Interaktionshermeneutik wohl keineswegs auf folgende Einsichten DILTHEYs verzichten:

1. die Einsicht in den *"hermeneutischen Zirkel"* oder besser die hermeneutische Spirale (Denkbewegung vom Vorverständnis über den Verstehensprozeß zu einem geklärten und erweiterten Vorverständnis als Ausgangspunkt weiteren Verstehens);

2. die Einsicht in die *wechselseitige Erhellung von Teil und Ganzem* im Verstehensprozeß: "So läuft die Bewegung des Verstehens stets vom Ganzen zum Teil und zurück zum Ganzen. Die Aufgabe ist, in konzentrischen Kreisen die Einheit des verstandenen Sinnes zu erweitern. Einstimmung aller Einzelheiten zum Ganzen ist das jeweilige Kriterium für die Richtigkeit des Verstehens" (GADAMER 1975, S.275);

3. schließlich die Einsicht in den systematischen Ort des Verstehens in einem Lebenszusammenhang, somit in die *Geschichtlichkeit* des Verstehensprozesses, somit auch in den geschichtlichen Standort der um wechselseitiges Verstehen Bemühten im Kontext von Tradition.

3. Konzepte praktisch-pädagogischen Verstehens: fragmentarische Bilanz in weiterführender Absicht

In einem nächsten Schritt möchte ich einige ausgewählte Konzepte pädagogischen Verstehens vorstellen, die zwar sehr unterschiedlichen Theorietraditionen und Erfahrungszusammenhängen entstammen, sich aber zumindest in praktischer Hinsicht ergänzen und insgesamt erste Bausteine für eine künftige Konzeption pädagogischen Verstehens als eines praktischen Verstehens darstellen können. In idealtypischer Zuspitzung (und in einigen Fällen Selbstattribute der Konzepte aufnehmend) lassen sich diese fassen als 1. ermöglichendes Verstehen, 2. informiertes Verstehen, 3. "emporbildendes" Verstehen, 4. "curriculares" Verstehen, schließlich 5. divinatorisches und 6. psychoanalytisch-dialogisches Verstehen.

Ausgehen möchte ich von der eingangs zitierten Klage eines Jugendlichen, niemand habe ihn verstanden, man habe immer nur auf ihn eingeredet. Solches "Anpädagogisieren" erscheint mir als die konkrete Gegenfigur pädagogischen Verstehens; es ist mir bei unseren Studien zur Genese früher Devianz (vgl. SCARBATH/PLEWIG/WEGNER 1981) als thematisierte Erfahrung junger Menschen sehr häufig begegnet.

Wesentlich erscheint mir jedoch dazu der Hinweis, daß die Erfahrung des Verstandenwerdens oder Nichtverstandenwerdens immer auch interaktionell konstituiert, d.h. von den Partnern im Umgang *gemeinsam* hervorgebracht wird. Die Akzentuierung verstehender Haltungen und Handlungen von Pädagogin und Pädagoge, wie sie vorgenommen wird, stellt somit eine perspektivische Zuspitzung (und Verkürzung) dar, die als solche bewußt bleiben muß. Dieser Hinweis richtet sich z.B. auch gegen pädagogische Anwendungen älterer Erziehungsstilforschungen, denen der Educandus als Person, somit auch als tendenziell reflexives Subjekt (vgl. hierzu GROEBEN/SCHEELE 1977 und das Vorwort von HURRELMANN/ULICH 1980, S.9) noch nicht hinreichend in den Blick kommt.

3.1 Ermöglichendes Verstehen: Carl Rogers
Erfahrungen nichtverstehenden pädagogischen Handelns aufnehmend und somit in einer Annäherung ex negativo, suche ich zunächst nach einem Handlungsmodell, in dem Pädagogin und Pädagoge zu folgendem angeleitet und ermutigt werden: mögliche Etikettierungen und Sanktionen gegenüber dem jungen Menschen zu unterlassen, sich vielmehr *dessen* Problemsicht und emotionale Lage möglichst unverfälscht nahezubringen und in eine dialogische Deutung einzutreten.

Das Bemühen um Empathie, um die "Erfahrung der Gegenseite" (BUBER) - sofern diese überhaupt intentional anzubahnen ist! -, um aktives Hinhören, um hervorlockende, "mäeutische" (wörtlich: geistige Geburtshilfe leistende) Haltung - dies alles erscheint als wesentlicher erster Schritt für den, der sich in eine auf Verstehen und Verständigung zielende pädagogische Beziehung begeben möchte. Das Gegenbild zu solcher Haltung sind vorschnelle und notwendig falsche "Aha-Erlebnisse", die die pädagogische Interaktion enttäuschungsfrei stabilisieren (vgl. das Fallbeispiel "Der Würger" in SCARBATH/PLEWIG/WEGNER 1981).

Solch "einfühlendes Verständnis" ("empathic understanding") hat in neuerer Zeit besonders auch Carl ROGERS zu begründen und vorzuleben versucht. Er spricht von der Fähigkeit des Lehrers, "die Reaktionen des Studenten (d.h. des Lernenden, Sc.) von innen her zu verstehen"; pädagogisches Verstehen sei ein "Verhalten, bei dem man in den Schuhen des anderen steht und die Welt mit den Augen des Lernenden sieht" (ROGERS 1974, S.113). "Diese Art des Verständnisses unterscheidet sich deutlich vom gewöhnlichen wertenden Verstehen nach dem Muster des: 'ich verstehe, wo es bei dir fehlt'. Wenn dagegen sensibles Einfühlungsvermögen vorhanden ist, dann reagiert der Lernende etwa nach diesem Muster: 'Endlich versteht jemand, wie ich mich fühle, wie ich mir vorkomme, ohne daß er mich analysieren oder beurteilen will. Jetzt kann ich endlich zu mir selbst kommen, mich entfalten und lernen'" (ROGERS 1974, S.113). Damit ist zugleich ausgesagt, *daß der Pädagoge den Bildungsprozeß nicht herstellt, sondern verstehend ermöglicht*: "Facilitating" (dem ursprünglichen Wortsinn folgend etwa: "leichtgängig machen", "erleichtern") ist eine für das ROGERSsche Denken und Handeln zentrale Metapher.

Ein analoges Handlungsmodell wird insbesondere sozialpädagogischer Praxis nahegelegt, wenn sie den an Ethnomethodologie und kriminalsoziologischer Stigmakritik anschließenden Bemühungen um Sanktionsabbau und Entstigmatisierung folgen möchte. Dabei ist allerdings zu bedenken, daß ermöglichendes Verstehen im Sinne von ROGERS entschieden mehr beinhaltet als bloße "non-intervention": Die von ROGERS beabsichtigten Verstehensprozesse befinden sich in einem Wechselwirkungszusammenhang mit dem Aufbau einer therapeutischen und/oder pädagogischen Vertrauensbeziehung. Die Haltung des "facilitating" soll nach ROGERS nicht nur von emotionaler Wärme und von Akzeptanz der Person des anderen bestimmt sein, sondern auch von "Echtheit". Und bei aller Zurücknahme sanktionierender oder manipulativer Impulse wird deutlich: Die verstehende Haltung ist bei Carl ROGERS eine durchaus aktive.

DIETERICH interpretiert ROGERS so, daß "Veränderung in um so größerem Maße in Gang gesetzt wird, je weniger er (d.h. der Pädagoge, Sc.) darauf insistiert und je größer seine Bereitschaft ist, den anderen so zu lassen, wie er ist, und je mehr er sich gestattet, ihn einfach zu verstehen. Paradoxerweise scheint die Zielfreiheit der Verständigung eine förderliche Bedingung für das Erreichen des Verständigungsziels zu sein." (DIETERICH 1982, S. 42) Wenn DIETERICH hervorhebt, "eine Verständigung, die nichts verändern will" (a.a.O. S.42), berge gleichwohl ein großes Veränderungspotential in sich, hat er die paradoxe Intentionalitätsstruktur des an ROGERS anschließenden pädagogischen Verstehens prägnant gefaßt.

Gleichwohl möchte ich, um Mißverständnissen vorzubeugen, auch das "Nicht-Verändern-Wollen" selbst noch einmal in eine paradoxe Formel bringen. Denn natürlich *will* auch ROGERS etwas verändern, etwas bewegen: Er will dem Dialogpartner dazu verhelfen, zu sich selbst zu finden, d.h. beispielsweise, die eigene Lage und die eigenen Intentionen klarer zu sehen und eigentätig Konfliktlösungen anzugehen. Es handelt sich hier um eine (dem europäisch-atlantischen Denken spätestens seit dem 19. Jahrhundert sehr fremd gewordene) nichtintentionale Intentionalität, eine zugleich offene wie strukturierte Haltung. Sie beinhaltet gleichermaßen intentionale Gerichtetheit der ganzen Person, entspanntes Beim-Andern-Sein und Verzicht auf krampfhaften Durchsetzungswillen.

Es zeigen sich Analogien zum Zen-Buddhismus (vgl. HERRIGEL 1955 über die "Kunst des Bogenschießens") und zu GADAMERs Insistieren auf der Nicht-Intentionalität und Nicht-Methodisierbarkeit des Verstehens (GADAMER 1975, vgl. BRUMLIK 1980), ohne daß der je unterschiedliche Hintergrund dieser Konzepte verwischt werden darf.

Pädagogische Praxis - nicht zuletzt auch die der Schule - hat von ROGERS' Verstehenskonzept noch viel zu lernen. Dies ist festzuhalten gegen die beliebte Ausgrenzung des ROGERSschen Ansatzes als angeblich "bloß therapeutisch": Solche Abwehr läßt sich angesichts des explizit pädagogischen Anspruchs und Argumentationszusammenhangs (insbesondere in ROGERS 1974) nicht halten.

Gleichwohl müssen weiterführende Anfragen gestellt werden: Bleibt das ROGERSsche Verstehenskonzept bei aller notwendigen Kritik an offen oder verdeckt direktivem "Pädagogismus" nicht doch pädagogisch-anthropologisch und erziehungspraktisch zu eindimensional? Müssen wir nicht entschiedener, und ROGERS' pädagogisch-anthropologischen Optimismus relativierend, auch die "Nachtseiten" der menschlichen Existenz und die vertrackten Ambivalenzen verstehender Beziehung in Rechnung stellen? Günther BITTNER hat uns dies immer wieder überzeugend nahegelegt (vgl. bes. BITTNER 1984).

Ferner: Muß verstehende pädagogische Interaktion nicht deutlicher - und das heißt: bei aller "intentionalen Nichtintentionalität" dialogisch aufmerksam machend - sinnanthropologische Kriterien von Humanität zur Sprache bringen? "Verhaltensschwierigkeiten dürfen nicht aus Angst vor Mißbrauch der Definition undefiniert bleiben, es braucht den Mut, sie an der Vorstellung eines gelungenen Lebens zu messen, um es, wo es für einzelne oder Gruppen verschüttet ist, neu zu aktualisieren." (THIERSCH 1977, S.64)

3.2 Informiertes Verstehen: Rainer Dieterich

Unter der Chiffre des "informierten Verstehens" soll ein Konzept von Verstehen und Verständigung vorgestellt werden, das z.b. gegenüber akzeptierendem Klima und sozialer Empathie das Erfordernis entwicklungs- und persönlichkeitspsychologischer Sachkenntnis als Voraussetzung gelingender pädagogischer Verstehensprozesse besonders betont. Damit wird nicht behauptet, daß entsprechende Informiertheit in den anderen hier vorgestellten Zugängen zum Verstehensproblem geringgeschätzt würde. Jedoch scheint mir, daß das - von mir so benannte - Konzept des "informierten Verstehens" das Moment der Sachkenntnis besonders betont. Es steht somit in der Tradition der Aufklärung und der frühen Kinder- und Jugendpsychologie dieses Jahrhunderts. Vor allem letztere (z.b. Wilhelm PREYER, Karl und Charlotte BÜHLER, William STERN) hatte sich bemüht, durch auch allgemeinverständliche Darstellungen der spezifischen Entwicklungsschritte und altersspezifischen Welt- und Sozialerfahrungen für Verständnis für Kinder und Jugendliche zu werben. Informiertes Verstehen als pädagogisch-praktisches Verstehen lebt dabei von der produktiv-erschließenden (und somit nicht dogmatischen) Umsetzung allgemeinen (und hierin je vorläufigen!) pädagogisch-psychologischen Wissens in die konkrete pädagogische Situation. In näherer Analyse als sie hier möglich ist, ließe sich nachweisen, daß dieses Modell "informierten Verstehens" für die heute neu aktuell gewordene Reformpädagogik des frühen 20. Jahrhunderts (vgl. RÖHRS 1977, 1980 und 1991; exemplarisch sei verwiesen auf KERSCHENSTEINERs "Grundaxiom des Bildungsprozesses") ebenso bedeutsam geworden ist, wie es geeignet erscheint, der "Vernachlässigung des Kindes" (W.LOCH) und der "administrativen Verstörung" (H.RUMPF) in institutioneller Erziehungs- bzw. Schulpraxis ein Korrektiv zu setzen.

117

So hat DIETERICH (1980) einen persönlichkeitspsychologisch orientierten "Übungskurs für Verständnis" vorgelegt, der unterschiedliche, aber in wechselseitiger Ergänzung und in praktischer Absicht integrierbare Modelle (so auch das oben besprochene von ROGERS) einbezieht. DIETERICH betont einen Modus des pädagogisch-psychologischen Verständnisses, der "sich nicht nur aus einer gefühlsbetonten Zuneigung zum Kind, aus der emotionalen Haltung des Annehmens und Akzeptierens herleitet, sondern aus Wissen um die menschliche Persönlichkeit" (DIETERICH 1980, S.9). Er argumentiert damit nicht "gegen Einfühlung und Zuneigung, sondern gegen Erziehungsliteratur mit dem Grundtenor des Appells an das instinktive 'Kindchenschema': 'Sieh nur, wie niedlich das Kleinchen ist, fang endlich an es zu lieben und zu verstehen'" (ebenda). DIETERICH betont dabei die kasuistische Verflüssigung pädagogisch-psychologischen Wissens: "Das Hauptkriterium für die Brauchbarkeit einer Persönlichkeitstheorie ist das Maß, in dem sie zum Verständnis des konkreten Falles, des Individuums beiträgt." (DIETERICH 1980, S.11) Dabei geht es nicht um ein abstraktes Individuum, sondern "den konkreten Menschen, der mir gegenübersteht" (ebenda). Solche Hinweise erscheinen wesentlich, damit die im Handlungstyp des informierten Verstehens naheliegende Gefahr eines starr-vorgreifenden Bescheidwissens und der Produktion falscher Aha-Erlebnisse und self-fulfilling prophecies vermieden wird. (Genau solche Fehlformen dürften auch die neuere Kritik am Verstehensanspruch motiviert haben, wie sie insbesondere in der sozialpädagogischen Theoriedebatte vorgetragen wurde, vgl. MÜLLER/ OTTO 1986.)

Folgerichtig hat DIETERICH in einer weiteren Publikation (1982) das informierte Verstehen in die Bemühung um wechselseitige *Verständigung* von Erzieher und Educandus eingebunden, wobei Verständigung - unter Kritik monolinearer Kommunikationsstrategien, besonders solcher im Unterricht - als Angleichung verstanden wird (1982, S.42). Am prägnantesten, allerdings auch an der Grenze gerade noch zulässiger Vereinfachung kommt DIETERICHs Akzent auf "informiertem Verstehen" in der Schlußpassage des hier herangezogenen Aufsatzes zum Ausdruck: "Zur Verständigung bedarf es oft keiner großen Worte, keiner rhetorischen Kunstfertigkeit und keiner grandiosen Geste. Manchmal genügt es, nichts zu tun und nichts zu ändern und ein bißchen mehr zu wissen. Verständigung ist dann die einfachste Sache der Welt." (DIETERICH 1982, S.43)

Man kann DIETERICH nicht vorwerfen, er habe das Problem des Praktischwerdens pädagogisch-psychologischen Wissens unterschlagen, somit das klassische Problem des Übergangs vom Wissen zum Handeln nicht gesehen: Gerade sein Buch "Kinder verstehen lernen" (1980) ist als "Übungskurs für Verständnis" (Vorwort, S.9) angelegt und versucht, anhand konkreter Fallbeispiele pädagogische Nachdenklichkeit als handlungsbezogene Sensibilität zu fördern. Aber: Sieht sich solches - im besten Sinne: - aufklärendes Unternehmen nicht vor emotional-affektiv begründete Rezeptions- und Transferbarrieren gestellt, und rechnet es nicht zu wenig mit den unbewußten Dynamiken und Verstehenshindernissen im pädagogischen Umgang? Hier bedürfte es kritischer Ergänzung durch tiefenpsychologische Theorie. In praktischer Hinsicht haben sich mir Formen der Lehrer- und Erzieherbildung (und -fortbildung) als hilfreich erwiesen, in denen im Gruppengespräch versucht wird, die angebotene Information mit den lebensgeschichtlichen Erfahrungen und Konflikten der Teilnehmerinnen und Teilnehmer wenigstens ansatzweise zu vermitteln und entsprechende Widerstände zu bearbeiten.

3.3 Emporbildendes Verstehen: Eduard Spranger

Deutlicher als die bisher vorgestellten Konzepte bringt das folgende auch Zielorientierungen des verstehend-pädagogischen Umgangs ins Spiel, damit aber zugleich das, wofür Pädagogin und Pädagoge als Person einstehen. In durchaus zeitgebundener Gestalt, gleichwohl in bisher nicht überbotener Problemdurchdringung hat Eduard SPRANGER (1882-1963) in seiner "Psychologie des Jugendalters" (1924/1960) die Handlungsfigur des "emporbildenden Verstehens" entwickelt. SPRANGERS Jugendpsychologie versteht sich zugleich als eine Pädagogik des Jugendalters und kann im übrigen als einer der Haupttexte der sogenannten geisteswissenschaftlichen Pädagogik gelten.

SPRANGER geht davon aus, daß in der Pubertätskrise höchst unterschiedliche Strebungen und Identifikationen im jungen Menschen konflikthaft aktiviert werden. "... der junge Mensch in solchen inneren Schicksalen versteht sich nicht selbst. Deshalb die unendliche Sehnsucht gerade in dieser Zeit nach Verstandenwerden. Und wem es gelingt, hier zu verstehen, dessen Verständnis ist notwendig schon bildend, weil es aus der Fülle widerspruchsvoller Gestalten bestimmte Züge heraushebt, unterstreicht, bejaht" (SPRANGER 1924/1960, S.49). Deutlicher als in den anderen bisher angesprochenen Verstehenstypen kommt hier ein verändernd-förderndes Verstehen zur Sprache, das pädagogisch verantwortet werden muß. Das bedeutet aber zugleich, daß die Pädagogin und der Pädagoge selbst als eine Person ins Spiel kommt, die - reflektiert und sensibel - für etwas einsteht.

Das SPRANGERsche Verstehensmodell scheint bei oberflächlicher Betrachtung in der Nähe lernpsychologischer Konzepte zu stehen. Unter entsprechendem Blickwinkel läßt sich in der Tat das "Herausheben", "Bejahen" als Verstärkung erwünschter Dispositionen und Selbstkonzept-Elemente lesen. Aber solche Rekonstruktion griffe zu kurz. Denn die historische Abkunft des von SPRANGER so genannten "emporbildenden Verstehens" aus dem Idealismus PLATONs muß ebenso mitgesehen werden wie der Ort dieses Verstehenskonzepts im Spannungsfeld zwischen psychologischer Strukturtheorie einerseits und Kulturtheorie andererseits (vgl. zu SPRANGERs Denken auch LÖFFELHOLZ 1979/1991).

Zum ersten: SPRANGER geht davon aus, daß der junge Mensch bereits eigene Gerichtetheiten und Selbstgestaltungstendenzen zu allmählicher Annäherung an seine Idealgestalt mitbringt. Diese sind zwar in Terms einer "verstehenden Psychologie" (SPRANGER) beschrieben (und gelegentlich, etwa in der Rede von "unendlicher Sehnsucht", a.a.O. S.49, romantisch eingefärbt), aber letztlich transzendental begründet.

Die pädagogisch-verstehende Beziehung wird dadurch konstituiert, daß der junge Mensch zumindest latent, der Erzieher aber reflexiv an der *Idee des Guten* orientiert ist. Daher bedarf die Chiffre des "Empor", bedarf auch das Problem der je konkreten Definition jenes "Empor" und der erforderlichen definitorischen Übereinkunft zwischen Jugendlichen und Erzieher für SPRANGER keiner näheren Erörterung - in die wir hingegen heute, im Licht der Kritik an der Definitionsmacht des Pädagogen, in der jeweiligen Situation fallbezogen eintreten müssen.

Die Praxisfigur des emporbildenden Verstehens hat somit sehr wenig mit Konditionierung, sehr viel jedoch mit der sokratischen Mäeutik (Geburtshelferkunst) zu tun. Die Metaphorik vollends, in der der verstehend-emporbildende Bezug gedacht wird, erinnert deutlich an PLATON, etwa an das Konzept der Stärkung der höheren Seelenteile im Dialog "Phaidros" und in der "Politeia" (zur pädagogischen Bedeutung von PLATONs Anthropologie vgl. bes. SCHEUERL 1982): "Ein solches Verstehen kann herabziehen, wenn es die geringwertigen Seiten betont. Es kann aber emporbilden, wenn es nur dem eigenen Schwung der Seele nach oben Nahrung gibt." (SPRANGER a.a.O., S.49)

Zum zweiten: Das von SPRANGER vorgestellte Verstehensmodell wäre unzureichend aufgenommen, wenn man es nicht im Kontext der von SPRANGER für das Jugendalter aufgewiesenen Entwicklungsaufgaben sähe, nämlich der berühmten Trias von "Entdeckung des Ich", "allmähliche(r) Entstehung eines Lebensplanes" und "Hineinwachsen in die einzelnen

Lebensgebiete" (a.a.O. S.46). Mit letzterem Element der Bestimmung jugendlicher Identitätsfindung ist zugleich auf die Theorie der Lebensformen verwiesen, die SPRANGER an anderer Stelle entwickelt hat (1921): für den jungen Menschen kommt es darauf an, nicht nur in die gesellschaftlich relevanten "Lebensgebiete" (z.b. der Religion, der Politik) eigentätig "hineinzuwachsen", sondern dabei auch in seiner Persönlichkeitsentwicklung akzentuierend eine der idealtypischen "Lebensformen" (z.b. als homo religiosus oder homo politicus) lebendig zu verwirklichen und mitzutragen. Die Verstehensleistung des Pädagogen ist damit nicht nur im Blick auf die allgemein-positiven Entwicklungstendenzen, sondern auch im Blick auf konkret-inhaltliche Entwicklungsmöglichkeiten des jungen Menschen eine divinatorische (erahnend-erratende, vgl. 3.5). Zugleich stimuliert sie das probeweise Verstehen und die probeweise Auseinandersetzung des jungen Menschen mit geistig-kulturellen Angeboten, und sie fördert solche Prozesse dialogisch. Dies somit nicht in herrschaftlichem Anspruchsgestus, sondern indem der verstehende Pädagoge selbst unter dem Anspruch der geistigen Gehalte lebt und diese zugleich lebendig und grenzbewußt weiterzutragen sucht (vgl. auch die "Sichtweisen des Eigentlich-Menschlichen" in Wilhelm FLITNERs "Allgemeiner Pädagogik" 1957).

In diesem Sinne möchte ich den Satz SPRANGERs aufnehmen, die "einzige Methode der Erziehung in diesen Jahren", nämlich im Jugendalter, sei "emporbildendes Verstehen" (a.a.O. S.49). Deshalb erscheint mir die Deutung noch nicht als hinreichend, die HORNSTEIN in einer früheren Darstellung vornimmt, wonach trotz des kulturtheoretischen Zusammenhangs (den HORNSTEIN auch sieht) das Verstehen in der "Psychologie des Jugendalters" "ein rein psychologischer Vorgang" sei: "Der Rekurs auf die Idealgestalt wird nämlich von SPRANGER nicht etwa als ethische Komponente betrachtet, sondern als ein methodisch notwendiger, ganz innerhalb des psychologischen, verstehenden Verfahrens bleibender Schritt." (HORNSTEIN 1970, S.163)

Nicht unterschlagen werden soll der Sachverhalt, daß SPRANGERs Konzept des "emporbildenden Verstehens" erkennbar auch auf die Anthropologie und Sozialpädagogik PESTALOZZIs zurückgeht, mit dem sich SPRANGER lebenslang beschäftigt hat. Dieser Hinweis erscheint notwendig, um mögliche elitäre Konnotationen des SPRANGERschen Konzepts in Grenzen zu weisen. So spricht PESTALOZZI in der "Abendstunde" von 1780 von der Pflicht des Fürsten und analog des Hausvaters, die Menschen "emporzubilden" - womit aber (trotz des zeitgebunden-vordemokratischen Bezugsrahmens) gerade nicht ein elitäres Bildungskonzept gemeint ist. Dieses verfällt vielmehr gerade in der Abendstunde (symbolisiert in PESTALOZZIs GOETHE-Bild) radikaler Kritik: "Emporzubilden das Volk zum Genuß der Segnung seines Wesens, ist der Obere Vater des Untern. ... Auferziehung und Emporbildung ihrer (d.h. der Fürsten, Sc.) Kinder zu jedem Segensgenuß der Menschheit." (PESTALOZZI 1780/1954, S.43) Der Kritik verfallen bei PESTALOZZI aber ausdrücklich "Fürsten, die den Vaterstand der Gottheit und den Bruderstand der Menschheit verleugnen ..." (a.a.O. S.43) Das SPRANGERsche Modell des "emporbildenden Verstehens" ist heute weder theoretisch noch praktisch ohne weiteres aktualisierend zu vergegenwärtigen. Dennoch enthält es ein Potential, das heute erst wieder neu (und mit den Mitteln heutigen pädagogischen Denkens) einzuholen ist: die Figur eines praktischen Verstehens, das sich empathisch dem Mitmenschen zuwendet, dabei aber zugleich dialogisch-erzieherisch fördern und Auseinandersetzung ermöglichen möchte.

3.4 Curriculares Verstehen: Werner Loch

In gewisser Analogie zum "emporbildenden Verstehen" SPRANGERs hat auf dem Regensburger Kongreß der Deutschen Gesellschaft für Erziehungswissenschaft Dieter BAACKE vom "entwerfenden Verstehen" gesprochen und diese Verstehensmöglichkeit auf die Katalysatorfunktion von Autobiographien bezogen: "Entwerfendes Verstehen", so der Bericht von WAGNER-WINTERHAGER (1982, S.425) über BAACKEs Beitrag, "könne dazu dienen, aus Autobiographien 'Lernchancen für das Individuum zu erschließen, neue Lerngelegenheiten kennenzulernen' und solchermaßen Menschen in ihren 'geahnten oder schon deutlich artikulierten Hoffnungen und Entwürfen' zu verstärken. Dieses Konzept entwerfenden Verstehens sei jedoch nur zu realisieren mit Empathie und pädagogischer Phantasie." (Vgl. auch bereits einige Beiträge in BAACKE/SCHULZE 1979, etwa die von FATKE eingefangenen Fantasiegeschichten von Kindern, mit denen sich ebenfalls im Sinne "entwerfenden Verstehens" arbeiten ließe.)

In der neueren allgemeinpädagogischen Diskussion ist jedoch besonders Werner LOCH durch Bemühungen hervorgetreten, pädagogisches Verstehen als praktisches Verstehen zu konzipieren und in den Kontext des menschlichen Lebenslaufs zu stellen (vgl. bes. LOCH 1978, 1979a und b), wobei er dann auch Autobiographien eine erschließende Funktion zuspricht. LOCH verwendet den Begriff des *curriculum* im älteren und umfassenderen Sinn von "curriculum vitae": Der menschliche Lebenslauf ist für ihn der "umgreifende Zusammenhang" (1979 b, S.243), in dem sich dann auch die Entwicklung von Kompetenzen und die spezifischen Chancen pädagogischen Handelns als eines verstehenden Handelns erschließen und praktisch ermöglichen lassen.

Diese Akzentuierung ist bei LOCH zugleich anthropologisch und aktuellerziehungskritisch (wie auch z.t. wissenschaftskritisch) gefaßt: Nach LOCH "ist die anthropologische Funktion der Erziehung nur dann angemessen zu begreifen, wenn man das Individuum sowohl im Horizont seiner Lebenswelt als auch im Horizont seines Lebenslaufs betrachtet. Die Kategorie des Lebenslaufs gibt der Erziehung ihren Anteil an der Zeit, die das Individuum hat, um sich zu bilden." (LOCH 1979b, S.243) Zugleich wird die Ausblendung der subjektiven und lebensgeschichtlichen Momente in neueren Sozialisations- und Erziehungstheorien kritisiert (wobei sich allerdings die Abwehr "erziehungsfremder Paradigmen" in gewisser Spannung zum Rekurs auf die Sozialphilosophie von G.H. MEAD befindet): Dem Verfasser "fällt nicht nur die Auslieferung der Erziehungswissenschaft an erziehungsfremde Paradigmen ins Auge, sondern auch die systematische Ausklammerung des Beitrages, den das zu erziehende Individuum in seiner Erziehung zu leisten hat" (LOCH 1979b, S.242).

Unter ausdrücklichem Rückbezug auf die in PESTALOZZIs "Nachforschungen" entwickelte Unterscheidung vom Menschen bzw. dessen Entwicklung als "Werk der Natur", "Werk seines Geschlechts" (d.h. seiner Gesellschaft) und "Werk seiner selbst" (vgl. PESTALOZZI 1797/1954, S.213ff.) insistiert LOCH auf der Tatsache, daß sich menschliche Bildung im Kontext des Lebenslaufs als Werk des jungen Menschen selbst vollzieht: "In dieser Weise gewinnt der Lebenslauf als umgreifender Horizont des pädagogischen Verstehens im aktuellen pädagogischen Bezug eine praktische, d.h. das Handeln der erziehenden wie der zu erziehenden Individuen orientierende Bedeutung. - Das sich im Lebenslauf immer wieder entwerfende und schaffende explizierende Selbstverständnis des Edukanden ist der Orientierungspunkt des pädagogischen Verstehens." (LOCH 1979a, S.164)

Den von LOCH (mit Recht) beanspruchten weiten Curriculumbegriff aufnehmend, möchte ich dieses auf den Lebenslauf bezogene, die Selbstgestaltung des je eigenen Lebenslaufs des Educandus anregende und fördernde Verstehen als *"curriculares Verstehen"* bezeichnen. Die Begegnung mit konkreten Autobiographien hat im Zusammenhang solchen Verstehens eine für Pädagoginnen und Pädagogen wie auch für die jungen Menschen gleichermaßen katalytische, d.h. (Selbst-)Bildungsprozesse anregende und ermöglichende Bedeutung.

Wenn LOCH betont, wie wichtig Biographien und Autobiographien für die Einübung pädagogischen Verstehens und für die Anregung personaler Selbstverwirklichung sind, so kann er sich jedenfalls hinsichtlich des zuerst genannten Arguments auf DILTHEY beziehen (vgl. LOCH 1979a, S.119f.). Zugleich versteht er sich in der Nähe von ROGERS, so ausdrücklich im Kontext des folgenden Hinweises: "Was das Phänomen der Erziehung von anderen Erscheinungsformen sozialer Beeinflussung unterscheidet, ist das Merkmal, daß sie den Edukanden als ein Individuum akzeptiert, das sich selbst verwirklichen will." (LOCH 1979b, S.242) Zudem nimmt er das Motiv des Divinatorischen (Erratenden, vgl. unten 3.5) auf. Dabei denkt er das divinatorische Verstehen zugleich als eine entwickelnde, d.h. verborgene Potenzen und mögliche Entwicklungsschritte aufspürende und verstärkende Leistung - nicht identisch mit, aber doch analog zu dem "emporbildenden Verstehen" SPRANGERs; LOCH spricht vom "sozialen Verstehen":

"... daß das Erziehen ein Verstehen des zu erziehenden Menschen impliziert, das diesen nicht nur in seiner vorfindlichen Wirklichkeit, sondern auch in seinen Möglichkeiten erkennt und insofern eine divinatorische Komponente hat. Die kreative Leistung des pädagogischen Verstehens als eines 'Besser-Verstehens' liegt ... auch darin, daß es sie (d.h. Begabungen, Sc.) zu entwickeln vermag. Insofern ist es ein soziales Verstehen, indem es ihn erkennt, und erkennt, indem es ihn erzieht." (LOCH 1979a, S.49)

In einem Vortrag im Rahmen einer Kooperationsreihe des Fachbereichs Erziehungswissenschaft der Universität und der Katholischen Akademie Hamburg "Selbstverwirklichung und pädagogisches Verstehen" (24.11.1982) hat LOCH dieses Konzept in einer beeindruckenden Interpretation des autobiographisch orientierten Romans "Schöne Tage" des Österreichers Franz INNERHOFER expliziert. Mir ist daran deutlich geworden, daß LOCH das "Besserverstehen" nicht im Sinne herrschaftlicher Verfügung konzipiert - wozu es ja doch leicht mißraten kann -, und daß die Kunst des fördernden Verstehens keine Angelegengeit "höherer" oder akademisch-pädagogischer Bildung sein muß, sondern bei INNERHOFER (wie wohl auch bei LOCH) spontaner mitmenschlicher Empathiefähigkeit entspringen kann, also dem, was man früher "Herzensbildung" nannte:

"Der junge Holl macht die Erfahrung, daß die Dienstmagd ihn besser versteht, als er sich in seinem Haß selber verstanden hat, auch im Blick auf das, was er noch nicht geworden ist, aber noch werden kann." (LOCH im o.g. Vortrag) Solches soziales Verstehen geschieht nicht in großen Worten, sondern im gegebenen Fall in einer spontanen Symbolhandlung. (Die Magd stößt ein Behältnis voll Milch um.) Das ist - bei INNERHOFER wie bei LOCH - Verstehen, wie es PESTALOZZI im Sinn hatte.

Gleichwohl bleiben auch an LOCHs Konzept curricularen Verstehens kritisch-weiterführende Fragen zu stellen: Müßte die - an der Sensibilität und Mehrschichtigkeit literarischer Autobiographien geschulte - Problemsicht des "sozialen Verstehens" nicht noch ausdrücklicher ein tiefenpsychologisches Verständnis des "Selbst" und seiner oft im ersten Augenschein unbegreiflichen Symbolisierungen in den Blick nehmen (vgl. BITTNER 1981 und oben Kapitel 2, Teil 3.3)? Überhaupt: Was ist mit der (weitgehenden) Ausgrenzung benachbarter sozialwissenschaftlicher und empirisch-psychologischer Konzepte heute für das pädagogische Verstehen gewonnen, nachdem auch dort inzwischen die menschliche Person als aktiv-weltverarbeitendes Wesen wiederentdeckt und dem "Menschen im Aggregatzustand der Ratte" der Abschied gegeben worden ist? Müßten wir da nicht, über die Bezüge zu ROGERS und zum "Pygmalion-Effekt" hinaus (vgl. LOCH 1979a, z.b. S.48) in ein pädagogisch interessiertes, aber eben doch interdisziplinäres Wechselgespräch eintreten?

3.5 Divinatorisches Verstehen: August Aichhorn

Ein derartiger interdisziplinärer Grenzgang existiert seit längerem zwischen Pädagogik und Psychoanalyse - als wissenschaftlicher Diskurs von Vertretern beider Disziplinen, aber auch, sozusagen konzeptintern, als theoretische und praktische Bemühung um eine psychoanalytische bzw. psychoanalytisch orientierte Pädagogik (vgl. oben Kapitel 2).

Die psychoanalytisch-pädagogischen Zugänge zum Verstehen stellen sich mir - wiederum in idealtypischer Zuspitzung - in zwei Varianten dar, die ich als die eher "divinatorische" (erratende) und die eher dialogische kennzeichnen möchte. In praxi werden beide Varianten sich immer wieder mischen. Ich möchte aber den Gedanken nahelegen, daß der "Reinform" des divinatorischen Verstehens neben kreativ-hilfreichen Momenten auch die Gefahr kolonisierender Bemächtigung eignet; es bedarf daher der selbstkritisch-reflexiven Einbindung in einen dialogischen Kontext (vgl. 3.6 und oben Kapitel 2).

Die Pioniere der psychoanalytisch orientierten Pädagogik, zumeist erziehungspraktisch sehr erfahrene und experimentierfreudige Pädagoginnen und Pädagogen, haben bereits im ersten Drittel dieses Jahrhunderts auf Grund ihrer Praxiserfahrung und ihrer Sensibilität für psychodynamische Prozesse einen kräftigen "realistischen Zug" in das pädagogische Denken gebracht. So auch der Österreicher August AICHHORN.

"Wenn der Erzieher 'an das Gute im Menschen glaubt', macht er sich oft ein ideal gefärbtes Ausschnittsbild. Gerade Pädagogen lassen sich oft in ihrer Arglosigkeit nicht träumen, was im Herzen eines jungen Menschen alles vorgehen kann." (BITTNER 1967, S.145) Mit diesem Hinweis will BITTNER im Anschluß an die psychoanalytische Sozialpädagogik von August AICHHORN darauf aufmerksam machen, daß pädagogisches Verstehen - insbesondere im Unterschied zum idealistischen Verstehenskonzept SPRANGERs (vgl. oben 3.3) - "seine Aufmerksamkeit nicht in erster Linie auf das Edle und Gute im Zögling" richte (a.a.O. S.145).

AICHHORNs verstehender Umgang mit jugendlichen Devianten schaffe umgekehrt "die Bedingungen dafür, daß der Jugendliche über all das sprechen kann, was er aus irgendeinem Grunde für 'schlimm' hält, was er vielleicht noch niemals auszusprechen wagte: gemeine Schuld, heimliche Angst und Not" (BITTNER 1967, S.145).

Im Anschluß an AICHHORN, der zu Beginn des 20. Jahrhunderts in Wien das pädagogische Praktischwerden der FREUDschen Psychoanalyse in Fürsorgeerziehung bzw. Devianzpädagogik und in Erziehungsberatung erprobt hatte (vgl. AICHHORN 1925/1974 und WEGNER in SCARBATH/FATKE 1992), skizziert BITTNER pädagogisches Verstehen als "befreiendes Verstehen". Er stellt dazu - als "besonders krasses Beispiel" - folgenden Fall vor:

Im beratenden Gespräch mit einem "jungen Mädchen aus gutem Hause", das unter Depressionen litt, habe AICHHORN "zu einer kleinen List" gegriffen, um das Schweigen des Mädchens zu brechen: "Er fordert sie auf zu berichten, was ihr einfällt. Von der Prokuristin im Geschäft ihres Onkels ist die Rede, von deren Tochter und von einem jungen Mann, der die Patientin küssen wollte und den sie abgewehrt hat." (BITTNER 1967, S.143) Die dann folgende Gesprächsszene läßt Grundzüge eines divinatorischen, d.h. erratenden und dabei auf spontane Eingebungen in der Situation bezogenen Verstehens erkennen:

"'Sind Sie bei Ihrem Onkel angestellt?' - 'Nein. Ich trage nur die Erlagscheine (= österr. für Zahlkarten, Sc.) zur Post, und nachher verrechne ich mit der Prokuristin.' - 'Werden Sie dafür bezahlt?' - 'Nein.' - 'Bekommen Sie vom Onkel Taschengeld?' - 'Nein, ich habe überhaupt kein Geld. Ich habe Schulden.' - 'Wem sind Sie Geld schuldig?' - 'Meiner Freundin.' - 'Wieviel sind Sie ihr schuldig?' - 'Dreihundert Schilling.' - 'Wofür hat sie Ihnen Geld geborgt?' - 'Für eine Arztrechnung.' - 'Warum haben Sie den Kindesvater nicht herangezogen, die Kosten des Operateurs zu bezahlen?'" (AICHHORN nach BITTNER 1967, S.143)

Verblüfft gesteht die Patientin ein, daß AICHHORN ihr "die Wahrheit auf den Kopf zugesagt" hat. Das hier vorgestellte Verstehensmodell hat durchaus Entsprechungen zur Kriminalistik: Es geht um beharrlich-eindringendes Bemühen, aus Spuren und verschlüsselten, zunächst unbegreiflichen Signalen einen verborgenen Sinn zu entziffern und bisher unbegriffene Zusammenhänge herzustellen. Entsprechendes geschieht beispielsweise auch in der spieltherapeutischen Arbeit oder im Umgang mit kindlichen Zeichnungen: Auch hier gilt es, "erratendes" Verstehen zur Geltung zu bringen.

Aber der Unterschied zur Kriminalistik besteht gerade darin, daß der zu verstehende Zusammenhang zunächst beiden, dem Interpreten und seinem Partner, verborgen ist; ferner, daß das "Erraten" gerade nicht zum Zweck der sanktionierenden Unterwerfung des anderen, sondern im Interesse der Selbstfindung und Leidensminderung geschieht. Insofern kann BITTNER hier vom "befreienden Verstehen" sprechen (1967, S.142).

Gleichwohl erscheint mir die Überfalltechnik AICHHORNs nicht als das glücklichste Beispiel divinatorischen Verstehens: Zu sehr bringt sie in meiner Sicht ein eher herrschaftliches Modell des verstehenden Dialogs zur Geltung, denn "der gefürchtete Sachverhalt ist vom Arzt bereits vorwegnehmend verstanden, ehe der Patient ihn ausgesprochen hat, oft genug, bevor er ihn zu denken wagte" (BITTNER 1967, S.144). In therapeutischen Situationen mag solch vorgreifendes Verstehen noch fehlende Ichleistungen des Patienten interimistisch-stellvertretend ersetzen, um sich im therapeutischen Prozeß dann zunehmend, zugunsten einer Aktivierung des Selbst des Klienten, überflüssig zu machen.

Aber kommt hier nicht zugleich eine - für die frühe psychoanalytische Pädagogik typische - paternalistische Erzieherrolle bzw. Beraterrolle zur Geltung? In Hans ZULLIGERs imponierenden, aber anolog "herrschaftlichen" und hierin zeitgebundenen Verstehenshaltungen ist mir Ähnliches begegnet.

Um nicht mißverstanden zu werden: "Paternalistisch" ist für mich ein sozialgeschichtlicher Begriff. Er steht für die Art und Weise, wie in vordemokratischen, patriarchalischen Gesellschaften Förderung und Hilfe konzipiert waren. Trotz gegenläufiger, moderner Motive findet sich ein solches Gesellschafts- und Erziehungsbild zum Beispiel in PESTALOZZIs Erziehungsroman "Lienhard und Gertrud". Aber es wirkte und wirkt bis in die Gegenwart nach: Der gute Fürst, der Hausvater oder deren neuere Abkömmlinge sind zugleich Herren wie Helfer und Beschützer ihrer Untergebenen bzw. "Kinder", und sie sind hierin unanfechtbar. Gegen das pädagogisch-psychologische Erfordernis, jungen Menschen in buchstäblichem oder übertragenem Sinn ein "hinreichend guter Vater" oder eine "hinreichend gute Mutter" zu sein (vgl. unten Kapitel 10), ist mit meinem Paternalismus-Einwand jedoch nichts gesagt.

Nur meine ich, daß Väterlichkeit (im Unterschied zum Paternalismus) heute gerade darin besteht, daß ich bei allem notwendigen Halt-Geben auch meine vermeintliche Stärke und Überlegenheit ständig in Frage stellen muß, daß ich selbst noch gegen den äußeren Augenschein ("kontrafaktisch") die Mündigkeit und Gleichrangigkeit des Partners unterstellen muß und daß ich meine eigene Verwicklung in die zur Debatte stehende Lebensthematik nicht ausblenden darf. Gerade in psychoanalytisch-pädagogischer Sicht fällt mir schon auf, daß wir von den frühen Pionieren der psychoanalytischen Pädagogik, so auch von August AICHHORN, wenig bis nichts darüber erfahren, welche Dynamik die jeweiligen "Fälle" und Szenen in ihnen selbst auslösten und wie sie damit umzugehen suchten.

Dieser Einwand schmälert nicht die historische Leistung jener Pioniere, und er soll hier auch nur dazu verhelfen, daß wir unterscheiden lernen zwischen den zeitgebundenen Momenten und den weiterführenden, auch aktuell inspirierenden Impulsen im Denken und Handeln unserer beruflichen "Väter" und "Mütter".

Verstehen als nicht nur ermöglichendes, sondern erratendes und damit bislang Dunkles ans Licht bringendes Verfahren, das mit der "Nachtseite" und den Ambivalenzen menschlicher Existenz und kindlicher und jugendlicher Entwicklung rechnet: Hier liegt ein wesentlicher, gerade auch in Grenzsituationen pädagogischen Handelns tragfähiger Baustein für ein Konzept pädagogisch-verstehenden Handelns vor. Die hermeneutische Tradition hatte bereits eine Ahnung von diesem Aspekt des Verstehens, wenn sie dem Verstehen - so SCHLEIERMACHER (1838/1977, z.B. S.94) - divinatorische (erahnende und erratende) Qualitäten zusprach.

3.6 Ausblick: Psychoanalytisch-dialogisches Verstehen: Günther Bittner
"Psychoanalytisch-*dialogisches* Verstehen": Mit dieser Differenzierung und Zuspitzung gegenüber meiner ursprünglich in DIETERICH 1983 vorgetragenen (und auch anders gereihten) Typologie möchte ich nicht nur Aspekte der sozialwissenschaftlichen Verstehenskritik aufnehmen (vgl. MÜLLER/OTTO 1986), sondern auch Günther BITTNERs Konzept besser gerecht werden und dessen weiterführende Qualität würdigen.

Zugleich sollen so - zumindest im Ausblick - anthropologischer Gehalt und praktischer Ertrag einer subjektorientierten und dialogischen psychoanalytischen Verstehenslehre erkennbar werden. Dieser kommt in meiner Sicht in der Reihe der hier vorgestellten Konzepte besondere Bedeutung zu, wenn es darum geht, "hinreichend gut" als Lehrerin und Lehrer zu handeln.

Ich bin Günther BITTNER dankbar, daß er sein Konzept erratenden Verstehens in neueren Arbeiten differenziert hat und daß er insbesondere in den letzten Jahren seiner Verstehenslehre eine explizit dialogische Fassung gegeben hat. Stets betont er dabei, daß eine pädagogisch-psychoanalytische Verstehenslehre grenzbewußt bleiben muß und die Rolle des Unbewußten nicht unterschätzen darf. Etliche von BITTNERs Impulsen habe ich an anderer Stelle in diesem Buch aufgenommen, so daß ich mich hier auf einige Grundideen konzentrieren kann.

Bereits 1974 faßt BITTNER das erratende Verstehen bildhaft (im Anschluß an Sigmund FREUD) als den Versuch, "den Wahrheitskarpfen ... mit Hilfe des Lügenköders" zu fangen (1974, S.127). Divinatorisches Verstehen wird damit als versuchsweises, tentatives Handeln begriffen, das sich seiner Vorannahmen gerade *nicht* eindeutig gewiß sein kann. Die Deutungsversuche und praktisch-verstehenden Intentionen der Pädagogin und des Pädagogen sind so offen für Korrektur durch den anderen - aber sie sind zugleich notwendig, um solche Reaktionen des anderen hervorzurufen und eine dialogische Deutung, ein bei aller Sachkompetenz des psychoanalytisch gebildeten Mitmenschen doch kommunikatives Erraten zu ermöglichen.

Dementsprechend hat BITTNER kürzlich auf der Würzburger Tagung der Arbeitsgemeinschaft "Pädagogik und Psychoanalyse" (1990) unter Bezug auf meine Beiträge die dialogische Qualität psychoanalytisch-pädagogischer Anthropologie betont. Ihr entspricht auch, so lese ich seinen Beitrag zur Festschrift für Wilhelm FLITNER, eine zugleich subjekt-orientierte wie kommunikative (nicht-szientistische) Auffassung von Psychoanalyse als Theorie:

"Sie ist mehr etwas wie eine methodisch angeleitete Suchbewegung: Die Suche des selberdenkenden, fühlenden, leidenden Menschen nach seiner anderen Seite; der Wunsch, die eigenen Rätselhaftigkeiten, Dunkelheiten, Zerrissenheiten aufzuhellen und damit die aus ihnen resultierenden Leiden zu heilen." (BITTNER 1989, S.224)

Mit BITTNER möchte ich, auch im Blick auf die pädagogische Substanz der "hinreichend guten Lehrerin" und des "hinreichend guten Lehrers" und eine entsprechende, person-orientierte Lehrerbildung und (Selbst-)Weiterbildung festhalten:

"Pädagogik, die mehr sein will als wissenschaftlich aufgeputzte professionelle Ideologie, aber auch anders als Erziehungswissenschaft im szientistischen Rahmen, hat mit Psychoanalyse das eine gemeinsam: daß sie entgegen allen wissenschaftlichen Desubjektivierungstendenzen festhält am Subjekt des wissenschaftlichen Erkennens wie seines Gegenübers: des denkenden, fühlenden, an seinen Zerrissenheiten leidenden, auf seinen Wegen irrenden und suchenden Menschen. Diese Frage nach dem konkreten Menschen in der Welt gilt es der Psychoanalyse zu erhalten und der Pädagogik zurückzugewinnen." (Ebenda, S.225) Dem ist nichts hinzuzufügen.

Meine eigenen Bemühungen um pädagogisches Verstehen suchen sich an dieser "Frage nach dem konkreten Menschen" zu orientieren. Was das heißen kann und wie psychoanalytische Weisen des Sehens und Denkens hier helfen können, habe ich oben (Kapitel 2) am Beispiel der "Fahrradphantasie" eines von Devianz bedrohten Jungen exemplarisch vergegenwärtigt.

Eine fragmentarische Bilanz war die Vorstellung ausgewählter Konzepte pädagogisch-praktischen Verstehens, die ich hier versucht habe, in doppelter Hinsicht: Erstens kann ich nicht beanspruchen, alle möglicherweise relevanten Beiträge zur Sprache gebracht zu haben - wenngleich die Auswahl durchaus von dem pädagogisch-anthropologischen Vorverständnis angeleitet war, das ich im ersten Teil dieses Kapitels dargelegt habe. Zweitens konnte ich ehestens Bausteine einer künftigen umfassenderen Konzeption pädagogisch-fördernden Verstehens vorstellen und herausarbeiten, welche der vorgestellten Ansätze - so besonders der zuletzt genannte - mir dafür als besonders wichtig erscheinen. Eine Reihe von Fragen bleibt weiterführender Klärung aufgegeben. Sie betreffen unter anderem die Bedingungen der Konstitution dialogisch-verstehender Beziehung - beispielsweise theoretisch unter Berücksichtigung der Tatsache, daß wir die teils lebensphilosophischen, teils latent pantheistischen (BOLLNOW 1949) Prämissen DILTHEYs heute nicht mehr teilen; praktisch unter Anerkennung des Sachverhalts, daß organisatorisch-institutionelle Bedingungen des pädagogischen Handelns, etwa in der Schule, verstehenden Haltungen der Pädagogin und des Pädagogen (die auch immer Zeit und Geduld erfordern) oft noch eher abträglich sind. Weiter wäre den von BRUMLIK (1980, 1982) gestellten Fragen nach der Methodisierbarkeit (und Einübbarkeit) des pädagogischen Verstehens ebenso nachzugehen wie der Ambivalenz praktischer Hermeneutik als Unterstützung und Bemächtigung ("Kolonisierung", vgl. MÜLLER/OTTO 1984).

Hierzu möchte ich aus aktueller Sicht (1991) gern anmerken, daß die Einsicht in die prinzipielle Ambivalenz auch hilfreicher pädagogischer Intentionen einen wichtigen Lernschritt darstellt, daß es sich aber andererseits eine Reihe von Autoren zu leicht gemacht hat, wenn sie nur die Schattenseite der Verstehensintention betont hat (vgl. bereits meine Metakritik 1984). Zuzugestehen, daß auch unter schwierigen, im Einzelfall entfremdenden gesellschaftlichen und institutionellen Bedingungen menschliche Güte und förderliche pädagogische Haltungen möglich sind, fällt offenbar manchen Kolleginnen und Kollegen schwer.

Fahrlässiger oder böswilliger Mißverstand greift allerdings da um sich, wo die Bemühung um humanere, förderlichere Weisen des pädagogischen Umgangs, wo die theoretische und praktische Konzentration auf den "pädagogischen Bezug" von Lehrerin und Lehrer zu den Schülerinnen und Schülern, von Eltern und Erziehern zu den ihnen anvertrauten jungen Menschen (und umgekehrt) als "Abschied von der Politik" denunziert wird - so als beträfe politische und sozialethische Verantwortung und Reflexion nur die politisch-sozialökonomischen Rahmenbedingungen pädagogischer Interaktion, nicht aber auch deren Qualität selbst.

Mißverständnis wecken könnte auch die Tatsache, daß ich hier in Referat und Diskussion von den verstehenden erzieherischen Personen her auf die jungen Menschen hin denke. Diese Perspektivik darf nicht so aufgenommen werden, daß hier Lehrerin und Lehrer, Erzieherin und Erzieher die allein oder dominierenden Handelnden seien. Vielmehr sollte deutlich geworden sein, daß angemessenes, förderndes pädagogisches Verstehen gerade darin besteht, daß die jungen Menschen in der Aktivierung *ihrer* Perspektiven, Problemdefinitionen und Selbstgestaltungstendenzen ermöglicht und dialogisch (d.h. in personaler, klärender und differenzierender Resonanz) gefördert werden.

Pädagogisches Verstehen und mitmenschliche Verständigung im pädagogischen Feld sind keine Widersprüche, sondern bedingen einander. Der "point of view" bei der Pädagogin und dem Pädagogen, die zu dialogischförderndem Verstehen (halbwegs) befähigt sind, entspricht der leitenden Fragestellung dieses Beitrags nach einem Moment pädagogischer Handlungskompetenz.

Dieser Blickrichtung korrespondiert notwendig die vom jungen Menschen her und der Blick auf die pädagogische Interaktion; die hier vorgestellten Autoren - besonders BITTNER und LOCH - betonen dies ausdrücklich, und in dem oben in Kapitel 2 vorgestellten Fallbeispiel "Fahrradphantasie" möchte ich vergegenwärtigen, was dies konkret bedeutet und wie sehr sich

Pädagoginnen und Pädagogen in solchen Situationen des pädagogischen Alltags gegen den Strich ihrer ansozialisierten Intentionen und Problemwahrnehmungen (und mit Gewinn für alle Beteiligten) neuartigen, nichtherrschaftlichen Verstehensmöglichkeiten öffnen können.

Pädagogisches Verstehen als *interaktionelles Verstehen*, das die Selbstgestaltungskräfte des Kindes anspricht und in unpathetisch-beistehender Haltung das Personwerden des anderen fördert: PESTALOZZI hat es im "Stanser Brief" formuliert. Ich lese seine Sätze in vielleicht ungewöhnlicher Betonung - einer Betonung gleichwohl, die ich als die PESTALOZZIs höre: die das "Stehen in den Schuhen des anderen" (ROGERS), die Anerkennung der Eigentätigkeit des sich selbst bildenden jungen Menschen und die "emporbildende" allseitige - und darum nicht beschwatzende - Sorge hervorzuheben sucht:

"Der Mensch will so gerne das Gute, das Kind hat so gerne ein offenes Ohr dafür; aber es will es nicht für dich. Lehrer, es will es nicht für dich, Erzieher, es will es für *sich selber*. Das Gute, zu dem du es hinführen sollst, darf kein Einfall deiner Laune und deiner Leidenschaft, es muß der Natur der Sache nach an sich gut sein und dem Kind als gut in die Augen fallen. Es muß die Notwendigkeit deines Willens nach *seiner* Lage und *seinen* Bedürfnissen fühlen, ehe es dasselbe will. Alles, was es lieb macht, das will es. Alles, was ihm Ehre bringt, das will es. Alles, was große Erwartungen in *ihm* rege macht, das will es. Alles, was in *ihm* Kräfte erzeugt, was es aussprechen macht, 'ich kann es', das will es. Aber dieser Wille wird nicht durch Worte, sondern durch die allseitige Besorgung des Kindes und durch die Gefühle und Kräfte, die durch die allseitige Besorgung in *ihm* rege gemacht werden, erzeugt. Die Worte geben nicht die Sache selbst, sondern nur eine deutliche Einsicht, das Bewußtsein von ihr." (PESTALOZZI 1799/1954, Hervorhebungen Sc.)

Sind wir heute wesentlich weiter, oder gilt es diese Einsichten erst noch praktisch einzuholen und ihre Verwirklichung pädagogisch-politisch zu ermöglichen?

Literatur

AICHHORN, August: Verwahrloste Jugend (1925). Bern/Stuttgart/Wien 8.A.1974

BAACKE, Dieter / SCHULZE, Theodor (Hrsg.): Aus Geschichten lernen. Zur Einübung pädagogischen Verstehens. München 1979.

BITTNER, Günther: Psychoanalyse und soziale Erziehung. München 1967

BITTNER, Günther: Der Lügenköder und der Wahrheitskarpfen. In: *Ders.*, Das andere Ich. Rekonstruktionen zu Freud. München 1974, S.127-148

BITTNER, Günther (Hrsg.): Selbstwerden des Kindes. Fellbach bei Stuttgart 1981

BITTNER, Günther: Die analytische Kinderpsychologie auf der Suche nach einem neuen Orientierungsrahmen. In: BITTNER 1981, S.13-39

BITTNER, Günther: Der psychoanalytische Begründungszusammenhang in der Erziehungswissenschaft. In: Günther BITTNER / Christoph ERTLE (Hrsg.), Pädagogik und Psychoanalyse. Würzburg 1985

BITTNER, Günther: Pädagogik und Psychoanalyse. In: Hermann RÖHRS und Hans SCHEUERL (Hrsg.), Richtungsstreit in der Erziehungswissenschaft und pädagogische Verständigung. (Wilhelm Flitner zur Vollendung seines 100. Lebensjahres.) Frankfurt am Main, Bern, New York, Paris 1989, S.215-227

BITTNER, Günther: Hans Zulliger. In: SCARBATH/FATKE 1992

BOLLNOW, Otto Friedrich: Das Verstehen. Drei Aufsätze zur Theorie der Geisteswissenschaften. Mainz 1949

BRUMLIK, Micha: Fremdheit und Konflikt. Programmatische Überlegungen zu einer Kritik der verstehenden Vernunft in der Sozialpädagogik. In: Kriminologisches Journal 12 (1980), S.310-320

BRUMLIK, Micha: Ist das Verstehen die Methode der Pädagogik? (Papier für den Kongreß der Deutschen Gesellschaft für Erziehungswissenschaft in Regensburg) Typoskript Heidelberg 1982

BUBER, Martin: Werke. 3 Bände, München/Heidelberg 1962-1964

DIETERICH, Rainer: Erklären und Verstehen als Aufträge der erziehungswissenschaftlichen Forschung. In: Psychologie in Erziehung und Unterricht, 25 (1978), S.357-368

DIETERICH, Rainer: Kinder verstehen lernen. Paderborn u.a. 1980

DIETERICH, Rainer: Integrale Persönlichkeitstheorie. Paderborn 1981

DIETERICH, Rainer: Verständigung - psychologisch verstanden. In: SCHEIDT 1982, S.14-43

DIETERICH, Rainer (Hrsg.): Pädagogische Handlungskompetenz. Paderborn 1983

DILTHEY, Wilhelm: (Über vergleichende Psychologie.) Beiträge zum Studium der Individualität (1895/96). In: *Ders.*, Gesammelte Schriften, Bd. V, hrsg. v. G. MISCH. Stuttgart/Göttingen 5.A. 1974, S.241-316

DILTHEY, Wilhelm: Die Entstehung der Hermeneutik (1900). In: *Ders.*, Gesammelte Schriften, Bd. V, a.a.O., S.317-338

DILTHEY, Wilhelm: Der Aufbau der geschichtlichen Welt in den Geisteswissenschaften. = *Ders.*, Gesammelte Schriften, Bd. VII, hrsg. v. B. GROETHUYSEN. Stuttgart/Göttingen 6.A. 1973. (Darin besonders: Entwürfe zur Kritik der historischen Vernunft, S.191ff.)

FISCHER, Aloys: Deskriptive Pädagogik. In: Karl KREITMAIR (Hrsg. unter Mitarbeit von Josef DOLCH), Aloys Fischer - Leben und Werk, Bd.2. München o.J. (1950), S.5-29

FLITNER, Wilhelm: Allgemeine Pädagogik. Stuttgart (mehrere Aufl., hier 1957)

GADAMER, Hans-Georg: Wahrheit und Methode. Grundzüge einer philosophischen Hermeneutik. Tübingen 4.A. 1975

GRAVENHORST, L. / HONIG, S. / WAHL, K.: Wissenschaftlichkeit und Interesse. Das Herstellen subjektivitätsorientierter Sozialforschung. Frankfurt am Main 1982

GROEBEN, Norbert: Literaturpsychologie. Stuttgart u.a. 1972

GROEBEN, N. / SCHEELE, B.: Argumente für eine Psychologie des reflexiven Subjekts. Darmstadt 1977

HABERMAS, Jürgen: Zur Logik der Sozialwissenschaften. (= Beiheft 3 der Philosophischen Rundschau.) Tübingen 1967

HABERMAS, Jürgen: Theorie des kommunikativen Handelns. 2 Bde. Frankfurt am Main 1981

HEID, Helmut: Über den Charakter des Gegenstandes erziehungstheoretischer Aktivitäten. In: W. BÖHM / J. SCHRIEWER (Hrsg.), Geschichte der Pädagogik und systematische Erziehungswissenschaft. Stuttgart 1975, S.30-53

HERRIGEL, E.: Zen in der Kunst des Bogenschießens. Hamburg 5.A. 1955

HORNSTEIN, Walter: Aspekte und Dimensionen erziehungswissenschaftlicher Theorien zum Jugendalter. In: Friedhelm NEIDHARDT u.a., Jugend im Spektrum der Wissenschaften. München 1970, S.151-201

HURRELMANN, Klaus / ULICH, Dieter (Hrsg.): Handbuch der Sozialisationsforschung. Weinheim/Basel 1980

LEE, Jong-Seo: Der Pädagogische Bezug. (= Pädagogische Versuche Bd.15) Frankfurt a.M. 1989

LOCH, Werner: Individuelles Verhalten und pädagogisches Verstehen. In: Ders. (Hrsg.), Modelle pädagogischen Verstehens. Essen 1978, S.9-27

LOCH, Werner: Lebenslauf und Erziehung. Essen 1979 (a)

LOCH, Werner: Curriculare Kompetenzen und pädagogische Paradigmen. Zur anthropologischen Grundlegung einer biographischen Erziehungstheorie. In: Bildung und Erziehung 32 (1979), S.241-266 (b)

LOCH, Werner: Anfänge der Erziehung - Zwei Kapitel aus einem verdrängten Curriculum. In: F. MAURER (Hrsg.), Lebensgeschichte und Identität. Beiträge zu einer biographischen Anthropologie. Frankfurt a.M. 1981, S.31-83

LÖFFELHOLZ, Michael: Eduard Spranger. In: SCHEUERL 1979/1991, Bd.2, S.258-276

MÜLLER, Siegfried / OTTO, Hans-Uwe (Hrsg.): Verstehen oder kolonialisieren? Grundprobleme sozialpädagogischen Handelns und Forschens. Bielefeld 1984, 2.erw.A. 1986

OEVERMANN, Ulrich u.a.: Beobachtungen zur Struktur der sozialisatorischen Interaktion. In: M.AUWÄRTER/E.KIRSCH/K.SCHRÖTER (Hrsg.), Seminar: Kommunikation - Interaktion - Identität. Frankfurt a.M. 2.A. 1977, S.371-403

PASCHEN, Harm: Logik der Erziehungswissenschaft. Düsseldorf 1979

PESTALOZZI, Johann Heinrich: Ausgewählte Schriften, hrsg.v. Wilhelm FLITNER. Düsseldorf/ München 2.A.1954

PRIOR, Bertram: Selbst-Sein und Selbst-Werden in Beziehung. (= Pädagogische Versuche Bd.12) Frankfurt a.M. 1984

ROGERS, Carl: Lernen in Freiheit. München 1974

RÖHRS, Hermann: Sportpädagogik und Sportwirklichkeit. Bad Homburg 1982

RÖHRS, Hermann: Die Reformpädagogik. 2 Bde. Hannover u.a. Bd.1: 1980, Bd. 2: 1977. Neuausgabe (in einem Band) Weinheim 1991

SCARBATH, Horst: Unser Wissen ist Stückwerk. Plädoyer für ein mehrperspektivisch-dialogisches Verständnis von Erziehungswissenschaft. In: Bernhard CLAUSSEN / Horst SCARBATH (Hrsg.), Konzepte einer kritischen Erziehungswissenschaft. München/Basel 1979, S.204-224

SCARBATH, Horst: Wiederentdeckung des kindlichen Ich - Hinweise und Fragen aus pädagogischer Sicht. In: BITTNER 1981, S.174-180

SCARBATH, Horst: Pädagogisches Verstehen jenseits von Kolonialisierung. In: MÜLLER/ OTTO 1986 (u. 1984), S.13-17

SCARBATH, Horst / SCHEUERL, Hans: Martin Buber. In: SCHEUERL 1979/1991, Bd.2, S.212-224

SCARBATH, Horst / PLEWIG, Hans-Joachim / WEGNER, Thomas: Selbstthematisierung von Kindern im Tagesheim angesichts drohender Devianz. In: Zeitschrift für Pädagogik 27 (1981), S.363-378

SCARBATH, Horst / FATKE, Reinhard (Hrsg.): Pioniere psychoanalytisch orientierter Pädagogik. Frankfurt am Main, Bern 1992

SCHEIDT, F. (Hrsg.): Lernziel Verständigung - Dialogprinzip und Dialogverhalten. München/ Basel 1982

SCHEUERL, Hans: Der Dialog in Erziehung und Unterricht. In: Andreas FLITNER / Hans SCHEUERL (Hrsg.), Einführung in pädagogisches Sehen und Denken. München 9.A. 1978, S.223-236

SCHEUERL, Hans: Pädagogische Anthropologie. Eine historische Einführung. Stuttgart u.a. 1982

SCHEUERL, Hans (Hrsg.): Klassiker der Pädagogik. 2 Bde. München 1979, 2. erg. Aufl. 1991

SCHLEIERMACHER, Friedrich D.E.: Hermeneutik und Kritik (1838). Hrsg. v. H. FRANK. Frankfurt a.M. 1977

SINGER, Kurt: Verständigung in schulischen Konfliktsituationen. Schwierige Schüler brauchen die verstehende Hilfe des Lehrers. In: SCHEIDT 1982, S.139-151

SPRANGER, Eduard: Lebensformen. Geisteswissenschaftliche Psychologie und Ethik der Persönlichkeit. Halle/S. 2.A. 1921

SPRANGER, Eduard: Psychologie des Jugendalters (1924). Heidelberg 26.A.1960

THEUNISSEN, Michael: Der Andere. Studien zur Sozialontologie der Gegenwart. Berlin 2.A. 1977

THIERSCH, Hans: Kritik und Handeln. Interaktionistische Aspekte der Sozialpädagogik. Neuwied/Darmstadt 1977

THIERSCH, H. / RUPRECHT, H. / HERRMANN, U.: Die Entwicklung der Erziehungswissenschaft. München 1978

UHLE, Reinhard: Grundlinien einer Rekonstruktion hermeneutisch pragmatischer Pädagogik. In: Zeitschrift für Pädagogik 27 (1981), S.7-29

UHLE, Reinhard: Verstehen und Pädagogik. Weinheim 1989

WAGNER-WINTERHAGER, Luise: Pädagogische Phantasie durch Empathie. In: Neue Sammlung 22 (1982), S.422-431

WALDENFELS, B.: Der Spielraum des Verhaltens. Frankfurt a.M. 1980

WEGNER, Thomas: August Aichhorn. In: SCARBATH/FATKE 1992

ZEDLER, Peter: Erziehungswissenschaftliche Theoriebildung am Beginn der 80er Jahre - Problemstruktur und Perspektiven. In: E.KÖNIG / P.ZEDLER (Hrsg.), Erziehungswissenschaftliche Forschung: Positionen, Perspektiven, Probleme. Paderborn/München 1982, S.266-289

ZULLIGER, Hans: Gespräche über Erziehung. Bern/Stuttgart 2.A. 1960

ZULLIGER, Hans: Umgang mit dem kindlichen Gewissen. Stuttgart 1953; Taschenbuchausgabe Frankfurt a.M. 1969

8. DER HALBIERTE PESTALOZZI
Ein Votum für Sozialpädagogik in der Lehrerbildung

"Schulunterricht ohne Umfassung des ganzen Geistes, dessen die Menschenerziehung bedarf, und ohne auf das ganze Leben der häuslichen Verhältnisse gebaut zu sein, führt in meinen Augen nicht weiter als zu einer künstlichen Verschrumpfungsmethode unseres Geschlechts." (PESTA-LOZZI 1799/1954, S.102)

Derart schulkritische Töne würden wir - allzu lange geübt in historischer Enthaltsamkeit - bei einem "Klassiker der Pädagogik" kaum erwarten. Die Kritik der "Verschrumpfungsmethode" findet sich in Johann Heinrich PESTALOZZIs "Brief an einen Freund über seinen Aufenthalt in Stans". In heutige Sprache und Problemsicht übersetzt, würde die Rede vom "ganzen Leben der häuslichen Verhältnisse" wohl nicht nur die familiale Sozialisation betreffen, sondern darüber hinaus die *alltägliche Lebenswelt* von Kindern und Jugendlichen.

Unterrichtliches Handeln, so ließe sich PESTALOZZIs Satz aktualisieren, das nicht Familiensituation und Wohnumwelt, informelle Gruppen auf dem Pausenhof und auf der Straße, vorgängige und parallele Erfahrungen mit Heimerziehung und Instanzen sozialer Kontrolle in den Blick nimmt, geht fehl: Es unterliegt stets der Gefahr, Kinder und Jugendliche auf das Schlucken und Wiederkäuen von Wissensbrocken, auf das bloß äußerliche Reproduzieren "curricularer Qualifikationen" zu reduzieren. Mehr noch: Der grundlegende Charakter jener lebensweltlichen Erfahrungen bedingt, daß ein Unterricht, der von ihnen absieht, auch in seinen immanenten Intentionen zum Scheitern verurteilt ist.

Bemühungen um eine substantielle Schulreform zielten daher immer auch auf eine Korrektur entsprechender Vereinseitigung. Für die Gegenwart weise ich exemplarisch hin auf die Konzeption "offenen Unterrichts" (vgl. WALLRABENSTEIN 1991) und auf zahlreiche Ansätze, die den Zusammenhang von Schule und Sozialpädagogik betonen bzw. eine gemeinwesenorientierte Pädagogik entwerfen.

Eine hinreichend gute Lehrerin, ein hinreichend guter Lehrer kann ich heute nur werden, wenn ich nicht nur im engeren Sinn schulpädagogische bzw. didaktische Kompetenzen erwerbe, sondern mir auch - wenigstens ansatzweise - sozialpädagogische Sichtweisen und Kenntnisse aneigne.

In diesem Sinn soll hier der Zusammenhang von Schule und Sozialpädagogik im Blick auf erforderliche Qualifikationen der Lehrerin und des Lehrers erschlossen werden. PESTALOZZI kann uns dabei daran erinnern, daß es sowohl bei schulpädagogischem als auch bei sozialpädagogischem Sehen, Reflektieren und Handeln auf die "Umfassung des ganzen Geistes" ankommt, "dessen die Menschenerziehung bedarf" (a.a.O. S.102): Soll es um den ganzen, je konkreten Menschen gehen, wird die theoretische und praktische Spaltung der Pädagogik in *Bindestrichpädagogiken* fragwürdig, so sehr manche Arbeitsteilung aus historischen oder praktischen Gründen verständlich sein mag.

Pädagogische Verantwortung und auch erziehungswissenschaftlich aufgeklärte Kriterien pädagogischen Handelns sind unteilbar. Daran ist besonders angesichts von Rollenzuweisungen zu erinnern, die im Selbst- und Fremdbild von Eltern, Lehrern und Sozialpädagogen Vorurteile begünstigen (z.b. der Lehrer als "Fachwissenschaftler" und "Stundengeber", der Sozialpädagoge als "Fachmann fürs Erzieherische" oder "Sozialtherapeut"). Wenn hier von Sozialpädagogik oder sozialpädagogischen Aspekten die Rede ist, so darf dies demnach nur *akzentuierend* verstanden werden. Letztlich geht es um die Ermöglichung eines in qualifiziertem Sinn *erzieherischen* Handelns von Lehrerinnen und Lehrern, wobei auch Unterricht als Teilaspekt von Erziehung verstanden wird.

Erfahrungen und erste wissenschaftliche Analysen aus jenem Arbeitsbereich bzw. jenen Institutionen und Handlungsfeldern, die im *engeren* Sinn "sozialpädagogisch" genannt werden, können allerdings dafür einen wichtigen Beitrag leisten.

Meine These lautet, daß die Vernachlässigung sozialpädagogischer Elemente in der Lehrerbildung - insbesondere auch in deren erster Phase - zu einer unangemessenen Verkürzung der Problemsicht und der Handlungsperspektive von Lehrerinnen und Lehrern führen kann. PESTALOZZI war noch zugleich Didaktiker und Sozialpädagoge - in manchen Rollenerwartungen der Schulpraxis und in manchen darauf bezogenen Studienplänen und Ausbildungskonzepten kommt er nur noch halbiert zur Geltung.

Auf den ersten Blick mag diese Aussage verwundern: Hat nicht gerade die moderne Sozialisationsforschung den Blick geschärft für Zusammenhänge zwischen Schule, lebensweltlichem Alltag und gesellschaftlichen Strukturbedingungen? Sowohl zur Einbettung des Unterrichtsgeschehens in die erzieherischen und sozialen Funktionen und Prozesse der Schule, wie auch zum Stellenwert von Schule im Ensemble der Sozialisationsinstanzen und Lernorte liegen eine Reihe von Forschungen und dokumentarischen Materialien vor. Hat nicht, so ließe sich weiter einwenden, die Erprobung neuer schulorganisatorischer Modelle - besonders integrativer Gesamtschulen - und neuer Angebote der Sozialarbeit - besonders der Schulsozialarbeit - zu Kooperation und Annäherung von Schul- und Sozialpädagogik in Praxis und Theorie geführt? Könnte nicht auch die neu geschaffene Rolle des Beratungslehrers der "Sozialpädagogik der Schule" Impulse vermitteln, zumal hier auch erziehungspsychologische Qualifikationselemente angestrebt werden?

Die Chancen, die in solchen Bemühungen stecken, sollen nicht in Abrede gestellt werden. Aber gerade weil ich sie teile (und in meinem Arbeitszusammenhang zu fördern suche), sehe ich auch die Grenzen. Hervorzuheben ist ein *bildungspolitisches* und ein *systematisches* Argument: In dem Maß, in dem derzeit - teilweise recht unverhüllt - die *Selektions- und Plazierungsfunktion von Schule* und darin das Auslesemotiv wieder in den Vordergrund tritt, schwinden die Chancen, in fördernd-individualisierenden Aktivitäten der Ausgangslage, dem alltäglichen Lebenskontext und dem je individuellen Lernfortschritt von Schülern hinreichend gerecht zu werden. Als symptomatisch erscheinen mir informelle oder formelle Impulse aus einigen Schulbehörden oder auch aus der Öffentlichkeit an den Lehrer, der Erfüllung formaler Kriterien, der Reproduktion äußerlicher (d.h. der psychosozialen Lage und den Selbstbildungsmotiven des jeweiligen Kindes äußerlicher) Wissensbestände und insgesamt der Einhaltung der GAUSS'schen Normalverteilungskurve bei Zensuren erhöhte Aufmerksamkeit zu widmen.

Die in einzelnen Ländern in erfreulicher Weise vorangekommene Grundschulreform - etwa mit der Abschaffung des Ziffernzeugnisses in den ersten Grundschuljahren oder soeben in Schleswig-Holstein für die gesamte Grundschulzeit - widerlegt mir diesen Gesamtbefund noch nicht hinreichend, vor allem dann nicht, wenn der Pädagogisierung in den unteren Jahrgängen eine Verschärfung des Selektionsdrucks in den mittleren gegenübersteht. Derartige problematische Tendenzen bleiben besonders da in Kraft, wo sie - von mächtigen Interessengruppen oder von Strömungen des "Zeitgeists" (auch über Teile der Elternschaft) - von außerhalb an die Schule herangetragen werden. Sie bestehen dann *relativ* schulformunabhängig und werden beim Streit um die Organisationsform (Gesamtschule, drei- oder zweigliedriges System, kooperative Formen bzw. Orientierungsstufen) gern übersehen. Der sozialpädagogisch orientierte Lehrer oder - wo es ihn trotz Planstellenknappheit gibt - der schulische Sozialpädagoge gerät in dieser Situation leicht in die Rolle des netten Spinners oder der beruhigenden Alibifigur.

Nur am Rande sei angemerkt, daß unter diesen restriktiven Bedingungen Sozialpädagogik auch an den lehrerbildenden Fachbereichen bzw. Hochschulen leicht in eine Randposition gerät: Angesichts der Knappheit von Mitteln und Planstellen kommt es in den Finanz- und Kultusministerien, in den Präsidialverwaltungen der Hochschulen, aber auch innerhalb der Kollegien selbst oft zu einer arg eingeengten Wahrnehmung der erziehungswissenschaftlichen Aufgaben von Lehrerbildung - nämlich im Sinne primär curricularer, fachdidaktischer und unterrichtstechnologischer Perspektiven. Meine Erfahrungen in Hamburg zeigen allerdings auch, daß gerade auch manche Vertreter der Schul- bzw. Grundschulpädagogik und der Fachdidaktiken für die Wiederherstellung des "ganzen PESTALOZZI" zu gewinnen sind, sobald jenseits des universitären Verteilungskampfes die gemeinsame Verantwortung angesichts der Schwierigkeiten des Schulalltags in den Blick kommt.

Als gänzlich unverantwortlich muß es allerdings gelten, daß einige deutsche Bundesländer den erziehungswissenschaftlichen Anteil speziell am Gymnasiallehrerstudium nach wie vor bzw. erneut extrem niedrig halten - so als sei das Gymnasium nach wie vor ein Lernort, der nur durch die Aufgabe Wissenschaftspropädeutik und nicht auch durch weitere erzieherische Aufgaben und Konflikte herausgefordert sei.

Gern sei anerkannt, daß Studienseminar und Lehrerfortbildung sich heute den von mir angesprochenen Aufgaben zunehmend engagiert öffnen. Aber solche Arbeit muß auf hinreichende erziehungswissenschaftliche Vor-Bildung der Lehrerinnen und Lehrer und hierbei auch auf elementare Zugänge zur Sozialpädagogik aufbauen können.

Das eher systematische Argument des Zweifels betrifft eine *problematische Arbeitsteilung* im praktischen Feld: Die neuere sozialisationstheoretische und wissenschaftlich-sozialpädagogische Arbeit sollte ja nun gerade nicht zu der Folge führen, sozialpädagogische Kompetenz in eigens dafür spezialisierte Rollen auszugrenzen.

Die derzeit in unterschiedlichen Begründungszusammenhängen geforderte "Wiedergewinnung des Erzieherischen" in der Schule setzt vielmehr voraus, *daß sich Lehrerinnen und Lehrer unabhängig von ihrer Schwerpunktqualifikation insgesamt nicht nur als Unterrichtende verstehen, daß sie vielmehr ihrem professionellen Selbstkonzept jene Aspekte pädagogi-*

schen Sehens, Denkens und Handelns integrieren, die hier unter der Chiffre "sozialpädagogisch" angesprochen sind.

Demgegenüber besteht die Ambivalenz spezialisierter Berufsbilder und Rollen wie denen des Schulpsychologen, des Beratungslehrers oder des schulischen Sozialpädagogen ja gerade darin, daß sie zu gezielter und geschulter Problembearbeitung und Beratung von institutionellen und interaktionellen Konfliktlagen sowie zu gezielter Einzelfallarbeit nötig und hilfreich sein können - daß sie aber darin zugleich eine problematische Entlastung für den Rest des Kollegiums anbieten und eine Ausgrenzung entsprechender Kompetenz- und Verantwortungsmomente aus dem Berufsbild des "normalen" Lehrers begünstigen: "Um emotionale und soziale Schwierigkeiten kümmert sich ja Kollegin Y ..." (Solcher Ausgrenzung suchen wir seit einiger Zeit, etwa auch in Hamburg, so zu begegnen, daß es das primäre Ziel von Beratung ist, die Handlungskompetenz von einzelnen Lehrkräften, von Teams und von ganzen Kollegien zu stärken; dem entsprechen Ansätze selbstorganisierter und dann auch extern beratener Selbstfortbildung von Kollegien während regelmäßiger unterrichtsfreier Studientage.)

Hinzu kommt, daß die soziale Definition und Ausgrenzung von Schülern im Zusammenhang von "schwierigen" Situationen - eben als "Fall" - nicht nur im Sinne einer Hilfe, sondern zugleich im Sinne einer Kontrolle (Selektionsaspekt) und Stigmatisierung wirken kann.

Eine problematische, traditionell gewachsene Arbeitsteilung betrifft zusätzlich *die verschiedenen Lehrämter und die darauf bezogenen Studiengänge.* Ich hatte darauf schon hingewiesen: Studierenden, die später an Gymnasien (in Österreich: an Allgemeinbildenden Höheren Schulen), an Berufsschulen, an Grund- und Hauptschulen und an Sonderschulen bzw. - nach anderer schulorganisatorischer Gliederung: - die später im Elementar- und Primarbereich, in der Sekundarstufe I oder in den allgemeinbildenden oder berufsbildenden Sekundarstufen II unterrichten wollen, werden in einer Reihe deutscher Bundesländer und auch in Österreich je nach Schultyp höchst unterschiedliche Anteile erziehungswissenschaftlicher Pflichtveranstaltungen in Relation zum Gesamtvolumen des Studiums abverlangt (und, dem entsprechend, angeboten). Am dürftigsten ist dieser Anteil bisher noch bei den Gymnasiallehrern in den süddeutschen Ländern, am reichsten in jenen deutschen Bundesländern, die sich in ihrem Lehrerbildungskonzept am Stufenlehrer-Modell des Bildungsrats orientieren. In Hamburg bedeutet dies zum Beispiel, daß für das "erweiterte Lehramt Grund- und Mittelstufe" mindestens 25% des Pflichtstudienanteils auf Erziehungswissenschaft entfallen, wobei ggf. zusammen mit dem Fach Grundschulpädagogik der Anteil auf 50% steigt; für das Lehramt "Oberstufe allgemeinbildend" (LOA, d.h. Lehrbefähigung für die Sekundarstufen I und II an Gymnasien und Gesamtschulen) beträgt der Pflichtanteil 33,3%! Auch inhaltlich sind Differenzen bemerkbar. So müssen angehende Gymnasiallehrer vielfach - im Unterschied zu den anderen Lehramtsstudien - kein Sozialpraktikum absolvieren. (In Hamburg können sie immerhin zwischen Sozial- und Industriepraktikum wählen.) Hier zeigt sich einmal mehr, daß derartige Unterschiede rückvermittelt sind an traditionelle Berufsbilder: Der Gymnasiallehrerbildung des 19. Jahrhunderts galt die Beschäftigung mit den klassischen Gehalten als von sich aus pädagogisch bildend, und zudem war das Gymnasium in einem stark selektiven, hierarchisch gegliederten Schulwesen gesellschaftlich definiert als der Ort, an dem sich keine sozialen Probleme zu ereignen hatten.

Es ist deutlich, daß derartige Zuordnungen erforderlicher pädagogischer Kompetenz zu Schultypen oder Schulstufen heute nicht mehr haltbar sind, und zwar nicht nur auf dem Hintergrund einer (relativen) Öffnung der "gelehrten Bildungsgänge" für nichtbürgerliche Schichten, sondern auch (vgl. oben Kapitel 3) angesichts einer *Verschärfung der Sozialisationsproblematik* für alle Angehörigen der nachwachsenden Generation, somit einer erhöhten Bedrohung auch der Gymnasiasten durch das Stigma "abweichend".

Um keine Mißverständnisse aufkommen zu lassen: Ich gestehe gern (und werde im 10. Kapitel vergegenwärtigen), daß ich mich in meinem Leben vielfach von Menschen pädagogisch gefördert gesehen habe, deren erziehungswissenschaftliche Qualifikation höchst dürftig war. Auch gegenwärtig beobachte ich gelegentlich schul- und sozialpädagogische "Naturtalente". Verhängnisvoll wäre es auch, idealtypische Konstrukte aus Forschungen über die Lehrerpersönlichkeit glattweg auf Schultypen oder Schulstufen zu beziehen und zu Klischees über den "am Kind orientierten" Grundschullehrer und den "an der Sache orientierten" Sekundarstufenlehrer gerinnen zu lassen. Mit Erwartungen, die enttäuschungsfrei stabilisiert sind, wäre niemandem gedient.

Und auch der einfache Schluß aus hohen erziehungswissenschaftlichen und speziell sozialpädagogischen Studienanteilen auf "gute", das heißt: anthropologisch reichhaltige, reflektierte, mitmenschlich-sensible Schulpraxis wäre - ebenso wie der Umkehrschluß - naiv. Derartige mechanistische Sichtweisen unterschlagen die je subjektiven Deutungs- und Verarbeitungsleistungen im Lernprozeß eines Studiums ebenso wie die Anpassungs-

leistungen, die beruflich-institutionelle Praxis abfordert. Gleichwohl erscheint die Reflexion auf Bedingungen des Lehrerstudiums (wie analog der Lehrerfortbildung) notwendig:
Eine intensivere sozialpädagogische Orientierung des Studiums *aller* Lehramtskandidatinnen und -kandidaten wäre zwar noch keine hinreichende, aber doch eine wesentliche Voraussetzung dafür, daß die Dichotomie von "Unterricht" und "Erziehung" behoben würde und Schule über ihre institutionellen Grenzen hinaus noch mehr als bisher für die Lebensprobleme junger Menschen kommunikabel würde.

Spätestens an dieser Stelle ist die Frage zu klären, was denn nun unter *"Sozialpädagogik"* zu verstehen sei, um von daher spezifische Möglichkeiten eines inhaltlichen Angebots für Studium oder auch Lehrerfortbildung in den Blick zu nehmen. Wer sich diesem Definitionsproblem abstrakt nähert, der erstickt schnell in einer Vielfalt sich teilweise überschneidender, teilweise auch widersprechender Bestimmungsversuche; es war daher sicher ratsam, im Zusammenhang dieses Votums zunächst von einem vorläufigen Sprachgebrauch auszugehen.
Deutlich dürfte geworden sein, daß die Bestimmung des "Sozialpädagogischen" im Sinne des "Außerschulischen" nicht hinreicht, da sozialpädagogisch ausgewiesene Situationen (z.B. Umgang mit destruktiver Aggressivität) gerade auch in der Schule vorkommen. Sozialpädagogik wird in ihrer eigenen Tradition wie auch im gegenwärtigen Schrifttum im Rahmen unterschiedlicher theoretischer und praktischer Bezugssysteme verstanden und auf konkrete Handlungsprobleme ausgelegt:
Bevor ich einen eigenen Bestimmungsversuch zur Diskussion stelle, muß ich die bisher sichtbaren Alternativen offenlegen. Dabei darf es nicht verwundern, daß der Begriff häufig eher als alltagssprachliche Verständigungs- und Klammerformel fungiert hat und daß historisch wie aktuell das jeweilige Verständnis von Sozialpädagogik wesentlich als Antwort auf drängende erziehungspraktische und gesellschaftspolitische Herausforderungen zur Geltung kommt. Hier erhält dann auch das mehrdeutige, gleichwohl in solcher Mehrdeutigkeit fruchtbare Wort "sozial" seine nähere Bestimmung.
Idealtypisch lassen sich *vier Ansatzpunkte zur Bestimmung von Sozialpädagogik als Praxis und als Theorie* skizzieren. Ihnen ist eine je spezifische Sicht gesellschaftlicher und individueller Aufforderungslagen für sozialpädagogisches Handeln eigen. Dieser entspricht ein je dominantes Muster praktischer Handlungsorientierung und - wiederum in idealtypischer

Zuspitzung - eine je eigentümliche Nähe zu bestimmten Nachbarwissenschaften der Pädagogik bzw. zu bestimmten interdisziplinären Schwerpunkten von Forschung und Theoriebildung.

(1) Sozialpädagogik als "Pädagogik der Notfälle:
Diese Sicht verdankt sich wesentlich christlich-caritativen Motiven, wenngleich Caritas bzw. Diakonia - auch theologisch - nicht auf diesen Aspekt begrenzt werden darf. Die Herausforderung zu sozialpädagogischem Handeln und Denken wird primär in der psychosozialen Lage eines konkreten einzelnen Kindes oder Jugendlichen oder betroffener Kleingruppen wahrgenommen; die leitende Handlungsfigur ist die der *Hilfe* oder - pädagogisch-psychologisch gewendet - die der *Beratung oder Therapie.* Als Bezugswissenschaften kommen damit vorrangig *Psychologie und Tiefenpsychologie* in den Blick. Dieser Zugang ist in jüngster Zeit oft kritisiert worden, weil er - was jedoch nicht notwendig mit ihm erkauft ist! - die Gefahr in sich berge, daß gesellschaftliche, ökonomische und politische Bedingungen der Entstehung menschlichen Leidens und Elends weder theoretisch noch praktisch hinreichend wahrgenommen würden. Gleichwohl lebt Sozialpädagogik ganz wesentlich vom Engagement für den konkreten, leidenden und hilfsbedürftigen Menschen; wo sie ihn über allgemeineren Konstrukten aus dem Auge verliert, also im schlechten Sinne abstrakt wird, dürfte sie - wie analog eine Schultheorie, in der die menschliche Person nicht mehr vorkommt - ihre Legitimationsbasis verloren haben.

(2) Sozialpädagogik als "Pädagogik abweichenden Verhaltens" (Devianzpädagogik):
Dieses primär devianzpädagogische Verständnis von Sozialpädagogik hat deutlich die neuere Problemsicht bereichert. Es verdankt sich wesentlich der Einsicht, daß Sozialisation in den hochkomplexen modernen Industriegesellschaften zunehmend schwieriger wird und daß Widersprüche innerhalb der bzw. zwischen den Wert- und Normorientierungen einer Gesellschaft geeignet sind, sozial unerwünschtes Verhalten hervorzubringen oder zu verstärken. Im Gefolge von Denkmodellen des symbolischen Interaktionismus kommt besonders die Definitionsmacht und die verstärkende Funktion der *"Instanzen sozialer Kontrolle"* hinsichtlich des Fremd- und Selbstbilds von "Abweichung" (früher u.a.: "Verwahrlosung", "Kriminalität") in den Blick. Sozialpädagogik orientiert sich hier insbesondere an (kriminal-)*soziologischen* Perspektiven und macht den *stigmatisierenden*

Einfluß gesellschaftlicher bzw. staatlicher Institutionen und Rollenträger - so auch der Schule und des Lehrers - *kritisch* zum Thema.

(3) Sozialpädagogik als "außerschulische Pädagogik":
Diese Sichtweise dürfte dem alltagssprachlichen Verständnis von Pädagogen am nächsten kommen; würde ich Kollegen in meinem Fachbereich befragen, so würden sie wohl mit wenigen Ausnahmen Sozialpädagogik zusammen mit Erwachsenenbildung als den "Bereich" unseres Faches bestimmen, der sich vorrangig mit Sozialisation und Individuation außerhalb der Schule sowie mit "außerschulischen" Erziehungsinstitutionen beschäftigt.
Das ist zunächst eine summarische Verlegenheitsdefinition, der zudem die Tendenz innewohnt, das Sozialpädagogische negativ von der Schule her zu definieren; sie erinnert mich immer an den Begriff des "Nichtkatholiken" im alten römisch-katholischen Kirchenrecht. Systematisch gesehen, können die in Betracht kommenden Arbeitsfelder vielfach eine im Vergleich zur Schule grundlegendere und ganzheitlichere Bedeutung für sich beanspruchen: Familie, Kindergarten, außerschulische Jugendbildung, Freizeitpädagogik ...
Aber die sozialpädagogischen Aspekte von Schule als Lernort und von schulpädagogischem Handeln bleiben in dieser Sicht leider ausgeblendet.
Im Vordergrund steht das Motiv der *Komplementarität* zur Schule (Korrektiv- und Ergänzungsfunktion); die Denkfiguren sind trotz manchmal dargestellter Schulkritik doch wesentlich strukturiert durch Entsprechungen zur Didaktik.

(4) Sozialpädagogik als Theorie und Praxis des "sozialen Lernens":
Diese Auffassung von Sozialpädagogik hat sich bisher im Zusammenhang von Schule am deutlichsten zur Geltung gebracht. Es geht hier um ein doppeltes Motiv: das der (mehr oder minder kritischen) sozialen Integration des Individuums und auch tendenziell randständiger Gruppen bzw. im Konflikt befindlicher Schichten bzw. Klassen in den gesamtgesellschaftlichen Prozeß; zugleich das der Kommunikations- und Diskursfähigkeit, mehr noch: der prosozialen Haltung von Individuen in ihren Gruppenbeziehungen. "Sozialpädagogik" als Wortprägung des 19. Jahrhunderts ist deutlich als Gegenprogramm gegen eine individualistisch verkürzte "Individualpädagogik" zu verstehen. Bemühungen im Kontext von *Demokratie und Erziehung* haben dieses Motiv - zugleich in Kritik seiner bloß sozialintegrativen Momente - aufgenommen. Als Bezugswissenschaften

fungieren hier besonders *Politikwissenschaft* und *Sozialpsychologie*. In vielen Fällen sollte man hier präziser statt von "Sozialpädagogik" von einer "Didaktik des politisch-sozialen Lernens" sprechen. Als im engeren Sinn sozialpädagogisch können dagegen Konzepte *gemeinwesenorientierter Bildungsarbeit* (community education) gelten, die auch die Schule einbeziehen oder die schulischen Aktivitäten auf das Gemeinwesen (Kommune, Stadtteil) zurückwirken lassen wollen.

Das Spektrum nicht nur des faktischen Sprachgebrauchs, sondern auch der jeweiligen Begründungsversuche reicht demnach sehr weit. Es empfiehlt sich, die jeweils mitgedachten Bezüge offenzulegen, soll die Rede von "Sozialpädagogik" - und somit auch hier von "mehr Sozialpädagogik im Lehrerstudium" - nicht zur relativ beliebig auffüllbaren Leerformel verkommen. Etwas gegen den aktuellen Strom, aber angeleitet von Pionieren wie PESTALOZZI, MAKARENKO, Father FLANAGAN oder ZULLIGER und REDL, möchte ich in gebotener Kürze eine eigene Bestimmung zur Diskussion stellen. Das eingangs zitierte Wort PESTALOZZIs kann uns auf die Spur dessen helfen, was Sozialpädagogik in der heutigen Lage pädagogisch-praktischer Problematik und erziehungswissenschaftlicher Theoriebildung heißen könnte:

Soll Sozialpädagogik heute in ihrer Beziehung zur Schulpädagogik, aber auch generell zur "Pädagogik" schlechthin einen spezifischen Akzent einbringen, so erscheinen mir zwei Bestimmungen für Sozialpädagogik als Praxis und als Theorie wesentlich:
(1) Erstens, daß Sozialpädagogik zwei Sachverhalte ganz besonders in den Blick nimmt: (a) das Insgesamt der Lebensverhältnisse des jungen Menschen (sozialökologischer Aspekt) und (b) darin den Zusammenhang kognitiver, affektiv-emotionaler und handlungsbezogener Momente von Prozessen der Sozialisation und des Selbstwerdens (ganzheitlich-anthropologischer Aspekt);
(2) zweitens, daß sie auf dieser Basis eine besondere theoretische und praktische Sensibilität entwickelt für das Leiden von Kindern, Jugendlichen und anderen von Disqualifikation, Verelendung und Selbstentfremdung bedrohten oder betroffenen konkreten Menschen (Aspekte der Unterstützung und des advokatorischen Handelns).
Dieser formelhafte Versuch einer Vergewisserung nimmt den doppelten Aspekt der Chiffre "sozial" auf, indem er (a) den lebensweltlichen und lebensgeschichtlichen Kontext, sozusagen die "Totalität" des sich entwik-

kelnden und lernenden Menschen, und (b) das besondere Engagement überall da, wo Lebenschancen und Selbstentfaltung von Menschen bedroht sind, zum Thema macht. Beide Momente weisen in meiner Sicht notwendig aufeinander hin; so steht auch die neuere Stigmakritik deutlich auf dem Hintergrund einer sinnanthropologischen Orientierung.

Definitionsversuche nach dem klassischen Muster von Unterordnung (unter einen Oberbegriff) und Ausgrenzung (gemäß der spezifischen Differenz innerhalb der Unterklasse) werden diesem Sachverhalt - wie häufig bei erziehungs- und sozialwissenschaftlichen Gegenständen - nicht gerecht. Eher ließe sich von *Feldern "spezifischer Dichte" sozialpädagogischer Problemlagen* sprechen, wobei die Übergänge in Bereichen geringerer Dichte fließend bleiben. Es kommt demnach mehr auf den zentrierenden Problemakzent als auf Abgrenzung an. In diesem Sinn können auch schulische Alltagssituationen unvermutete sozialpädagogische Brisanz gewinnen, so bei besonders persönlichkeitsnahen Themen wie der Symbolik von Märchen oder bei Interaktionsschwierigkeiten, die auf eine tieferliegende psychosoziale Problematik der Beteiligten (also beider Seiten!) verweisen. Zur Eigenart und Anstößigkeit sozialpädagogischer Sichtweise gehört spätestens seit den Impulsen einer psychoanalytisch orientierten Pädagogik (vgl. oben Kapitel 2) die Einsicht, daß Lebensgeschichte und Gefühlshaushalt von Lehrerin und Lehrer, Erzieherin und Erzieher in allen pädagogischen Interaktionen mit "vorkommen" und involviert sind.

Eine besondere Dichte sozialpädagogischer Problemlagen wird jedoch trotz der potentiellen Allgegenwart des Sozialpädagogischen - und hier gewinnen die oben unter (2) und (3) genannten Sichtweisen ihr Recht - in jenen Handlungsfeldern zu erwarten sein, die durch soziale Definition als "schwierig" *besonders* ausgezeichnet sind. Dies gilt nicht nur für "totale Institutionen" wie traditionelle Heime, sondern auch für offenere Institutionen und Angebote der Jugendhilfe wie zum Beispiel Tagesstätten (Kindertagesheime) für devianzgefährdete Schulkinder, betreute Jugendwohnungen, Gruppenarbeit im Rahmen von Präventions- und Resozialisationsprojekten, Kindersorgentelefone des Jugendschutzes oder Sexual- und Partnerschaftsberatung Jugendlicher und junger Erwachsener.

Sozialpädagogische Kompetenz und zugleich relativierende Distanz zu eigenen Schulerfahrungen und zur (drohenden) Verabsolutierung der eigenen künftigen Lehrerrolle können angehende Schulpädagoginnen und Schulpädagogen daher besonders in der praktischen Konfrontation mit solchen sozialpädagogischen "Dichtefeldern" erwerben, sofern diese studentische Praxis theoretisch vorbereitet und nachgehend-reflexiv auf-gearbeitet wird. Diese Idee hat die Einrichtung obligatorischer *Sozialpraktika für Lehramtsstudierende* in Hamburg bestimmt. (Derzeit ist z.T. alternativ auch ein Industriepraktikum möglich.)

Unsere Konzeption eines *"Integrierten Sozialpraktikums"* in *allen* Lehramts-studiengängen enthält im Kern eine mindestens vierwöchige Mitarbeit in einer sozialpädagogischen Einrichtung oder Initiative, deren wesentlicher Inhalt der direkte Umgang mit Kindern und/oder Jugendlichen in Einzel-oder Gruppenarbeit sein soll (institutionell-organisatorische und administra-tive Bedingungen dieser Arbeit kennenzulernen, ist dabei ein zusätzlicher erwünschter Nebeneffekt). Diese Praxis wird eingerahmt durch je ein Vorbereitungs- und Nachbereitungsseminar, das der kategorialen Struktu-rierung der Vielfalt der Eindrücke, der nachgehenden klärenden "Verdau-ungsarbeit" und Transfer-Impulsen für das weitere Studium und das Selbstverständnis als angehende Lehrerin bzw. angehender Lehrer dient. Die Gespräche, die ich im Zusammenhang solcher Seminare mit den Studierenden geführt habe, bestärken mich in der Vermutung, daß eine derartige frühzeitige (2.-4. Semester) und begleitete Konfrontation mit zum Teil extremen Situationen sozialpädagogischer Praxis - jenseits von akade-mischen oder praktisch-sozialpädagogischen Zensuren - einen doppelten positiven Effekt zeigt:

Sensiblere Einschätzung der eigenen Kräfte (im günstigen Fall Sicherheit im Umgang mit der Halbtagssituation der Schule und mit den relativ selteneren Konfliktfällen im Schulalltag, aber auch Entdeckung verschütteter Sensibilität für die "Innenseite" kindlicher und jugendlicher Erfahrung); ferner nachhaltige *Motivation zu gezieltem, theorieprüfendem Studier-verhalten.*

Nicht verschwiegen werden soll jedoch, daß es im Einzelfall auch zum Scheitern des Praktikums kommt, weil z.B. eine Einrichtung angesichts von Personalknappheit und Krankheitsfällen die Praktikantin oder den Prak-tikanten mit der Gruppe allein läßt oder weil einige Studierende, angewie-sen auf Nebenverdienst während der Semesterferien, das Praktikum als materielle Existenzbedrohung wahrnehmen und diese "Pflichtübung" zu umgehen suchen oder mit entsprechend negativer Stimmung antreten. Die Kooperationsbereitschaft der sozialpädagogischen Institutionen bzw. Träger ist insgesamt erfreulich hoch; einige wie z.B. Horte und Heime erwarten allerdings aus gutem Grund eine mehr als vierwöchige Mitarbeit der Studierenden und auch danach persönlichen Kontakt in einer Ablösungsphase. Verbesserungsbedürftig erscheinen auch aus solchen

Gründen die materiellen Bedingungen des (in der Regel honorarfreien) Praktikums, auch hinsichtlich der Bereitstellung von Reisemitteln für die betreuenden Dozenten - ein Problem, das sich bei Kontakten mit der Region und mit ferngelegenen, aber wegweisenden Einrichtungen besonders stellt und das sich bei der Übertragung dieses Modells Integrierter Sozialpraktika auf Flächenstaaten notwendig ergeben wird.

Über das Integrierte Sozialpraktikum hinaus sollten Lehramtsstudierende, so möchte ich anregen, wenigstens eine weitere im engeren Sinn sozialpädagogisch orientierte Lehrveranstaltung besuchen. Zu denken wäre hier beispielsweise an den Ermutigungseffekt, der von konkreten Beispielen sozialpädagogischer Reform - und zwar gerade auch von den "kleinen Klassikerinnen und Klassikern" und von aktuellen Gruppeninitiativen des In- und Auslands - ausgehen kann. Weiter wäre z.b. an Lehrangebote zum Zusammenhang von Schul- und Sozialpädagogik im Kontext institutioneller Kooperation (z.b. Gesamtschule und Haus der Jugend in Hamburg-Steilshoop) oder unter leitenden Fragestellungen sozial- *und* schulpädagogisch relevanter Konzepte (z.b. psychoanalytisch orientierter Pädagogik) zu denken.

Wenn allerdings Sozialpädagogik generell wie auch im Kontext des Lehramtsstudiums ihrerseits wieder von der Ganzheitlichkeit der menschlichen Bildungsprozesse absähe, sich nur auf spezielle Teiltheorien und Methodenlehren zurückzöge, würde sie wieder nur, um mit PESTALOZZI zu reden, "zu einer künstlichen Verschrumpfungsmethode unseres Geschlechts" führen. So wäre nichts gewonnen. Erst die beiden Ansichten PESTALOZZIs ergeben einen lebendigen.

Literatur

Ich beschränke mich auf folgende exemplarische Hinweise:

EYFERTH, Hanns / OTTO, Hans-Uwe / THIERSCH, Hans (Hrsg.): Handbuch zur Sozialarbeit/ Sozialpädagogik. Neuwied/Darmstadt 1984 (Bibl.)

MÖRSCHNER, Marika: Sozialpädagogik und Schule. Zur Entwicklung ihrer Beziehung. München/Basel 1988

PESTALOZZI, Johann Heinrich: Ausgewählte Schriften, hrsg. v. Wilhelm FLITNER. Düsseldorf/ München 1954 (bzw. andere Editionen, bes. des "Stanser Briefs")

STRUCK, Peter: Pädagogik des Klassenlehrers. Hamburg 1981

THIERSCH, Hans: Kritik und Handeln. Neuwied/Darmstadt 1977

TILLMANN, Klaus-Jürgen (Hrsg.): Schulsozialarbeit. München 1982

TILLMANN, Klaus-Jürgen (Hrsg.): Was ist eine gute Schule? Hamburg 1989

WALLRABENSTEIN, Wulf: Offene Schule, offener Unterricht. Reinbek 1991

9. ZWISCHEN WEITSICHT UND VERBOHRT-HEIT

Ambivalenzen im Spannungsfeld von "68er Bewegung" und Erziehungswissenschaft - ein durchaus subjektives Selbstinterview

A.E. (Alter Ego): Johannes BASTIAN hat dich gebeten, einen Essay zur erziehungswissenschaftlichen Bilanz der "68er Generation" beizusteuern (vgl. BASTIAN 1988) - als Zeitzeuge, aber zugleich etwas distanzierter im Blick auf Wechselwirkungen zwischen der 68er Bewegung und dem Nachdenken von Erziehungswissenschaftlern. Du hast freudig zugesagt, aber ich habe auch dein Zögern bemerkt, das die Freude begleitete, heutigen Leserinnen und Lesern etwas von dem mitzuteilen, was dir lebensgeschichtlich wichtig ist und auch für die Weiterentwicklung unseres Metiers lehrreich sein könnte. Woher diese Ambivalenz? Und: Gehörst du denn überhaupt zur "68er Generation"?

H.S. (Horst Scarbath): Mein Zögern hat mehrfachen Grund. *Erstens*: Ich zweifle daran, daß *die* "68er Generation" überhaupt als kollektives Phänomen rekonstruierbar ist. Der Rückblick wie auch die damals bereits einsetzenden Polarisierungen in unserem Fach (und allgemeiner in den Sozialwissenschaften) mögen dazu beitragen, daß wir heute manches einheitlicher sehen, was ich damals in Frankfurt auf dem Campus, in den Seminardiskussionen und in den ersten literarischen Fachdebatten als sehr unterschiedlich wahrgenommen habe. Zwischen den clownesken Aktionsformen im Umfeld von Daniel COHN-BENDIT und den dialogisch eingebrachten kritischen Anfragen der Grenzgänger zwischen dem HORKHEIMER-ADORNOschen Institut für Sozialforschung und unserem erziehungswissenschaftlichen Seminar gab es doch ein weites Spektrum, nicht nur im Habitus.

Zweitens scheint mir der wissens- und wissenschaftssoziologische Gedanke unabweisbar, daß wir nicht einfach von Auswirkungen der 68er Bewegung auf die Erziehungswissenschaft (und umgekehrt) ausgehen können, daß vielmehr *beide*, Studentenbewegung und "kritisch-emanzipative Wende" der Erziehungswissenschaft, als Reaktionen auf eine grundlegende Legitimitätskrise von Gesellschaft, Staat und Wissenschaft zu verstehen sind.

Drittens denke ich, daß wir die Vielgestaltigkeit der Denkbemühungen und der Versuche des Praktischwerdens von Erziehungswissenschaft nicht unterschlagen dürfen, die nach 1968 verstärkt ins Gespräch kamen und auch die pädagogische Ausbildung bestimmten: Als "emanzipatorisch" und "kritisch" verstanden (und verstehen sich noch) orthodoxe Marxisten; Autoren, die sich der "Frankfurter Schule" verpflichtet sehen; an das Emanzipationspostulat und die Mündigkeitsidee KANTs und SCHLEIER-MACHERs anschließende Pädagogen - ein doch recht bunter Haufen ... Entsprechend habe ich mich (1979a) auch gegen einen emphatisch-summarischen Gebrauch der Rede von "kritischer Erziehungswissenschaft" (womöglich noch mit großem K) gewandt.

Viertens schließlich bin ich nicht sicher, ob ich überhaupt berechtigt bin, von innen her über die "68er Generation" zu sprechen: Meine intensivere Beschäftigung mit den Fragen meiner persönlichen und sozialen Identität und mit Problemen von Gesellschaft und Erziehung begann wesentlich früher. Gleichwohl bedeuteten die Frankfurter Jahre um 1968 herum auch für mich eine wichtige Zäsur.

A.E.: Solltest du dazu nicht etwas konkreter werden? Vielleicht qualifiziert dich gerade deine Rolle als lebensgeschichtlicher und theoretischer Grenzgänger zu der Verknüpfung von Zeitzeugnis und distanziertem Urteil, und vielleicht ermutigt das heutige Leserinnen und Leser, zwischen der Selbstaufgabe in alten oder neuen Dogmatismen und dem Zynismus des "anything goes" ihren Weg zu finden? Also stelle bitte deine gelehrten Zögerlichkeiten ein wenig hintan und erzähle!

H.S.: Im Jahr 1968 war ich genau dreißig Jahre alt. Die letzten Nachklänge des Studentendaseins hatte ich mit dem erfolgreichen Abschluß der Promotion bereits hinter mir gelassen, aber meine Tätigkeit als Assistent und Lehrbeauftragter am Pädagogischen Seminar der Universität Frankfurt war bei aller Begeisterung für meine wissenschaftliche Arbeit zugleich noch von der studentischen Perspektive mitbestimmt (und ich hoffe, daß die mich auch heute noch nicht ganz verlassen hat). An der Universität Erlangen, wo ich bis 1964 gearbeitet hatte, hatte ich solide, durchaus interdisziplinäre Studien absolvieren können (in einer Weite auch jenseits der Grenzen der inskribierten Fächer, von der heutige Studierende nur träumen können). Aber in Frankfurt tat sich dann doch eine neue geistige Welt auf: Dort historisch-philologische Akribie mit weitem geistesgeschichtlichem Horizont sowie deutliche Impulse aus der Existenzphilosophie und Phänomenologie (beides möchte ich auch heute nicht missen); hier zusätzlich, und mit für mich zunehmend deutlicher Kontur, die Nachbarschaft zur Kritischen Theorie HORKHEIMERs und ADORNOs (und institutionell zum Institut für Sozialforschung), zu einer sozialpsychologisch orientierten

Psychoanalyse MITSCHERLICHs und BROCHERs (am wiedergegründeten Sigmund-Freud-Institut) und zu einer empirischen Erziehungs- und Bildungsforschung (an der damaligen Hochschule, dem späteren Deutschen Institut, für Internationale Pädagogische Forschung).

Den kritischen Austausch der jeweiligen Assistenten- und Studentengruppen untereinander (wie übrigens auch das Gespräch mit der Erziehungspraxis) kann man sich nicht lebhaft genug vorstellen - für mich ein kleiner Kulturschock, der mir die Frage nach Legitimation und Selbstverständnis pädagogischen Nachdenkens zentral werden ließ. Mit Hans SCHEUERL, meinem akademischen Lehrer, teilte ich die Erfahrung dieses Übergangs; daß ich in ihm und in befreundeten Kollegen wie Günter R. SCHMIDT und Horst RUMPF sozialwissenschaftlich aufgeschlossene und differenziert-nachdenkliche Gesprächspartner fand, half mir, nicht im "Karussell der Theorien" (Norbert SCHIFFERS) hängenzubleiben ...

A.E.: Nach "68er Bewegung" hört sich dies alles gleichwohl nicht an. Verbindet sich die Zäsur, von der du gesprochen hast, für dich nicht mit markanteren Ereignissen? Und haben die nicht deine und deiner Altersgenossen erziehungswissenschaftliche Arbeit noch ganz anders erschüttert?

H.S.: Vielleicht habt ihr euch doch den falschen Gesprächspartner ausgesucht? Ich muß zunächst einmal darauf beharren: Die Begegnung mit einer sozialpsychologisch orientierten Psychoanalyse und dann auch die Wiederentdeckung der frühen psychoanalytischen Pädagogik zählten für mich im Rückblick zu den wesentlichen Impulsen, und ich will nur daran erinnern, daß dies nicht mir allein so ging: Die 68er Bewegung ist ohne das rege Interesse der damaligen Studierenden an FREUD, BERNFELD, NEILL und anderen nur unzureichend beschrieben, und es war zugleich deren kritisch-hermeneutische wie lebenspraktische Orientierung, die für die Pädagogik faszinierend war. Mit Monika SEIFERT-MITSCHERLICH und anderen zusammen haben wir damals Konzepte zur Erziehungsreform ausgetüftelt und uns in der Elternarbeit, der Kleinkindererziehung und der Erzieher- und Lehrerfortbildung engagiert. Daß in solch pädagogischem Optimismus, worauf neuerdings BITTNER/ERTLE (1985) hingewiesen haben, die skeptische Aufmerksamkeit für unbewußte Barrieren oft übergangen wurde, sei gerne zugestanden.

Aber, lieber A.E., ich will auch dem anderen Teil deiner Frage entsprechen. Einer Generation wie meiner, die auf dem Hintergrund früher Erfahrungen von Nationalsozialismus und Krieg in positiver Identifikation mit der jungen westdeutschen Demokratie aufgewachsen war und die im politisch-historischen Unterricht das Modell der USA als Inbegriff freiheitlicher, die *human rights* garantierender Demokratie kennengelernt hatte, mußte der Vietnamkrieg zur Krise dieses Weltbilds werden. Die Ermordung des Studenten Benno OHNESORG anläßlich des Besuchs des persischen Schahs in Berlin verschärfte diese Betroffenheit, nicht nur bei "linken" Angehörigen meiner Generation. Der damals jüngeren Altersgruppe war es schwer, unter diesen Umständen wenigstens zu kritischer Identifikation mit dem Gemeinwesen zu finden.

Zugleich mußten wir die Erfahrung machen, daß jedenfalls die in konventioneller Weise arbeitenden Sozialwissenschaften solchen Erschütterungen nicht gerecht zu werden vermochten. Dazu eine Schlüsselerfahrung, die mich bis heute skeptisch stimmt gegenüber Generalisierungs- und Prognoseansprüchen empirischer Forschung: Während Herbert MARCUSE im Frankfurter Hörsaal 5 über die Studentenunruhen in Berkeley berichtete und es in den Tagen darauf auf dem Campus deutlich zu rumoren begann, lag um die Ecke in der Universitätsbuchhandlung eine jugendsoziologische Studie mit dem Titel "Die Generation der Unbefangenen" aus. Sie zeichnete ein gleichermaßen beruhigendes wie überholtes Bild der jungen Generation.

A.E.: Wenn viele der damaligen wissenschaftlichen Herangehensweisen und Theorietraditionen in jener Krisensituation nicht mehr als tragfähig angesehen wurden - worin siehst du dann das wesentlich Neue, den "Paradigmawechsel" in der von THIERSCH und anderen so benannten "kritischen Wende"? Und zwar nicht allgemein in den Sozialwissenschaften, sondern speziell in der Erziehungswissenschaft?

H.S.: Gestatte, daß ich erst wieder etwas Wasser in den Wein gieße: Streng genommen handelte es sich ja nicht um einen Traditionsbruch, sondern um die kritische Weiterentwicklung hermeneutisch-pädagogischer Traditionen (selbst noch bei denen, die "die geisteswissenschaftliche Pädagogik am Ende ihrer Epoche" meinten hinter sich lassen zu können) und um die Neuaneignung älterer, zum Teil bislang ausgegrenzter Ansätze, insbesondere solcher in der Linie von Sigmund FREUD und Karl MARX. "Wenden" (und auch Moden) sind in den Geistes- und Sozialwissenschaften immer dialektisch rückvermittelt an Theorietraditionen; ich bin überzeugt, daß KUHNs - an der Geschichte der Naturwissenschaften entwickeltes - Modell der Ablösung eines Paradigmas durch das andere hier nicht zutrifft.

A.E.: Ich stimme dir zu, daß wichtige, nach 1968 erschienene Arbeiten wie die von Herwig BLANKERTZ, Wolfgang KLAFKI, Klaus MOLLEN-

HAUER oder Hans THIERSCH - die gemeinhin als Belege für jene kritische Wende gelten - ohne deren wissenschaftlich-biographischen und systematisch-kritischen Bezug zur vorausgehenden geisteswissenschaftlichen Pädagogik nicht denkbar wären.

H.S.: Und wenn ich mich, als das kleinere Licht, auf der Hinterbühne dazugesellen darf: Dies gilt auch für mich. Es ist ja kein Zufall, daß ich mich derzeit wieder mit Konzepten von Personalität und verstehend-verständigender pädagogischer Beziehung beschäftige. Aber man tut dies eben anders, je nachdem ob man durch Erfahrungen mit Leistungsfähigkeit und Grenzen von Kritischer Theorie, Psychoanalyse und empirischer Sozialwissenschaft hindurchgegangen ist oder nicht.

A.E.: Zurück zu meiner Frage: Wenn wir uns nun einmal darin einig sind, daß wir idealtypisch zuspitzend formulieren - was erscheint dir heute im Rückblick als wesentlich, und was darf nicht preisgegeben werden von den Impulsen der "68er" auf die Erziehungswissenschaft?

H.S.: Mir sind einige Momente besonders wichtig, und ich denke, daß hier nach wie vor Potentiale für kritisch-konstruktives Weiterdenken und für die Weiterentwicklung der pädagogischen Praxis bereitliegen:

(1) Es erscheint mir als ein entscheidender Impuls der 68er Studenten, daß sie der pädagogischen Wissenschaft nachdrücklich die Frage nach ihrem Sinn und ihrer gesellschaftlich-praktischen Funktion gestellt haben. Diese Frage ist in HABERMAS' Frankfurter Antrittsvorlesung über *"Erkenntnis und Interesse"* allgemein und sodann in der erziehungswissenschaftlichen Arbeit intensiv fachspezifisch aufgenommen worden. Es mag sein, daß die Trias von "technischem", "praktischem" und "emanzipatorischem" Erkenntnisinteresse heute, etwa im Gespräch mit HABERMAS' "Theorie des kommunikativen Handelns", anders auszuformulieren wäre - aber die Frage nach den jeweils erkenntnisleitenden Interessen pädagogischer Forschung und Theoriebildung bleibt virulent.

(2) Eng damit verbunden ist die Leitidee der *Emanzipation*, verstanden als pädagogisch unterstützter "Prozeß der Befreiung und des Mündigwerdens" mit dem Ziel der "Möglichkeit, Fähigkeit und Motivation von Individuen oder Gruppen zur Selbstbestimmung und zur gleichberechtigten Mitbestimmung bei gesellschaftlichen (bes. auch politischen) Entscheidungen" (SCARBATH 1970, Sp.673). Pädagogische Wissenschaft wird dabei mit der Aufgabe konfrontiert, Bedingungen und Barrieren einer *Demokratisierung von Gesellschaft und Erziehung* gezielt zu erkunden. An der Qualität des gedachten Emanzipationsprozesses und am Demokratiemodell schie-

den sich jedoch damals sehr bald die Geister, nämlich die kritisch-liberalen (wie ich) und die orthodox-marxistischen. Selbstwerden von Menschen gewaltsam fördern zu wollen, halte ich nach wie vor entschieden für ein Unding, und zu meinen Lernprozessen um 1968 herum zählt die Vertiefung meiner Skepsis gegenüber dem HEGEL-MARXschen Dialektikmodell und gegenüber Vorstellungen vom "Herstellen" der Subjekte.

(3) Den Anfragen der 68er verdankt unser Fach, so nehme ich es wahr, eine deutlichere Einbindung in den Kreis der *Sozialwissenschaften* und hierbei eine seitdem entschieden intensivere Beschäftigung sowohl mit *sozial- bzw. institutionengeschichtlichen* Aspekten von Erziehung und Bildung wie auch mit den oft widrigen Phänomenen von *Institution, Organisation, Recht und Politik.* Zwar trifft die Standardbehauptung nicht zu, geisteswissen-schaftliche Pädagogik habe sich "nur" um den pädagogischen Bezug gekümmert (etliche Arbeiten Erich WENIGERs oder Wilhelm FLITNERs liefern den Gegenbeweis). Aber die Akzente wurden nun doch anders gesetzt, auch angesichts der Herausforderungen durch marxistische Basis-Überbau-Thesen einerseits und durch die gesellschaftlich notwendige Bildungsoffensive andererseits. So wichtig dieser Zugang auch mir nach wie vor ist, mittlerweile gewinnt man den Eindruck, die institutionen-spezifische Sicht habe die zentrale pädagogische Problemstellung (traditio-nell: die Frage nach dem "pädagogischen Bezug") an den Rand gedrängt. Hier gilt es ohne Rückfall in Idealismen erst noch Balance zu finden ...

(4) Auf dem Hintergrund der eingangs von mir beschriebenen Krisenerfahrung und auch angeregt teils durch den Kritikbegriff der Frankfurter Schule (selten allerdings auf dem Niveau von ADORNOs "Negativer Dialektik"), teils durch das erneuerte Mündigkeitspostulat der Aufklärung, haben deutlicher als früher die Momente der *Entfremdung* und der *Nicht-Identität* erziehungswissenschaftliche Aufmerksamkeit gefunden - analytisch in der Frage nach den entfremdenden Momenten nicht nur im Erziehungsverhältnis, sondern selbst noch im Anspruch, anderen erzieherisch helfen zu wollen (bis hin zur aktuellen Antipädagogikdebatte und dem sozialpädagogischen Hilfe-Kontrolle-Dilemma), praktisch im Beharren auf dem Anspruch, daß Bildung des Menschen nicht aufgeht in bloß identifikatorischer "Werterzie-hung". Während manche Strömungen der 68er Bewegung das Problem in den Gebetsmühlen pauschaler Kapitalismuskritik "erledigten", werden wir heute - wie mir besonders auch Rainer WINKELs klärende Beiträge zeigen - der grundlegenden Antinomien erst so recht gewahr.

(5) Schließlich hat die 68er Bewegung, genauer, haben mich einige der profilierteren studentischen Vertreter zu *intensiverer Auseinandersetzung*

mit dem Werk von Karl MARX und auch mit den Konzepten einer an MARX anschließenden Erziehungswissenschaft genötigt (vgl. SCARBATH 1979/ 1991). Wie verschieden in meinem Fach die Antworten auch ausfielen (man vergegenwärtige sich etwa Arbeiten von GAMM, MOLLENHAUER oder SCHMIED-KOWARZIK), die frühere, durch Erfahrungen mit dem Stalinismus verständliche Ausgrenzung dieses Denkens aus dem erziehungswissenschaftlichen Seminar war nicht mehr möglich. (Und im Blick auf die Lage der Pädagogik heute, 1991, in den Ländern der ehemaligen DDR, erlaube ich mir den Hinweis: Eine pauschal-tabuierende Ausgrenzung von MARX und marxistischen Konzepten führt ebenso zu einer Verarmung des pädagogischen Diskurses, wie es bei der früheren Ausschließlichkeit ihrer Pflege der Fall war.) Der Fortgang zu *kundiger* Kritik hat auch nach meiner persönlichen Erfahrung die Chancen grenzüberschreitenden Fachgesprächs nicht nur im Ost-West-Dialog, sondern auch im Blick auf eine Pädagogik mit der "Dritten Welt" deutlich verbessert. Vor unkritischem Umgang mit MARX hat mich allerdings seit damals nicht nur der blinde Fanatismus einiger (weniger) seiner studentischen Anhänger bewahrt, sondern auch der Einmarsch der Truppen des Warschauer Pakts in die Tschechoslowakei, der der Idee eines "Sozialismus mit menschlichem Gesicht" vorerst ein Ende bereitete. Auch das, dies wird oft übersehen, war 1968.

A.E.: Gab es auch Rückwirkungen von der soeben beschriebenen Entwicklung der Erziehungswissenschaft auf die Studentenbewegung?

H.S.: Ich halte diese Frage für wichtig und aufklärungsbedürftig, aber ich fühle mich da doch recht überfragt. Wenngleich sich Hochschullehrer wie beispielsweise Klaus MOLLENHAUER in Frankfurt oder Herwig BLAN-KERTZ, Hans BOKELMANN und Jürgen HENNINGSEN in Münster bis zur Erschöpfung dem kritischen Dialog mit Studenten und Mitarbeitern - auch in endlosen Institutsvollversammlungen - stellten und wenn sie in der Betreuung praxisbezogener Projektarbeit Solidarität mit differenziertem Widerspruch zu verbinden wußten: Die wirklich bewußtseinsbildenden und handlungsmotivierenden Impulse, aber auch die entscheidende Kritik an der sich dogmatisierenden oder im Aktionismus verlierenden 68er Bewegung gingen doch wohl von der Kritischen Theorie selbst aus.

A.E.: Du hast uns vorhin Impulse der 68er Bewegung genannt, die produktiv waren und auch künftig nicht preisgegeben werden sollten. Laß mich umgekehrt fragen: Gibt es nicht auch problematische Erbstücke?

H.S.: Und ob! Ich denke da besonders an die Verabsolutierung gesellschaftstheoretischer beziehungsweise sozialwissenschaftlicher Sichtweisen und an eine derzeit wieder zunehmende Intoleranz mancher von der "kritisch-emanzipativen Wende" bestimmter Kolleginnen und Kollegen gegenüber anderen Sichtweisen von Bildung und Erziehung.

A.E.: Fallen dir Beispiele ein?

H.S.: Eines aus der Zeit kurz nach 1968 in Frankfurt: Da hatte ein durch Fachveröffentlichungen hochqualifizierter, zudem psychoanalytisch ausgebildeter Bewerber um eine Assistentenstelle keine Mehrheit gefunden, weil er nicht hinreichend materialistisch orientiert gewesen sei. Und Beispiele aus der jüngsten Vergangenheit, wo man hochrangige Bewerber um erziehungswissenschaftliche Professuren nur deswegen nicht in den Listenvorschlag aufnahm oder nicht einmal zur Vorstellung einlud, weil sie keinem gesellschaftstheoretischen Ansatz verpflichtet waren und sich ihr Denken Vorstellungen von sozialwissenschaftlicher Einheitswissenschaft nicht anbequemte. Aber wir brauchen uns nicht in die Niederungen akademischer Berufungspolitik zu begeben (in denen sich ja auch zahlreiche Beispiele der Ausgrenzung von "68ern" finden): Die Verständigungsschwierigkeiten, die sich zwischen "68er"-Kollegen und anders orientierten - jenseits des small talks über Kneipe und Kretareise - immer wieder neu in den Lehrerzimmern bemerkbar machen, sind ja bekannt. Der an die 68er Impulse anschließenden Erziehungswissenschaft und Erziehungspraxis wünsche ich oft *ein wenig mehr dialogisch-mäeutische Gesprächsbereitschaft und Bewußtsein für die perspektivische Begrenztheit auch des eigenen Anspruchs.* Doch dem steht der Totalitätsanspruch der Erkenntnis entgegen, der - problematisches HEGELsches Erbe - manchen der 68er Denkbewegungen eigen war und noch ist.

A.E.: Siehst du noch weitere Gründe für solche Verbohrtheit, und hast du einen Ausweg anzubieten?

H.S.: Von Alexander MITSCHERLICHs Arbeiten habe ich gelernt, auch die wissenschaftliche Arbeit und das Sozialverhalten von Wissenschaftlern psychologisch zu sehen (was nicht heißt: auf Psychisches zu reduzieren). Dogmatismus und Intoleranz sind geboren aus Unsicherheit und Angst, so auch hier. Unterlegenheitsgefühle von Erziehungswissenschaftlern im Kreis von Sozialwissenschaftlern mischen sich hier wohl mit dem derzeit ja nicht weit hergeholten Eindruck, daß der kritisch-erziehungswissenschaftliche Ansatz wissenschaftlich und politisch in die Defensive geraten ist. Selbstbewußtsein könnte uns aber gerade erwachsen aus dem kritischen Rückbezug auf unsere gestandenen fachlichen Traditionen (immerhin ja seit PESTALOZZI, HERBART und SCHLEIERMACHER) und - paradoxerweise - aus dem nüchternen Eingeständnis, daß unsere wissenschaftliche Arbeit endlich und perspektivisch begrenzt ist.

A.E.: Spielst du damit an auf deine Konzeption einer "mehrperspektivisch-dialogischen Erziehungswissenschaft" (1979 a)?

H.S.: Ja, und in solchem Gespräch hat ein von der 68er Bewegung herausgeforderter und angeregter erziehungswissenschaftlicher Ansatz nach wie vor ein gewichtiges Wort mitzureden. Und, um nicht mißverstanden zu werden: Eine zwar leicht verbohrte, aber sich redlich abarbeitende Weise des Beim-eigenen-Ansatz-Bleibens ist mir immer noch sympathischer als die Ex-und-Hopp-Mentalität mancher Theoriekonjunktur-Ritter in der Ära der "Postmoderne".

Literatur

ADORNO, Theodor W.: Negative Dialektik. In: Ders., Ges. Schriften Bd. 6, Frankfurt am Main 1973

BASTIAN, Johannes (Hrsg.): 1968-1988. Eine Pädagogen-Generation zieht Bilanz. (PB Buch 12) Hamburg 1988

BITTNER, Günther / ERTLE, Christoph (Hrsg.): Pädagogik und Psychoanalyse. Würzburg 1985

DAHMER, Ilse / KLAFKI, Wolfgang (Hrsg.): Geisteswissenschaftliche Pädagogik am Ausgang ihrer Epoche. Erich Weniger. Weinheim/Berlin 1968

HABERMAS, Jürgen: Erkenntnis und Interesse. Frankfurt am Main 1968

HABERMAS, Jürgen: Theorie des kommunikativen Handelns. 2 Bände, Frankfurt am Main 1981

KUHN, Thomas: Die Struktur wissenschaftlicher Revolutionen. Frankfurt am Main 1967

MITSCHERLICH, Alexander: Freiheit - eine Utopie? Ausgewählte Schriften 1946-1974. Frankfurt am Main 1975

MOLLENHAUER, Klaus: Erziehung und Emanzipation. München 1968

SCARBATH, Horst: Demokratie und Erziehung. In: W. HORNEY u.a. (Hrsg.), Pädagogisches Lexikon in zwei Bänden. Gütersloh 1970, Bd.1, Sp.512-518

SCARBATH, Horst: Emanzipation. Ebenda, Sp.673-674

SCARBATH, Horst: Unser Wissen ist Stückwerk. Plädoyer für ein mehrperspektivisch-dialogisches Verständnis von Erziehungswissenschaft. In: Bernhard CLAUSSEN / Horst SCARBATH (Hrsg.), Konzepte einer kritischen Erziehungswissenschaft. München/Basel 1979, S.204-224 (a)

SCARBATH, Horst: Karl Marx. In: Hans SCHEUERL (Hrsg.), Klassiker der Pädagogik. München 1979 (2.A.1991) S.7-33 (b)

THIERSCH, Hans / RUPRECHT, Horst / HERRMANN, Ulrich: Die Entwicklung der Erziehungswissenschaft. München 1978

WINKEL, Rainer: Antinomische Pädagogik und Kommunikative Didaktik. Düsseldorf 1986

10. LEHRERAUTORITÄT - WAS KÖNNTE DAS HEUTE SEIN?

Erinnerung 1: Erfahrungen mit eigenen Lehrerinnen und Lehrern

Das Thema "Lehrerautorität" weckt unweigerlich Erinnerungen an die Lehrerinnen und Lehrer, die ich selbst als Schüler erlebt habe: Wie und in welchen Situationen haben wir damals Autorität erfahren? Welche Lehrer haben wir Kinder der unmittelbaren Nachkriegszeit, welche habe ich persönlich als Autorität akzeptiert? Das "Damals" ist sicher zu relativieren: Lebensgeschichtliche Erfahrungen treten vermittelnd in die Erinnerung ein; ich sehe und bewerte immer auch aus der Perspektive des jetzt Erwachsenen, der selbst unterrichtet und erzieht (oder hofft, daß ihm das gelingt). Aber auch das kann lehrreich sein - manche Episode tritt in solchem Licht schärfer hervor.

Ich gehöre der "skeptischen Generation" an. Viele der von Helmut SCHELSKY seinerzeit resümierten Merkmale jener Nachkriegsjugend wollen nicht mit der vielfältigen Realität zur Deckung kommen, die ich in Gestalt meiner damaligen Klassenkameraden vor Augen habe, aber das haben Generationenklischees wohl immer an sich (auch die unterschiedlichen jungen Menschen, mit denen ich heute zusammentreffe, wollen nicht ins aktuelle "Bild" passen ...).

Ein Merkmal, das SCHELSKY seinerzeit herausgearbeitet hatte, erscheint mir jedoch im Rückblick zutreffend, und es war bedingt durch die spezifische geschichtliche Lage jener (meiner) Generation: Der Zusammenbruch eines autoritären Systems und die instinktiv erfaßte normative Unsicherheit vieler Erwachsener hatten manchen von uns vorsichtig werden lassen. Bei aller oberflächlichen Reibungslosigkeit des Schulbetriebs waren zunächst eher Reserve und innere Distanz das Motto. Wer da vorhatte, von Amts wegen Autorität durchzusetzen, konnte uns mit den überlieferten Drohmitteln gefügig zu machen suchen (was beim einen mehr, beim anderen weniger gelang). Aber wirklich *pädagogische* Autorität zu gewinnen, im Kern der Person eines Schülers etwas zu bewirken, war zunächst schwer.

Aber da war der "Direx", vom bajuwarisch-groben Hausmeister gegenüber uns Schülern als autoritäre Drohfigur mißbraucht, der dann meist zur Verblüffung des zum Strafgericht zitierten Missetäters verständig entschied, ein seltenes Exemplar preußischer Liberalität, knappe Strenge und hohen Anspruch mit einfühlsamer Güte verbindend. Wie ich erst später von ihm erfuhr, war er Schüler Eduard SPRANGERs gewesen. Was "empor-bildendes Verstehen" im SPRANGERschen Sinn heißt, konnte man bei jenem Lehrer erfahren. Dann kommt mir die aus Schlesien vertriebene Klassenlehrerin in den Sinn. Man hatte sie uns Unterkläßlern verordnet, damit sie uns Pünktlichkeit, Ordnung, Rechtschreibung und nicht zuletzt sauberes Einhalten des Heftrandes beibrächte - was sie auch mit freundlicher Bestimmtheit betrieb. Sie war in dieser Hinsicht gefürchtet, auch von mir. Aber ein autoritärer Lehrertyp? Wohl kaum. Dafür war die Art ihres Umgangs mit uns zu warmherzig; man konnte ihr anmerken, daß es ihr Spaß machte, mit uns zu arbeiten. Sie kümmerte sich um jeden einzelnen von uns, kannte auch die häuslichen Verhältnisse (was in jener Zeit oft auch hieß: die materielle Not und die unzulänglichen häuslichen Arbeitsmöglichkeiten) durch Besuch und Gespräch. Hinter der Fassade des Drachens wurde bald die Person einer emanzipierten, hochgebildeten und tief religiösen Frau erfahrbar. Die Erinnerung an mein vergessenes Hausaufgabenheft tritt zurück hinter das Bild einer Lehrerin, die im Deutschunterricht Ricarda HUCHs "Wiegenlied aus dem Dreißigjährigen Krieg" nicht zerredet, sondern mit bewegter Stimme singt - sich selbst riskierend, zerbrechlich ... Ich begann die Demut zu begreifen, mit der diese Frau den - nach herkömmlicher Gymnasial-lehrermentalität bewertet - "niederen" Dienst der Unterklassenarbeit tat.

Dann eine Konfliktsituation: Unser Oberstufenlehrer hat im Rahmen des gerade neu eingeführten Fachs "politische Bildung" einen Gewerkschafts-sekretär eingeladen. Rolle und Funktion der Gewerkschaften werden in der Klasse kontrovers diskutiert - ein in meiner Erinnerung wichtiger, gelunge-ner Versuch, unterschiedliche Standpunkte personal-dialogisch einzubrin-gen und Schule für aktuelle Lebensprobleme zu öffnen. Dazu muß ich offenlegen, daß unser Lehrer - wiederum eine seltene Mischung - in seiner eigenen politischen Grundüberzeugung eher konservativ, in seiner pädago-gischen Grundhaltung aber liberal und an unserer selbständigen Urteils-bildung interessiert war. Kurzum: Einige reaktionäre Eltern bezichtigen den Lehrer der Einseitigkeit und beschweren sich beim Ministerium. Einen Gewerkschaftsmenschen in die staatliche Schule einzuladen, war damals offenbar selbst für einen Lehrer gefährlich, der Mitglied der bürgerlich-konservativen Regierungspartei war oder ihr nahestand ... Unser Sozial-kundelehrer legt uns den Konflikt und seine persönliche Bedrängnis offen; die Klasse schreibt einen Brief an das Ministerium, der zur sachlichen Klärung beiträgt.

Die Erzählung ließe sich fortsetzen: Über den pensionierten Pfarrer, dessen etwas ungewöhnlicher Name zu respektlosen Schüttelreimen Anlaß bot und der uns Pubertierende, statt pflichtgemäß Katechismus und Liederverse zu pauken, in TILLICHscher Weise an die Grundfragen unserer Existenz und unserer Erfahrung heranführte; über den Geographielehrer, der vorher Meteorologe auf der Zugspitze war und lebendig von seinen Beobachtungen zu berichten wußte; vor allem aber über den jungen Studienassessor, dessen Disziplinschwierigkeiten mit uns Oberstüflern notorisch waren und dessen behutsame, geduldige Weise des Umgangs mit uns, auch dessen differenzierende, von allem Schematismus freie Gerechtigkeit der Leistungsbeurteilung mich in meiner (bis zuletzt quälenden) Studien- und Berufsentscheidung wesentlich beeinflußt hat.

Warum ich dies alles berichte? Nicht, um vermeintliche Idyllen der alten Paukschule zu beschwören. Denn das gab es auch: den unfähigen Mittelstufenmathematiker, der einen Mitschüler ungestraft durch die (gottlob altersschwache) Füllung der geschlossenen Klassenzimmertür ins Freie warf; den jungen Ex-Fremdenlegionär, der uns nach Unteroffiziersmanier zu behandeln suchte (und damit scheiterte, worauf er in den diplomatischen Dienst überwechselte); die zahlreichen Pauker, die ihre Tagesordnung nur durch den Terror unangesagter Arbeiten ("Exen") und gehäufter Fünfen durchsetzen konnten...

Nein, der Frage wert, ja theoretisch und praktisch beunruhigend erscheint mir heute etwas anderes: Was hat dazu beigetragen, daß Lehrer wie die zuvor beschriebenen zur pädagogischen Autorität werden konnten, daß ihnen von uns Autorität - wenigstens in entscheidenden Situationen - zugesprochen wurde (denn pädagogische Autorität ist ja immer ein interaktionell hergestellter Sachverhalt)?

Die in Kurt LEWINs Feldexperimenten begründete und in Erziehungsstiltypologien wie denen von Reinhard TAUSCH oder Erich WEBER weitergeführte Unterscheidung autoritärer, kooperativ-demokratischer und "laissez-faire"-orientierter pädagogischer Stile - so wichtig sie als heuristisches (dem Entdecken der konkreten Wirklichkeit dienliches) Schema sein mag - wird den beschriebenen Erfahrungen nicht gerecht. *Autorität für andere werden - das heißt: etwas für deren Selbstwerden Wichtiges und Hilfreiches in Gang bringen und unterstützen -,* das hängt wohl von tieferliegenden Voraussetzungen ab: persönlich für etwas einzustehen, womöglich auch mit anspruchsvoller Strenge, aber auch mit der Fähigkeit zu humorvoller Distanz zu sich selbst und der Sache; Einfühlung und Geduld aufzubringen, aber auf der Basis elementarer Freude am

Umgang mit jungen Menschen; Mut nicht nur (wie heute pauschal beschworen) "zur Erziehung", sondern dazu, jenseits der Rolle des Unterrichtsfunktionärs als Mensch mit eigener Kontur aufzutreten ...

Erinnerung 2: Gratwanderungen einer nichtrepressiven Erziehung

In der Gesamtausgabe der Schriften Theodor W. ADORNOs finde ich einen kleinen Essay "Zur Genese der Dummheit". Dummheit, verstanden nicht nur als kognitiver Mangel, sondern als Deformation der ganzen Person, also auch als Hemmung ihrer Neugier und ihrer eigenaktiven Weltverarbeitung, erscheint ADORNO als Ergebnis eines Prozesses der Unterdrückung und Entmutigung: Einer sensiblen Schnecke gleich, strecke der menschliche Geist seine Fühler aus, ziehe sie aber sofort in sein Gehäuse zurück, sobald massiver Widerstand und Bedrohung erspürt werde. Wiederholte Bedrohungserfahrung führe dazu, daß die Schnecke in sich vergraben bleibe. In einem anderen Bild, das in mir assoziativ die Vorstellung vom Umgang faschistischer Führer mit ihren Hunden wachruft: Die spontane Neugier und Spielfreude des jungen Hundes wandeln sich unter der Repression seines Herrn zu bornierter Unterwürfigkeit.

In diesem Text erkenne ich bildhaft wieder, was mich in meiner Frankfurter Zeit als junger Erziehungswissenschaftler dazu gebracht hat (und auch heute, vielleicht differenzierter, immer erneut dazu bringt), dank der Begegnung mit kritisch-sozialwissenschaftlichem Denken Lehrerautorität skeptisch zu betrachten. Zu sehr sind nach meiner Erfahrung selbst noch die gelingenden pädagogischen Beziehungen durchsetzt von Einschüchterung, Bemächtigung und Unterwerfung; zu sehr tragen darüber hinaus Momente der "Sozialpathologie" (MITSCHERLICH) dazu bei, daß an die Stelle fördernder pädagogischer Interaktion Zwang zu passiver Anpassung an fraglose Normen (des Lehrplans, der Elternmehrheit, der Handwerkskammer samt Großem Einmaleins und Rechtschreibung ...) tritt.

Was könnte Lehrerautorität in einem förderlichen Sinn sein? Auch hier gilt es Mißverständnisse zurechtzurücken. Genausowenig wie die Lehrer, die mir Autorität (in ganz unterschiedlicher Weise) geworden sind, ins Lehrbuchschema passen, so wenig passen unsere (das heißt: einiger psychoanalytischer, sozialkritischer, aber auch theologischer Mitstreiterinnen und Mitstreiter) Bemühungen um eine Erziehungsreform ins Klischee, das von links und rechts nachher von "antiautoritärer Erziehung" aus durchschaubaren Gründen kolportiert worden ist.

Im Rückblick erscheint mir heute weniger die vieldiskutierte Theorie HORKHEIMERs und ADORNOs von der "autoritären Persönlichkeit" für die Revision der Erziehung entscheidend (so sehr dieser auch von FROMM mitentwickelten Konzeption das Verdienst zukommt, retrospektiv einen Beitrag zur Analyse der Entstehung des Faschismus und vorgreifend einen zu dessen Verhütung zu leisten). Für mich war die Begegnung mit Alexander MITSCHERLICHs Arbeiten, insbesondere mit seinem Buch "Auf dem Weg zur vaterlosen Gesellschaft", eine befreiende Erfahrung. Die sozialpsychologisch-politische Wendung, die MITSCHERLICH - durchaus in den klassischen Kategorien der FREUDschen Psychoanalyse verbleibend - der psychologischen Interpretation von Erziehungskonstellationen gab, weitete den Blick und schärfte die politisch-pädagogische Problemsicht, ohne die Personalität und die je konkrete Lage des einzelnen Menschen aus dem Blick zu verlieren.

Individualpathologie und Sozialpathologie blinden Gehorsams und irrationaler Autoritätsansprüche wurden durchschaubar. MITSCHERLICH wollte "zeigen, daß die Erhaltung der Freiheit im gegenwärtigen Augenblick der Geschichte nicht nach der Repetition der Erziehungsmaximen der Vergangenheit, sondern nach einer Revision der Bildungs- und Erziehungspraxis verlangt" (1963, S.34f.). Damit war - analog der Fragestellung der frühen Reformpädagogik - die Frage nach einer nichtrepressiven, ichstärkenden Pädagogik aufgeworfen. Zugleich wurde aber nicht nur die Schwäche oder Abwesenheit des leiblichen Vaters ("Vaterlosigkeit ersten Grades", a.a.O. S.421) benannt, sondern auch die Anonymität gesellschaftlicher Strukturen und Machtverhältnisse als "Vaterlosigkeit zweiten Grades": "Man kann sich, obwohl man sie ungemildert erfährt, 'kein Bild'" von solchen Strukturen machen, erfährt kein konkret-personales Gegenüber, mit dem man sich auseinandersetzen kann ... (a.a.O., S.421).

Ich will mit diesen Hinweisen andeuten, daß diese analytisch begründeten Anfragen an die Autorität und den Autoritarismus der Pädagoginnen und Pädagogen kategorial reicher waren als dann folgende, erziehungsstiltypologische oder politisch-ökonomische Vereinseitigungen: Das pädagogische Erfordernis, daß sich im Interesse des Selbstwerdens des jungen Menschen konkrete Personen in eine (durchaus auch konflikthafte) *Beziehung* begeben, wurde hier immer gesehen. Das gilt auch für Alexander S. NEILL, dessen Konzeption nichtrepressiver Erziehung steht und fällt (und nach seinem Tode auch tatsächlich fiel) mit der Lehrerperson, die sich beratend-helfend oder selbst noch in grummelnd-widerständiger Präsenz in die pädagogische Beziehung einbringt.

Apropos NEILL: Die Idee einer nichtrepressiven (ich würde lieber im Sinne Herbert MARCUSEs sagen: *repressionsarmen*) Erziehung darf nicht verwechselt werden mit der einer "antiautoritären". Das Mißverständnis begann mit einer ärgerlichen Marktstrategie eines großen deutschen Verlags: 1965 hatte ich noch auf Anregung des Schriftleiters der Fachzeitschrift "deutsche jugend", Martin FALTERMAIER, das soeben im Szczesny Verlag (München) erschienene Buch eines wenig bekannten englischen Pädagogen, A.S.NEILL, besprochen, das unter dem Titel "Erziehung in Summerhill. Das revolutionäre Beispiel einer freien Schule" (engl. Original: Summerhill. A radical approach to child rearing) auf sich aufmerksam zu machen suchte - weithin erfolglos zunächst. Der Text blieb ein Geheimtip für Insider, bis die Taschenbuchausgabe des Rowohlt Verlags sich mit dem Titel "Theorie und Praxis der antiautoritären Erziehung" an die mittlerweile gängige Strömung anschloß - mit bekanntem Erfolg.

"Antiautoritär" ist jedoch ein Sammelbegriff für Autoritarismuskritik, pauschale Autoritätsverurteilung und orthodox-marxistische, kapitalismuskritische und ... und ... und ... Konzepte. Trotz mancher ernst zu nehmender theoretischer Herausforderungen oder praktischer Versuche im einzelnen, haben es die verschiedenen Strömungen der "antiautoritären" Pädagogik nicht vermocht, *die notwendigen pädagogischen Momente der Repressionsarmut und der mitmenschlichen Förderung zu verknüpfen*, wie sie noch bei MITSCHERLICH und (eher praktisch denn theoretisch) bei NEILL zusammengesehen wurden.

Vielleicht ist es auch auf dem Hintergrund jener Loslösung der Erziehungskritik von der Situation der Interpersonalität verständlich, warum so viele ursprüngliche Anhänger der antiautoritären Pädagogik im schieren Zynismus des Laissez-faire oder der Doppelbödigkeit von Kumpanei und lernzieltechnischer Selektion gelandet sind?

Lehrerautorität - was könnte das heute sein? Ich denke, daß für uns beide Erfahrungslinien hilfreich sein können - die einer sozialwissenschaftlich-psychologischen Aufklärung und die der Rekonstruktion förderlicher Erfahrungen in der eigenen Lebensgeschichte. Ein positiver Begriff der Lehrerautorität als einer *pädagogischen* Autorität, wie wir ihn heute jenseits von "Mut zur Erziehung", aber auch jenseits billiger Vermeidungshaltungen neu zu bestimmen suchen, bedarf wohl beider Einsichten: der Einsicht in die sozialpsychologische Ambivalenz und Gefährdung der Lehrerposition und in das Erfordernis weitgehend repressionsarmer Erziehungsarbeit - aber auch der Einsicht, daß ein junger Mensch ein förderndes und herausforderndes Gegenüber braucht: "Ein Kind muß wissen, wem es mit seinen Äußerungen und Leistungen gegenübersteht, wer an seinem Geschick überhaupt teilnimmt und wem es Rechenschaft ablegen kann." (Andreas FLITNER 1977, S.151)

Literatur

ADORNO, Theodor W.: Zur Genese der Dummheit. In: Gesammelte Schriften Bd. 3. Frankfurt am Main 1981, S.295-296
ADORNO, Theodor W. u.a.: The authoritarian personality. New York 1950.
BASTIAN, Johannes (Hrsg.): Vor der Klasse stehen. Lehrerautorität und Schülerbeteiligung. (PB Buch 9) Hamburg 1987
FLITNER, Andreas: Mißratener Fortschritt. München 1977
LEWIN, Kurt: Die Lösung sozialer Konflikte. Bad Nauheim 1953
MARCUSE, Herbert: Triebstruktur und Gesellschaft. Frankfurt am Main 1965
MITSCHERLICH, Alexander: Auf dem Weg zur vaterlosen Gesellschaft. München 1963
NEILL, Alexander S.: Erziehung in Summerhill. München 1965 (TB-Ausgabe unter dem Titel: Theorie und Praxis der antiautoritären Erziehung. Reinbek 1969)
SCHELSKY, Helmut: Die skeptische Generation. Düsseldorf/Köln 1957
TAUSCH, Reinhard und Annemarie: Erziehungspsychologie. Göttingen 9.A. 1979
WEBER, Erich: Erziehungsstile. Donauwörth 1970

ENTSTEHUNGS- UND QUELLENHINWEIS

1. "Mein Traum vom guten Lehrer":
Erstmals erschienen in: Gerd-Bodo REINERT / Rainer DIETERICH (Hrsg.), Theorie und Wirklichkeit. Studien zum Lehrerhandeln zwischen Unterrichtshandeln und Alltagsroutine. (= Festschrift für Hans RITSCHER) Frankfurt am Main, Bern und New York: Verlag Peter Lang 1987 (ISBN 3-8204-9540-1), S.62-68. Wiedergabe mit freundlicher Genehmigung des Lang Verlags. Für diesen Band redaktionell überarbeitet.

2. "Zur Psychoanalyse der Lehrerrolle im gesellschaftlichen Kontext":
Der Text geht zurück auf eine Gastvorlesung an der Pädagogischen Hochschule K.F.W.Wander in Dresden (21. Mai 1990) anläßlich einer Kooperationsreihe dieser Hochschule mit dem Fachbereich Erziehungs-wissenschaft der Universität Hamburg. Eine erste Fassung wurde als Videoband-Transkript veröffentlicht in der Dokumentation dieser Reihe (hrsg. v. OBERLIESEN und VOLLSTAEDT) im Rahmen der Wissen-schaftlichen Reihe der PH Dresden. Den Herausgebern der Dokumentation danke ich für das Einverständnis, den Text für diesen Band in überarbeiteter, leicht aktualisierter Fassung zu übernehmen.

3. "Belastetes Erwachsenwerden - Sozialisationsschwierigkeiten am Ausgang der Moderne":
Originalbeitrag. Der Text geht zuruck auf öffentliche Vorträge, unter anderem im Rahmen einer unter diesem Titel in Kooperation mit der Katholischen Akademie Hamburg veranstalteten Tagung mit politischem Forum (Hamburg 20.-21.1.1989), sowie auf Fortbildungsgespräche mit Kollegien im Bereich von Schule, Beratung und Jugendarbeit.

4. "Jugend zwischen Resignation und Hoffnung - Versuch einer päd-agogischen Antwort":
Abschlußreferat im Rahmen des interdisziplinären Marburger "Forum Philippinum" 1984. Zuvor in: Helmut REMSCHMIDT (Hrsg.): Jugend und Gesellschaft. Stuttgart: Wissenschaftliche Verlagsgesellschaft / Frankfurt am Main: Umwelt & Medizin Verlagsgesellschaft 1986 (ISBN 3-8047-0863-3 und 3-921324-02-5), S.193-201. Wiedergabe mit freundlicher Genehmigung der oben genannten Verlagsgemeinschaft. Für den vorlie-genden Band überarbeitete Fassung.

5. "Medien als sekundäre Umwelt - Zur Mediennutzung und Medienwirkung im Kindes- und Jugendalter in pädagogischer Sicht":
Der Text geht ursprünglich auf Beiträge zu Tagungen der Katholischen Akademie Hamburg zurück. Für diesen Band wurde ein zusammenfassendes Referat überarbeitet, das ich in Hamburger Ringvorlesung "Umweltforschung und Umweltbildung im Ballungsraum" zur Diskussion stellte (erschienen im Berichtband gleichen Titels, hrsg.v. Martin HOEBEL-MÄVERS und Helmut GÄRTNER. Frankfurt am Main, Bern und New York: Peter Lang Verlag 1990 (ISBN 3-631-42398-5), S.136-142. Mit freundlicher Genehmigung des Lang Verlags.

6. "Schule, Erziehung und Gesundheit - Ideen zur ganzheitlichen Bildung der Person":
Originalbeitrag. Vortrag auf dem Deutschen Lehrertag 1989 des Verbandes Bildung und Erziehung (3.10.1989) in Kiel. (Erscheint voraussichtlich auch in der verbandsinternen VBE-Dokumentation "Deutscher Lehrertag 1989", Bonn 1991.) Aufnahme in diesen Band mit freundlicher Genehmigung des VBE.

7. "Was ist pädagogisches Verstehen? Verstehen als Element pädagogischer Handlungskompetenz":
Der Text geht im Kern zurück auf Beiträge zu Diskussionsforen der Katholischen Akademie Hamburg und in der hier zugrundeliegenden Fassung auf einen Beitrag zu einer kooperativen Ringvorlesung der erziehungswissenschaftlichen Fachbereiche der Universität der Bundeswehr Hamburg und der Universität Hamburg. Frühere Fassung in: Rainer DIETERICH (Hrsg.): Pädagogische Handlungskompetenz. Paderborn: Schöningh Verlag 1983, S.224-248 (ISBN 3-506-76156-0). Mit freundlicher Genehmigung des Schöningh Verlags.

8. "Der halbierte Pestalozzi - Ein Votum für Sozialpädagogik in der Lehrerbildung"
Für diesen Band überarbeitet und aktualisiert. Frühere Fassung in: Gerd-Bodo REINERT (Hrsg.): Praxishandbuch Unterricht. Reinbek: Rowohlt Taschenbuch Verlag 1980 (rororo 7339), S.95-105 (vergriffen).

9. "Zwischen Weitsicht und Verbohrtheit. Ambivalenzen im Spannungsfeld von "68er Bewegung" und Erziehungswissenschaft - ein durchaus subjektives Selbstinterview"

Beitrag zur Serie "1968-1988 - eine Pädagogen-Generation zieht Bilanz" der Zeitschrift "Pädagogische Beiträge" (1987 H. 10, S.36-39) bzw. zum PB-Buch (Nr. 12) gleichen Titels, hrsg. v. Johannes BASTIAN (Hamburg: Bergmann + Helbig Verlag 1988, S.91-101. ISBN 3-925836-11-X). Mit freundlicher Genehmigung des Bergmann + Helbig Verlags.

10. "Lehrerautorität - was könnte das heute sein?"
Beitrag zur Serie "Vor der Klasse stehen - Lehrerautorität und Schülerbeteiligung" der Zeitschrift "Westermanns Pädagogische Beiträge" (1984 H.7/8, S.326-329) bzw. zum PB-Buch (Nr.9) gleichen Titels, hrsg.v. Johannes BASTIAN (Hamburg: Bergmann + Helbig Verlag 1987, S.12-17 ISBN 3-92-5836-08-X). Mit freundlicher Genehmigung des Bergmann + Helbig Verlags.

Der Verfasser:
Prof. Dr. phil. Horst Scarbath, geb. 1938. Seit 1973 Inhaber eines Lehrstuhls für Erziehungswissenschaft an der Universität Hamburg. Im Nebenamt Präsident des Instituts für Interdisziplinäre Kultur- und Medienforschung (IKM) in Hamburg. Arbeitsschwerpunkte: Allgemeine Pädagogik und Sozialpädagogik, Psychoanalytisch orientierte Pädagogik, Medienforschung, Kinderkulturforschung. Langjährige Mitarbeit u.a. in der Fort- und Weiterbildung für pädagogische Berufe (so der Ausbildung von Beratungslehrern bzw. pädagogischen Beratern).